GW01606289

i tempi di roma

A cura di
Sous la direction de
Editors

Claudia Moatti
Francesca Pierantozzi

Un cantiere fotografico
Un chantier photographique
A photographic site

Gabriele Basilico
Stéphane Couturier
Fouad Elkoury
Leonard Freed
Harry Gruyaert

i tempi di roma

Josef Koudelka
Paulo Nozolino
Ferdinando Scianna
Keiichi Tahara
Cristina Garcia Rodero

TESTI TEXTES TEXTS
Claudia Moatti
Alain Bergala

ADAM BIRO

28, rue de Sévigné
75004 Paris
ISBN : 2-87660-283-0

N° d'éditeur : 0282
Dépôt légal : juin 2000

Vilo International
ISBN : 2-84576-023-X

Edizioni Bolis
Via Emilia 25
24052 Azzano S. Paolo (BG)
ISBN : 88-7827-101-2

Stampato in Italia
Imprimé en Italie
Printed in Italy

Le temps court et s'écoule et notre mort seule arrive à le rattraper.
La photographie est un couperet qui dans l'éternité saisit l'instant qui l'a ébloui. —
Henri Cartier-Bresson

Il tempo corre e passa e solo la nostra morte riesce a raggiungerlo.
La fotografia è una mannaia che nell'eternità coglie l'istante che l'ha abbagliata.

Time runs and flows and only our death can stop it. The photograph is a guillotine blade that seizes one dazzling instant in eternity.

Comitato artistico
Comité artistique
Artistic Committee

Claudia Moatti, Emanuele Mozzetti,
Henri Peretz, Francesca Pierantozzi,
Agnès Sire

Coordinamento a Roma
Coordination à Rome
Coordination in Rome

Emanuele Mozzetti

Realizzazione editoriale
Suivi éditorial
Editorial coordination

Marlyne Kherlakian

Progetto grafico e realizzazione tecnica
Conception graphique et mise en pages
Graphic design and page layout

Raymonde Nave

Traduzioni
Traductions
Translations

Erica Durante, Alan Waite

Traduzione francese della prefazione
Traduction en français de la préface
Translation of Preface into French

Bernard Comment

Si ringraziano
Remerciements à
Thanks to

Pierre Assouline, Christiane Baryla,
Goffredo Bettini, Jacques Blot,
Caterina Cardona, Matilde De Angelis,
Maryse Gallia, Gérard Macé,
Lina Melone, Fioravante Nanni,
Patrizia Nitti, Paolo Pellegrin,
Luan Rexha, Denis Roche,
Silvia Ronchey, Francesco Scoppola,
Elizabeth Sheperd, Myriam Tagliani,
Patrick Talbot, Amedeo Trolese,
André Vauchez

Sommario
Sommaire
Contents

Francesco Rutelli
Sindaco di Roma
Maire de Rome
Mayor of the City of Rome

Roma, i suoi tempi (in ogni senso), la fotografia che s'incarica d'interpretarli. Un tema non ovvio perché a Roma «tempo» vuol dire molte cose. C'è un singolare destino nei rapporti tra fotografia e Città Eterna: nell'Ottocento, all'epoca dei Parker e degli Alinari, a Roma fu scritta una grande pagina: una tecnica ancora pre-istantanea (si fotografava a posa anche di giorno) incontrava una città ancora pre-moderna e quasi atemporale. Poi, per oltre un secolo, l'eclissi del reportage di indagine forte e unitaria, paragonabile – per fare l'esempio più noto ai nostri occhi – alla Parigi di Cartier-Bresson. Al suo posto, molta piacevole oleografia (che ancora prospera), le cartoline delle «vacanze romane» e gli scatti (importanti, ma uno spicchio della realtà) dei paparazzi.

■ Ormai, però, la città è in tale rapido divenire, e la fotografia è strumento troppo prezioso perché

Rome, ses différents « temps » (dans tous les sens du terme), et la photographie qui se charge d'en rendre compte. Le thème n'a rien d'évident car le temps, à Rome, prend de nombreuses significations. Et les rapports entre la Ville éternelle et la photographie sont placés sous le signe d'un destin singulier : une grande page de l'histoire fut écrite au XIXe siècle, à l'époque des Parker et des Alinari, lorsque la technique du pré-instantané (on recourait à la pose, même de jour) rencontra une ville encore pré-moderne et presque atemporelle. Ensuite, le reportage approfondi et offrant une certaine unité, comparable au Paris de Cartier-Bresson – pour prendre un exemple plus familier à nos yeux – est entré dans une longue éclipse de plus d'un siècle. Il a laissé la place à de plaisantes peintures à l'huile (une activité aujourd'hui encore

Rome, its various "times" (in all the meanings of that word) and photography that sets out to give an account of it. The chosen subject is far from easy to handle because time has many meanings in Rome. The relationship between the Eternal City and photography links them in a unique destiny: a great page in history was written in the nineteenth century when Parker and Alinari, among others, at a time when photography was in its pre-snapshot phase (long exposures were the rule even in daylight) encountered a city that was still pre-modern, almost timeless. Subsequently, such in-depth reporting, with its own form of unity, comparable to Paris as seen by Cartier-Bresson – to take an example more familiar to us – went into a long decline lasting over a century. It was replaced by pleasant images in oil on canvas (still a flourishing activity today), "Roman Holiday"

questa sorta di "irresponsabilità" duri ancora a lungo. Di una seria ricerca fotografica su Roma siamo in molti ad avere bisogno, tanto più che Roma cambia velocemente e quindi è d'obbligo testimoniare. Qualcosa, in effetti, si sta muovendo, ed ecco uno tra i frutti concreti: una mostra, e questo volume, che raccolgono il meglio del lavoro di dieci fotografi, due italiani e otto stranieri.

■ Scorrendo i loro nomi trovo presenze autorevoli, osservando le loro opere «romane» scopro una prima risposta all'interrogativo fin qui posto tra le righe: come Roma, in sostanza, sia città fotografabile (al di là del bozzetto e del colore locale), e a quali condizioni.

■ Roma, sembrano dire queste foto, ha bisogno di un lavoro corale. Specialmente se si ha l'ambizioso intento di raccontare i suoi «tempi». Solo cosí, grazie al concorso di più visioni riunite in un prodotto collettivo, quell'inafferrabilità si

prospère), aux cartes postales des « vacances romaines », et aux images des photographes de presse (importantes, mais ne restituant qu'un aspect de la réalité).

▲ Cependant, Rome est désormais engagée dans une évolution très rapide, et la photographie est un instrument trop précieux pour qu'une telle « négligence » se prolonge encore longtemps. Nous sommes nombreux à avoir besoin d'une sérieuse recherche photographique sur Rome, d'autant que la ville se transforme à toute vitesse, et qu'il est de notre devoir d'en porter témoignage. Les choses sont en effet en train de changer, et en voici un des résultats concrets : une exposition, accompagnée du présent volume, recueillant le meilleur du travail effectué par dix photographes, dont deux sont italiens, et les autre venus d'horizons différents. Parmi eux

postcards and pictures by press photographers (important in themselves but recording only one aspect of reality).

● However, Rome has entered a phase of very rapid development and photography is too valuable a tool for this "neglect" to last much longer. Many of us wish to see a serious programme of photographic research on Rome, especially as the city is evolving at high speed, and it is our duty to bear witness to it. Things are indeed changing and we have here one of the concrete results of that: an exhibition, accompanied by the present volume, containing the best work of ten photographers, two Italians and the others from different climes.

● Among the ten there are names that command respect, and looking at their "Roman" images, I can see the beginnings of an answer to the question I have been asking

scioglie. Mentre lavoriamo, spesso con il fiato corto, per trasformare Roma in ció che dev'essere — una metropoli con il meglio dell'Europa — senza intaccarne identità, vitalità e retaggi, abbiamo bisogno di guardarla con occhi più consapevoli. E il contributo di questi dieci «occhi specializzati» è prezioso, poiché guardano da un doppio altrove (quello dell'obiettivo e quello della loro cultura non romana) puntando lo sguardo oltre la consueta «bellezza», verso i più ardui cantieri del cambiamento, verso le periferie dove si gioca la vera sfida. Voglio dunque ringraziarli personalmente e a nome della città, come ringrazio i curatori dell'iniziativa per averla concepita e averne raccolto i frutti, appunto, in un prodotto corale.
Ed auspico che questo sia il primo atto di nuovi incontri tra Roma e la fotografia, per molti anni a venire.

se rencontrent des noms qui font autorité, et en observant leurs œuvres « romaines » je découvre un début de réponse à la question que je formulais jusqu'ici entre les lignes : de quelle façon, et à quelles conditions, Rome est-elle une ville photographiable (au-delà du cliché et de la couleur locale) ?
▲ Rome, semblent nous dire ces photos, nécessite une approche polyphonique. En particulier si l'on a l'ambitieux projet de raconter ses différents « temps ». C'est à ce prix seulement, et grâce au concours de plusieurs visions réunies en un projet commun, que son caractère insaisissable se dissipe. Tandis que nous travaillons, souvent d'arrache-pied, pour transformer Rome en ce qu'elle doit être — une métropole à la hauteur de la nouvelle réalité européenne — sans en altérer ni l'identité, ni la vitalité, ni les traditions, nous avons besoin

from the start, although between the lines: in what way, and under what conditions, is Rome a photographable city (other than in snapshots and pictures of "local colour")?
● Rome, these photographs seem to be saying to us, demands a polyphonic approach. Particularly if you are setting out, ambitiously, to present its various "times". It is only by paying this price, and with the help of multiple, concurrent visions united within a single shared project, that its ineffability begins to yield. While we work, often hard and fast, to transform Rome into what it should be – a metropolis in harmony with the new European reality – without destroying its sense of identity, its vitality or its traditions, we need to look at the city in a more deliberate fashion. The contribution made by these ten "specialist" onlookers is all the more valuable because they adopt a point of view

de la considérer de manière plus consciente. Et la contribution de ces dix « regards spécialisés » est d'autant plus précieuse qu'ils adoptent un point de vue doublement extérieur (celui de l'objectif, et celui de leur culture non romaine) pour pointer leur regard au-delà de l'habituelle « beauté », en s'attachant aux chantiers du changement et aux banlieues où se situe le véritable enjeu. Je veux donc les en remercier personnellement et au nom de la Ville, de même que je remercie les responsables de cette initiative de l'avoir conçue et d'en avoir recueilli les fruits, précisément, en un livre polyphonique collectif.
Et je souhaite que débute ainsi une nouvelle série de rencontres entre Rome et la photographie pour les nombreuses années à venir.

at two removes (distanced by the lens and their non-Roman backgrounds), directing their gaze beyond the usual "aesthetics" to construction sites where the city is changing and the suburbs where the future lies. I would like to thank them for that personally and in the name of the city, just as I thank those behind this initiative for having conceived it and harvested its fruits in just this form – a collective volume. I would like this to be the beginning of a new series of encounters between Rome and photography stretching many years into the future.

Claudia Moatti

Roma meticcia
Rome, ville métisse
Rome, a mingling of timelines

Perché questa città è la prima ad aver provato
che la capacità della parola ha i suoi limiti.
Elio Aristide, *Encomio di Roma*, 6

Il più bell'ordine del mondo non è altro
che un cumulo di rifiuti ammucchiati per caso.
Eraclito

Car cette cité est la première à avoir prouvé
que la puissance du discours a ses limites.
Aelius Aristide, *Éloge de Rome*, 6

Le plus bel ordre du monde n'est rien d'autre
qu'une accumulation de déchets entassés par hasard.
Héraclite

For this is the first city to have proved
that the power of language has its limits.
Aelius Aristides, *In Praise of Rome*, 6

The fairest order in the world
is a heap of random sweepings.
Heraclitus

Davanti a villa Medici, un uomo di spalle, col cappello, la mano destra poggiata sul bordo della fontana, contempla Roma. È quasi mezzogiorno. Tra la vasca e la basilica di San Pietro, la cui cupola si erge in mezzo a due grandi alberi come spiegati per l'occasione, dietro la balaustra rettilinea e apparentemente stabile, la città sembra nascondersi, sepolta in una luce intensa e appena velata dal calore. S'intravedono solo i tetti e le linee asimmetriche, la sua confusione – segno particolarissimo della sua plasticità. Il contrasto è cosí sorprendente, in questa fotografia, tra il punto di vista dell'uomo, inscritto in una durata quasi ieratica, e la città immersa in un tumulto di forme, vista da lontano, da molto lontano, quasi fosse impossibile coglierne il movimento da vicino. ■ E difatti, come fermare in un'immagine o descrivere con le parole questa disordinata monumentalità? Occorrerebbe un'espressione capace di dirla tutta, un pennello capace di rivelare tale caos, un linguaggio liberato dalla linearità. Su un affresco di Assisi, Cimabue ne ha fissato l'immagine, o piuttosto l'idea perfetta – un'illuminazione. Nei suoi toni rossi e dorati, con le cupole, le torri,

Devant la Villa Médicis, un homme à chapeau vu de dos contemple Rome, la main droite posée sur le bord de la fontaine. Il doit être midi ce jour-là. Entre la vasque et la basilique Saint-Pierre, dont le dôme prend place au milieu de deux grands arbres comme déployés pour l'occasion, derrière la balustrade rectiligne et apparemment stable, la ville se dérobe, enfouie dans une lumière intense et un peu voilée par la chaleur. On aperçoit seulement ses toits et ses lignes dissymétriques, sa confusion – la marque très spécifique de sa plasticité. Le contraste est ainsi frappant, sur cette photographie, entre le point de vue de l'homme, inscrit dans une durée quasi hiératique, et la ville, plongée dans un tumulte de formes, vue de loin, très loin, comme s'il était impossible d'en saisir de près le mouvement. ▲ Et de fait, comment figer dans l'image ou décrire par le discours cette monumentalité désordonnée ? Il faudrait un mot qui la dise toute, un pinceau capable de révéler ce chaos, un langage libéré de la linéarité. Sur une fresque d'Assise, Cimabue en a fixé l'image ou plutôt l'idée parfaite – une illumination. Dans ses tons rouges et dorés, avec ses coupoles, ses tours, ses

In front of the Villa Medici, a man in a hat, his back to us, contemplates Rome, his right hand upon the low wall of the fountain. It must have been noon that day. Between the basin of the fountain and Saint Peter's Basilica, the dome of which rises between two great trees, positioned as if especially for the occasion, behind the straight, apparently substantial balustrade, the city is barely visible, drowned in a light that is intense despite the slight veil of the day's heat. We can see only its roofs, its asymmetry, its confusion – the very symptoms of its malleability. This photograph thus contrasts, strikingly, the point of view of the man, as if immobile in a meditative instant, and the city itself, boiling in a mass of shapes, seen from a distance, from afar, as if closer observation were impossible. ● And how in fact could we ever hope to pin down such concrete, chaotic reality in an image or in a description, using language alone? We would need a word to express it in its entirety, an artist's brush capable of making this chaos visible, a language freed from linearity. In a fresco in Assisi, Cimabue created its image, or rather its perfect conceptualisation: an epiphany. With its red and golden hues, its domes, its towers, its

i palazzi, Roma sembra essere il frutto di un errore: una mano maldestra potrebbe aver seminato a caso punte e quadrati, piccoli, grandi, inclinati e instabili, averli riuniti in uno spazio angusto, entro brevi mura, e sospesi a un punto fisso del tempo. È forse a causa del suo rifiuto della prospettiva che l'artista del XIII secolo dà a *vedere* nella maniera più esatta il corpo unico, compatto, di una Roma in cui mille forme s'urtano – in qualche modo *fuori dal tempo misurato?* Un grande corpo chinato, ancheggiante, teso, che si curva e simultaneamente si slancia verso il cielo, che si rannicchia e, nello stesso tempo, si stende? ■ Non posso trattenermi dal sognare questa fondamentale instabilità contemplando il paesaggio che mi si offre quando, dalla via dei Fori Imperiali, guardo la torre delle Milizie: il punto di vista è analogo, l'occhio è intrappolato come nell'affresco di Cimabue, alle vertigini del groviglio – la torre del XIII secolo, i mercati e il foro di Traiano del II secolo, la casa dell'ordine dei cavalieri di Rodi eretta nel XII secolo in un emiciclo del foro di Augusto, e la cui loggia risale al XV secolo... Ma so che la pittura trascende l'osservazione, che essa classifica e ricerca un ordine. Allora provo con tutte le mie forze a pensare il tutto in uno, e

palais, Rome semble être le fruit d'une erreur : une main malhabile pourrait avoir semé au hasard ces carrés et ces pointes, petits, grands, penchés et instables, les avoir rassemblés en un espace étroit, à l'intérieur d'une courte muraille, et suspendus en un point unique du temps. Est-ce parce qu'il rejette la perspective que l'artiste du XIIIe siècle donne à *voir* au plus juste le corps unique, compact, d'une Rome où mille formes se bousculent – en quelque sorte *hors du temps compté* ? Un grand corps ployé, déhanché, déplié, qui se courbe en même temps qu'il s'élance vers le ciel, qui se resserre et s'étend à la fois ? ▲ Je ne peux m'empêcher de rêver de cette instabilité fondamentale en contemplant le paysage qui s'offre à moi lorsque, depuis la via dei Fori Imperiali, je regarde la tour des Milices : le point de vue est comparable, l'œil est pris au même piège que dans la fresque de Cimabue, au vertige de l'entremêlement – la tour du XIIIe siècle, les marchés et le forum de Trajan du IIe, la maison de l'ordre des chevaliers de Rhodes, installée au XIIe siècle dans un hémicycle du forum d'Auguste, et dont la loggia date du XVe siècle... Mais je sais que la peinture surpasse l'observation, qui classifie et cherche un ordre.

palaces, Rome resembles some vast slip of the hand, a scattering of cubes and points, small, big, inclined, unstable, gathered up in a narrow space, hemmed inside walls, and then hung on some suspended arrow's flight of time. Is it perhaps because the thirteenth-century artist eschews perspective that he can let us see the exact, singular, compact body of a Rome with a thousand jostling shapes – placed in some manner *outside formal time*? A single great body, bent, distorted, stretched, bending as it stretches to the sun, simultaneously tensed and leaping? ● I cannot help reflecting on this fundamental instability as I contemplate the landscape offered up to my eyes when, standing in the Via dei Fori Imperiali, I look toward the Militia Tower: the angle is similar, the eye caught, as in Cimabue's fresco, in a dizzy intermingling – the thirteenth-century tower, the markets and Trajan's Forum from the second century, the House of the Horsemen of Rodi, built originally in the twelfth century within the half-circle of Augustus' forum, but whose loggia dates from the fifteenth. However, I am aware that painting goes beyond visual perception, which classifies and seeks order. I try with all my strength to think the universal down into the

quindi a scivolare nel rituale della contemplazione, in una meditazione che turba la disposizione stessa delle cose, e accosta, d'un colpo, il visibile e il ricordo – ciò che vedo e ciò che so – e aggroviglia i segni. La bellezza meticcia di Roma sconvolge i sensi comuni e dà un significato complesso al mondo: armonia eppure disordine, movimento e similitudine, rigore e sciatteria, disparità profonda – come l'incontro della serissima Santa Maria sopra Minerva coll'elefantino del Bernini, «il pulcin della Minerva»; o quello, al Ghetto, di un *Bar Totò* e un antico rilievo funerario. Roma possiede il segreto dell'ibrido: non tanto lo splendore d'un particolare, quanto il *legame necessario* tra le più varie forme, tra i più vari tempi. ■ Di tale multiformità i Romani hanno fatto un museo: quattrocento sculture dei Musei Capitolini si sono accomodate con bizzarra familiarità in un'ex centrale termoelettrica. Lo scontrarsi dei tempi sconvolge la cronaca: a chi siamo più vicini? A quei lunghi tubi inerti che hanno la goffaggine di strumenti preistorici, o a quei corpi antichi che, pur devastati, danno la strana impressione di essere intatti, e che si direbbe siano chinati in una leggerezza pensierosa? ■ **CHI CERCA IL SENSO** comincia dall'origine. Ma dove finisce

Et j'essaie de toutes mes forces de penser le tout en un, et pour cela de me glisser dans le rituel de la contemplation, à la hauteur d'une méditation qui dérange la disposition des choses, rapproche d'un coup le visuel et le souvenir – ce que je vois et ce que je sais – et entremêle les signes. La beauté cumulative de Rome bouleverse les sens communs et donne un sens complexe au monde : harmonie mais désordre, mouvement et similitude, rigueur et négligence, disparité profonde – telle la rencontre de la très sérieuse Santa Maria sopra Minerva avec le petit éléphant du Bernin, le « poussin de Minerve » ; ou celle, au Ghetto, d'un *Bar Totò* et d'un relief funéraire antique. Rome détient le secret du métissage : pas tant la splendeur d'un détail que le *lien nécessaire* entre les formes, entre les temps. ▲ De cette hétérogénéité les Romains ont fait un musée : dans une ancienne centrale thermoélectrique, quatre cents sculptures antiques des Musées capitolins ont pris place avec une curieuse familiarité. Le télescopage des temps bouleverse la chronique : de qui sommes-nous les plus proches ? De ces longs tuyaux inertes qui ont la gaucherie d'instruments préhistoriques, ou de ces corps antiques qui,

particular, and in order to get there, to slip into a ritual contemplation, some meditative state capable of actually altering reality's configuration, bringing the visual world closer to the world of memory – what I see closer to what I know – intertwining the signs of its meanings. The cumulative beauty of Rome makes hay of common sense and assigns complex significance to the world: harmony along with disorder, movement and similitude, rigour and negligence, profound diversity – such as the association of the very serious Santa Maria sopra Minerva with Bernini's little elephant, "Minerva's chick"; or, in the Ghetto, a *Bar Totò* alongside an ancient funerary bas-relief. Rome holds the secret of successful intermingling: not the splendour of the single detail, but a *logical conjoining* of forms, a spanning of eras. ● The inhabitants of Rome have made a museum out of this diversity: four hundred antiquarian sculptures from the Capitoline museums have, with curious aplomb, taken up residence in a former power station. The resulting conflation of eras turns history on its head, raising the question of which period we ourselves feel closest to. To these long, inert pipes, evidencing the clumsiness typical of precision instruments of a bygone

l'origine? A Roma, l'antico affiora ovunque, galleggia fin nelle acque del Tevere – il Ponte Rotto, quasi un relitto nel fiume – spunta qua e là come quei germogli selvatici che, invano, si tenta di annientare. Mischiato al tessuto urbano, l'antico ha costretto l'uomo a costruire tutt'intorno, sopra, dentro, definitivamente indistruttibile, una sorta di seconda natura con la quale ha dovuto accordarsi. In questa città vecchia di più di tremila anni il passato è in qualche modo estensivo, mai del tutto compiuto, mai del tutto passato. Esso interviene nella composizione del presente, e tale miscuglio dei tempi agisce sullo spazio che si muove sincronicamente ad esso - come in un quadro, in cui il movimento nasce dalla relazione tra elementi che non appartengono allo stesso istante[1]. ■ E non sono soltanto, come in una certa città d'Oriente tre volte santa, l'accumularsi, il giustapporsi delle epoche a forzare l'ammirazione, bensí il loro intreccio, fonte di un'armonia insuperata. Perché l'illusione è totale: tutti i tempi sembrano avvenire *qui e adesso*, siano essi rovine o cantieri. A Roma è noto che se il mistero del tempo non può essere svelato, esso può quanto meno essere rappresentato, recitato nell'immanenza. Niente a che vedere con quello scontro

amochés, donnent l'étrange impression d'être intacts et qu'on dirait penchés dans une légèreté pensive? ▲ **QUI CHERCHE** le sens commence par l'origine. Mais où cesse l'origine? À Rome, l'antique affleure dans toute la ville, surnageant jusque dans les eaux du Tibre – le Ponte Rotto, comme une épave dans le fleuve –, surgissant par endroits telles ces pousses sauvages que l'on essaie en vain d'anéantir. Mêlé au tissu urbain, il a contraint les hommes à bâtir tout autour, par-dessus, par-dedans, finalement indestructible, sorte de seconde nature avec laquelle ils ont dû composer. Dans cette ville vieille de plus de trois mille ans le passé est en quelque sorte extensif, jamais totalement achevé, jamais totalement passé. Il entre dans la composition du présent et ce mélange des temps agit sur l'espace qui se meut avec lui – comme dans une peinture, où le mouvement naît de la relation entre des éléments qui n'appartiennent pas au même instant[1]. ▲ Et ce n'est pas seulement, comme dans certaine ville d'Orient trois fois sainte, l'accumulation, la juxtaposition des époques qui force l'admiration, mais leur entrelacement, source d'une harmonie insurpassée. Car l'illusion est totale : tous les temps semblent

past? Or to these ancient human forms which, damaged though they are, give a strange impression of being still intact, as if lightly poised in a pensive mood? ● **HE WHO LOOKS** for meaning begins at the beginning. But where is the beginning here? In Rome, the ancient world has its outcroppings throughout the city, some even in the waters of the Tiber itself – the Ponte Rotto, floating like an abandoned ship on the river – like patches of weeds resisting all attempts to eradicate them. Woven into the city's fabric, such outcroppings have forced its inhabitants to build around, above or inside them, and in the end have proved indestructible, forming a kind of second nature with which they have simply had to learn to live. In a city that is over three thousand years old, the past extends in a sense into the present: never totally over, never totally past. It is part of the present, creating a mix of eras that influences the space in movement with it – like a painting in which motion springs from the relationship between objects that do not belong to the same moment in time.[1] ● It is not simply, as is the case in a well-known, thrice-holy oriental city, the accumulation and juxtaposition of eras that draws admiration from us, but rather their

conflittuale delle storie e delle trascendenze che a Gerusalemme crea vere e proprie linee di frattura, *corrugamenti* scoscesi – ragione per la quale Gerusalemme non può essere una città universale; niente a che vedere nemmeno con il sentimento della morte, de «l'orrenda solitudine» che secondo Gibbon ossessiona l'Egitto. Roma vive nel presente, servendosi del suo passato come di vecchi utensili. I Romani usano ancora gli acquedotti dell'Impero concepiti anticamente per le terme, le fontane, le case: l'*Aqua Virgo*, costruita da Agrippa alla fine del I secolo della nostra era, che sbocca alla fontana di Trevi, l'*Aqua Claudia*, edificata dall'imperatore Claudio e riutilizzata dall'acquedotto Felice nel 1586, o acquedotto di Traiano che serve parzialmente all'*Acqua Paola*, conclusa da Paolo V nel 1612. E chi si stupisce di vedere nel 2000, nei pressi di Santa Croce in Gerusalemme, i monaci del convento fondato da Benedetto VII coltivare il loro giardino all'interno dell'enorme anfiteatro Castrense, catturato nelle mura di Aureliano e ridotto ormai al suo solo involucro? ■ Sin dal Medioevo, archi di trionfo, podî di templi, teatri, tombe sono stati trasformati in fortificazioni e torri, mentre i Fori ed il Colosseo fungevano da cave di marmo. Al foro

advenir *ici et maintenant*, qu'ils soient ruines ou chantiers. On sait à Rome que si le mystère du temps ne peut être dit, il peut du moins être représenté, joué dans l'immanence. Rien à voir avec le choc conflictuel des histoires et des transcendances qui dans Jérusalem crée de véritables lignes de fracture, des *plissements* abrupts – ce pourquoi Jérusalem ne peut être une ville universelle ; rien à voir non plus avec le sentiment de la mort, de « l'affreuse solitude » dont Gibbon observait qu'elle hante l'Égypte. Rome vit dans le présent, se servant de son passé comme de vieux ustensiles. Les Romains utilisent encore les aqueducs de l'Empire conçus jadis pour les thermes, les fontaines, les maisons : l'*Aqua Virgo*, construit par Agrippa à la fin du Ier siècle avant notre ère, qui débouche à la fontaine de Trevi, l'*Aqua Claudia* édifié par l'empereur Claude et réutilisé par l'acquedotto Felice en 1586, ou celui de Trajan qui sert partiellement à l'*Acqua Paola* achevé par Paul V en 1612. Et qui s'étonne de voir en l'an 2000, près de Santa Croce in Gerusalemme, les moines du couvent fondé par Benoît VII cultiver leur jardin à l'intérieur de l'énorme amphithéâtre Castrense, pris dans la muraille d'Aurélien et réduit

intertwining, creating a source of peerless harmony. For the illusion is total here: all historical times seem to be happening *here and now*, as ruins or as construction sites. We are aware that in Rome, while the mystery of time cannot be expressed as such, it can at least be represented and played out immanently. Nothing in common here with the head-on impact of *different* histories and *different* transcendences that create, in Jerusalem, real fault lines, abrupt *folds* in reality – which is why Jerusalem can never be a universal city. It has nothing to do either with the sense of death, that "frightful solitude" that, according to Gibbon, haunts Egypt. Rome lives in the present, using its past like old utensils. The inhabitants of Rome still use the Empire's aqueducts designed long ago for its baths, its fountains, its houses: the *Aqua Virgo*, built by Agrippa at the end of the first century B.C., which feeds water to the Trevi Fountain; the *Aqua Claudia*, constructed by Claudius and reused by the Acquedotto Felice in 1586; or again Trajan's aqueduct, which is partly reused by the *Acqua Paola*, completed by Paul V in 1612. And who in the year 2000 is surprised to see, near Santa Croce in Gerusalemme, the monks of the monastery founded by Benedict VII

Boario, la chiesa di San Nicola in Carcere riposa sui tre templi antichi di Giunone Sospita, della Speranza e di Giano, e le sue colonne interne sono tutte pagane. I cristiani non hanno disprezzato gli antichi santuari: vi si sono stabiliti come quei conquistatori che penetrano nelle ricche dimore dei vinti, sorpresi dalla bellezza dei luoghi. Certo, hanno cancellato i nomi degli edifici pagani – il Pantheon è diventato la chiesa di Santa Maria dei Martiri, il tempio di Antonino e Faustina è stato dedicato a san Lorenzo - ma ne hanno soprattutto preservato il valore simbolico. ■ Nel corso della sua storia, Roma non ha mai smesso di rinascere dalle sue pietre, gigante che divora le sue creature per poi ricrearsi dalle sue stesse viscere, instancabilmente lacerata e ripristinata, e cosí «mal proporzionata», secondo i difensori dell'estetica classica per i quali «gli edifici intrapresi e portati a compimento da un unico architetto sono solitamente più belli e meglio disposti rispetto a quelli che vari architetti hanno tentato di raccomodare, riabilitando vecchie mura costruite ad altri fini[2]». Vicino a un ponte del Tevere, la casa dei Crescenzi, dimora di una famiglia onnipotente dell'XI secolo, mostra ancora oggi, incrostati sulle pareti esterne, colonne e fregi romani che

aujourd'hui à ses seuls murs ? ▲ Dès le Moyen Âge, arcs de triomphe, podiums des temples, théâtres, tombes ont été transformés en fortifications ou en tours, tandis que les forums et le Colisée servaient de carrières de marbre. Au forum Boarium, l'église San Nicola in Carcere repose sur les trois temples antiques de Junon Sospita, de l'Espérance et de Janus, et ses colonnes intérieures sont toutes païennes. Les chrétiens n'ont pas dédaigné les anciens sanctuaires : ils s'y sont installés comme des conquérants entrant dans les riches demeures des vaincus, stupéfaits par la beauté des lieux. Sans doute ont-ils rayé les noms des édifices païens – le Panthéon devint l'église Sainte-Marie-des-Martyrs, le temple d'Antonin et Faustine fut dédié à saint Laurent –, mais ils en ont préservé la force symbolique. ▲ Tout au long de son histoire, Rome n'a cessé ainsi de renaître de ses pierres, géante dévorant ses enfants et s'enfantant elle-même, inlassablement déchiquetée et restituée, et ainsi « mal compassée » aux yeux des défenseurs de l'esthétique classique pour qui « les bâtiments qu'un seul architecte a entrepris et achevés ont coutume d'être plus beaux et mieux ordonnés que ceux que plusieurs ont tâché

tend their gardens inside the enormous Castrense amphitheatre, once caught up in Aurelian's defensive walls but today returned to its own basic structure? ● From the Middle Ages onward, triumphal arches, temple podiums, theatres and tombs have been converted into fortifications or towers, while the forums and the Coliseum were quarried for their marble. In the Forum Boarium, the church of San Nicola in Carcere is built upon three ancient temples dedicated to Juno Sospita, Hope and Janus, and all the columns it contains are pagan. Christians did not disdain the ancient holy places – they took up residence in them like conquerors in the stately homes of the conquered, marvelling at the beauty they found there. Of course, they struck out the names of the pagan edifices – the Pantheon thus becomes the church of Santa Maria dei Martiri, the temple of Antoninus and Faustina was dedicated anew to Saint Lawrence – but they were careful to preserve their symbolic power. ● Throughout its long history, Rome has never ceased to be reborn from its stony bed, a giantess delivering herself from her own womb, devouring her children, tirelessly torn to pieces and remade whole, and thus "poorly finished" in the eyes of

le conferivano un tono nobiliare. Nel quartiere Sant'Angelo, tra la via delle Botteghe Oscure e la via de' Funari, in cui, nel XVI e nel XVII secolo, i Mattei imposero il loro dominio, l'antico palazzo Mattei di Giove (oggi Caetani), tutto «incrostato» di frammenti, sfoggia sulle sua mura e nelle nicchie del cortile una delle più grandi collezioni private di antichità: lo spazio è interamente riempito dalle reliquie. Non è da escludere che l'edificio si regga in piedi grazie a questo accostamento fitto, che evoca le combinazioni di marmo nelle pavimentazioni delle chiese medievali o quei libri romani fatti di collage di testi. ■ Ogni epoca ha cosí aggiunto bellezza a bellezza, senza tuttavia mai esaurirne del tutto le risorse, ha rimontato i resti del passato dando forma a figure nuove, creando talvolta luoghi inusitati – il teatro di Marcello, divenuto nel Medioevo un palazzo edificato sulle rovine, o le terme di Diocleziano, convertite in chiesa da Michelangelo. E tante colonne, tanti frammenti di marmo riutilizzati in altri edifici che vengono cosí a tramare, all'interno della città, una unità invisibile ad occhio nudo – *come vedere* che la fontana Paola è sorta dalle macerie del tempio di Minerva che dominava il foro di Nerva, o che la porta di San Giovanni in Laterano è la stessa

de raccommoder, en faisant servir de vieilles murailles qui avaient été bâties à d'autres fins[2] ». Près d'un pont du Tibre, la casa dei Crescenzi, demeure d'une famille toute-puissante du XIe siècle, montre aujourd'hui encore sur ses parois extérieures l'incrustation de colonnes et de frises romaines qui faisait sa noblesse. Dans le quartier Sant'Angelo, entre la via delle Botteghe Oscure et la via de' Funari, où les Mattei ont aux XVIe et XVIIe siècles imposé leur domination, l'ancien palais Mattei di Giove (aujourd'hui Caetani), tout « encroûté » de fragments, exhibe sur les murs et dans les niches du *cortile* l'une des plus grandes collections privées d'antiques : l'espace y est tout entier empli de ces reliques. Peut-être l'édifice ne tient-il que par cet assemblage serré, qui évoque les combinaisons de marbres dans les pavements des églises médiévales ou ces livres romains faits de collages de textes. ▲ Chaque époque a ajouté ainsi, sans jamais l'épuiser, de la beauté à la beauté, réuni les débris du passé en des figures nouvelles, créant parfois des lieux hétéroclites – le théâtre de Marcellus, devenu au Moyen Âge un palais sur les ruines, ou les thermes de Dioclétien convertis en église par Michel-Ange. Et tant de colonnes, tant

champions of classical aesthetics, for whom "a building begun and completed by a single architect is generally more beautiful and more harmonious than one that several architects have sought to stitch together, making use of old walls built for quite other ends".[2] Near a bridge over the Tiber, the Casa dei Crescenzi, home to an all-powerful family in the eleventh century, we can still see today in the outer walls the inset Roman columns and friezes from which it derived its nobility. In the Sant'Angelo area of the city, between the Via delle Botteghe Oscure and the Via de' Funari, where the Mattei family held sway in the sixteenth and seventeenth centuries, the old Mattei di Giove (today Caetani) palace, "encrusted" with fragments, exhibits on its walls and in the niches of its *cortile* one of the biggest private collections of antiquities: every nook and cranny is filled with ancient relics. The entire building may in fact be held together solely by these tightly wedged artefacts, reminding one of the marble crazy-paving in medieval churches or Roman books made up of a collage of disparate texts. ● Every era has thus piled beauty upon beauty without ever exhausting its splendour, configuring the debris of the past anew, sometimes

che, un tempo, apriva la Curia del Foro? ■ E poi ci sono tutte quelle linee che la città ha riprodotto in una lunga litania, eseguendo le sue variazioni sulla pietra e sugli affreschi interni, trascrivendo nello spazio le proprie concezioni del tempo in un repertorio inaudito, secondo ritmi lineari e quieti (a villa Giulia), rapidi e lunghi (nel colonnato del Bernini a San Pietro), spezzati (alla maniera dei frontoni barocchi di Santa Maria Maddalena), oppure lenti e massicci (sulla pesante facciata del Palazzo di Giustizia), una sorta di rituale in cui le cupole disegnano grandi bacini rovesciati, le colonne *informano* la materia, gli archi e le volte ritagliano ad intervalli regolari il cielo. Cosí, le rovine antiche riempiono di emozione, come se fossero appena nate o create apposta per essere rovine. Le colonne mutile del foro di Traiano somigliano ad una installazione di Buren, il portico di San Lorenzo, il campanile di San Giovanni a Porta Latina evocano quegli innumerevoli frammenti di acquedotti che si snodano svelti nella campagna, come linee ferroviarie bizzarramente disposte, o che tagliano la città ad angolo retto: suggeriscono nello spazio, a diversa *velocità*, la stessa *idea*, la stessa fuga di luce e di ombra. Chinata su se stessa, Roma gioca ad ingannare

de fragments de marbre réemployés dans d'autres édifices qui trament ainsi dans la ville une unité invisible à l'œil nu – *comment voir* que la fontaine Paola est née des décombres du temple de Minerve qui dominait le forum de Nerva, ou que la porte de Saint-Jean-de-Latran ouvrait jadis la Curie du Forum? ▲ Et puis, il y a toutes ces lignes que la ville a reproduites en une longue litanie, jouant ses variations sur la pierre et sur les fresques intérieures, transcrivant dans l'espace ses conceptions du temps en un répertoire inouï, aux rythmes linéaires et apaisés (à la villa Giulia), rapides et longs (dans la colonnade du Bernin à Saint-Pierre), brisés (à la façon des frontons baroques de Santa Maria Maddalena), ou bien lents et massifs (sur la lourde façade du Palais de justice), sorte de rituel dans lequel les coupoles dessinent de grands bassins renversés, où les colonnes *informent* la matière, où les arcs et les voûtes découpent régulièrement le ciel. Aussi les ruines antiques sont-elles émouvantes parce qu'elles semblent nées il y a peu ou faites pour être ruines. Les colonnes coupées du forum de Trajan ressemblent à une installation de Buren ; le portique de San Lorenzo, le campanile de San Giovanni a Porta Latina

assembling disparate elements – the theatre of Marcellus, which became in the Middle Ages a palace built on its ruins, or the baths of Diocletian transformed by Michelangelo into a church. So many columns, so many marble fragments recycled into other edifices, weaving within the city a unity invisible to the naked eye – how can one see, *really see*, that the Paola Fountain sprang from the rubble of the temple of Minerva once overlooking the Forum of Nerva, or that the door of Saint John Lateran once opened on to the Curia of the Forum? ● And then there are all the lines of the city's long litany of variations on stone and interior frescoes, transpositions in space of its conceptions of time, shaped into an unheard-of repertoire whose rhythms are sometimes linear and calm (as in the Villa Giulia), sometimes long but swift (Bernini's colonnade for Saint Peter's), intermittent (the baroque pediments of Santa Maria Maddalena), or, elsewhere, massive and slow (the *gravitas* of the façade of the Law Courts), acting out a form of ritual in which domes are like great upturned bowls, in which columns *inform* matter, in which arches and vaults cut the sky into periodic shapes. These ancient ruins move us in this way because they

il tempo con l'esuberanza di chi si diverte con la morte... Ma nel suo specchio contempla anche le sue rovine – forse il suo futuro. ■ I moderni hanno voluto rimettere un po' d'ordine nel tempo e hanno moltiplicato i musei, tanti labirinti in cui i riferimenti forniti, le date e i nomi dei frammenti accatastati non compongono altro che un sapere illusorio e senz'ordine, privo di qualsiasi rapporto col luogo. Eppure, all'esterno, le rovine hanno invaso lo spazio. Talvolta fioriscono sulle strade, semafori inerti dei secoli trascorsi, briciole della memoria: qui un piede, un frammento di colonna, una mano, un corpo senza testa; lì uno spigolo di muro, un rilievo, qualche graffito. Talaltra vengono rinchiuse in grandi parchi, per poi andarle a visitare come animali selvaggi e muti. I Fori Imperiali, quell'enorme piazza pubblica in cui il potere romano si esibiva nel suo più grande spettacolo, sono oggi un'ampia passeggiata. Da due anni le loro vestigia si sono estese, respingendo in parte il ricordo del fascismo, rifiutando i limiti della città antica che s'inoltra sulle pendici del Palatino: disegnano un caos di volumi irregolari – immagine capovolta dei tetti moderni – bosco che invade ogni cosa, come se il mondo sotterraneo riacquistasse i suoi diritti,

évoquent ces innombrables fragments d'aqueducs qui filent dans la campagne comme des lignes de chemin de fer étrangement disposées ou tranchent la ville à angle droit : ils suggèrent dans l'espace, à une *vitesse* différente, la même *idée*, la même fuite de lumière et d'ombre. Penchée sur elle-même, Rome joue à tromper le temps avec l'allégresse de qui s'amuse avec la mort... Mais dans son miroir elle contemple aussi ses débris – son futur peut-être. ▲ Les modernes ont voulu remettre un peu d'ordre dans le temps et multiplié les musées, autant de labyrinthes où les repères donnés, les dates et les noms des fragments entassés ne composent qu'un savoir illusoire et sans ordre, privé de la relation au lieu. Mais, à l'extérieur, les ruines ont envahi l'espace. Tantôt elles s'épanouissent sur les voies publiques, sémaphores inertes des siècles anciens, bribes de la mémoire : ici un pied, un fragment de colonne, une main, un corps sans tête ; là un pan de mur, un relief, quelques graffiti. Tantôt on les enferme dans de grands parcs, pour ensuite leur rendre visite comme à des animaux sauvages et mutiques. Les forums impériaux, cette énorme place publique où le pouvoir romain

seem to have sprung into existence only recently, or to have always been destined to be ruins. The truncated columns of Trajan's Forum resemble a Buren installation, the portico of San Lorenzo or the bell tower of San Giovanni a Porta Latina look very much like the numberless fragments of aqueduct that march through the countryside like oddly routed rail lines, or which cut the city with rectangular gridlines: they form a suggestion in space of a different *speed*, of a single *idea*, the same flight of light and shadow. Turned in upon itself, Rome plays with time with the joy of one who plays with death. But Rome, in this mirror, also contemplates its broken stones – its future perhaps. ● Modern men have wanted to put a little order into this chaos of epochs and have opened museum after museum, labyrinths in which the identifications offered – dates and names on piled-up fragments – contain a knowledge that is no more than illusory and an order that is false, shorn of its sense of place. But outside the museums the ruins have invaded the urban space. Sometimes they stand on the public highway like inert, ancient semaphores, shards of memory: here a foot, a part of a column, a hand, a headless body; there a section of wall, a

rivelando una vitalità inquietante. Sulla via Appia, sul colle Oppio, davanti a villa Medici, sotto le chiese e le case, il corpo giacente di Roma si sveglia e, meravigliati, si assiste al rialzarsi delle strutture antiche nella città – libro-teatro in cui le scene preritagliate si svolgono ogni qualvolta se ne sfogliano le pagine. ■ E immagino l'emozione degli archeologi che, nell'aprile del 1885, scoprivano sul fianco del Quirinale una testa di bronzo. Al ritmo lento d'un corpo che si rimetteva a vivere, un lottatore mostrava le spalle, poi il busto e le gambe flesse. Seduto proprio sul fondo della fossa, si svegliava finalmente da un sonno durato millenni. Al pari di un dio stanco, lasciate cadere le braccia, volgeva verso il cielo un volto attonito; i buchi neri dei suoi occhi tradivano quella sua sorpresa, un tempo catturata dallo scultore, così come il mistero dell'attesa eterna – «l'ebetudine impenetrabile delle pietre[3]». La storia di Roma si legge in tale risorgere infinito del passato, delle forme sepolte o soltanto impresse nell'ombra del suo corpo, quest'immenso fossile che conserva, a tratti, le impronte dei grandi circhi e dei teatri antichi - sua grazia assente. ■ Oggi il pedone erra, barbaro affascinato, dinanzi a quei monumenti enigmatici, alle porte

s'offrait dans sa plus grande exhibition, sont devenus une vaste promenade. Depuis deux ans, leurs vestiges se sont étendus, refoulant pour une part la mémoire du fascisme, rejetant les limites de la ville antique qui s'avance sur les pentes du Palatin : ils dessinent un chaos de volumes irréguliers – image inversée des toits modernes –, forêt qui envahit tout, comme si le monde souterrain reprenait ses droits, révélant une vitalité inquiétante. Sur la via Appia, sur le colle Oppio, devant la Villa Médicis, sous les églises et les maisons, le corps gisant de Rome s'éveille et l'on assiste émerveillé au redressement des structures anciennes dans la ville – livre-théâtre dont les décors prédécoupés se déplient à chaque fois que l'on tourne ses pages. ▲ Et j'imagine l'émotion des fouilleurs découvrant, au mois d'avril 1885, sur le flanc du Quirinal, une tête de bronze. Au rythme lent d'un corps qui se remettait à vivre, un lutteur avait sorti ses épaules, puis son torse, puis ses jambes repliées. Assis tout au fond de la fosse, il s'éveillait enfin d'un songe millénaire. Tel un dieu fatigué, les bras à l'abandon, il tournait vers le ciel un visage étonné ; les trous noirs de ses yeux trahissaient sa surprise saisie par le sculpteur jadis, et

bas-relief, some graffiti. Sometimes they are enclosed in great parks, to be visited like wild, dumb beasts. The Imperial Forums, a vast public space in which Roman official power was exhibited most potently, became an endless public promenade. In the last two years, their remains have been extended, pushing back the memory of fascism, rolling back the boundaries of the ancient city as they advance up the Palatine slopes, a chaotic assemblage of irregular shapes – the reverse image of modern rooftops – an invasive jungle, as if the subterranean world were returning to claim its rights, showing a disturbing vitality. On the Via Appia, on the Colle Oppio, in front of the Villa Medici, under the churches and the houses, the great recumbent body of Rome wakes, and we are witness, marvelling, to an upsurge of the city's ancient structures – a pop-up book in which cut-outs unfold as we turn its pages. ● I can imagine the emotion felt by the excavators who came across a bronze head, one day in April 1885 on the slopes of the Quirinal. With the slow awakening of a body returning to life, a wrestler extricated his shoulders, then his torso, followed by his legs, bent at the knee. Sitting at the bottom of a trench, he was waking final-

spalancate, come svuotate dai loro abitanti e dai loro Dei in seguito a qualche catastrofe naturale, e si sente quasi invadente nel varcare soglie sacre e nel calpestare suoli deserti. Cos'è che lo turba in un tale ammasso di pietra in cui l'impassibilità sfida qualsiasi sentimento tragico? Al vecchio Foro romano, quando la luce bianca dell'inverno sottolinea il pallore dei marmi e la carne rosa delle colonne, quando i visitatori si sono finalmente dispersi, le vestigia dissotterrate respirano. In questo luogo che fu per molto tempo, dalla caduta dell'Impero e fino al XVIII secolo, il Campo Vaccino – il terreno da pascolo più celebre del mondo – esse ci interrogano con aria sospesa, assonnate dall'alto del loro podio. Sulla cima d'una colonna solitaria, le foglie di marmo del capitello si confondono alle erbacce: qui la pietra continua a vivere fino a cadere in rovina, l'Essere palpita sin che dura la forma, sin che durano quelle forme ricomposte dai venti e dai secoli, quelle figure tridimensionali di pietra e di colore che sembrano «emanate da un fondo primordiale[4]» ma la cui identità sfugge allo sguardo. ■ Cosa sappiamo del passato? Alla maniera dei manoscritti antichi, di cui non possediamo alcun originale, Roma fu continuamente corretta e riscritta,

tout autant le mystère de l'attente éternelle – « l'hébétude impénétrable des pierres[3] ». L'histoire de Rome se lit dans cette résurgence infinie du passé, des formes ensevelies ou seulement imprimées en ombre sur son corps, cet immense fossile qui garde par endroits l'empreinte des grands cirques et des théâtres antiques – sa grâce absente. ▲ Aujourd'hui le piéton erre, barbare ébloui, devant ces monuments énigmatiques, aux portes grand ouvertes, qui paraissent vidés de leurs habitants et de leurs dieux après quelque catastrophe naturelle, et il se sent indiscret à franchir ainsi des seuils sacrés et à fouler les sols déserts. Qu'est-ce qui l'émeut dans ces amas de pierre dont l'impassibilité défie tout sentiment tragique ? Au vieux Forum romain, lorsque la lumière blanche de l'hiver souligne la pâleur des marbres et la chair rose des colonnes, lorsque les visiteurs se sont enfin évadés, les vestiges désenfouis respirent. Dans ce lieu qui fut longtemps, après la chute de l'Empire et jusqu'au XVIIIe siècle, le Campo Vaccino, le « champ aux vaches » – le lieu de pâturage le plus célèbre du monde –, ils nous interrogent curieusement, ensommeillés du haut de leur podium. Sur le faîte d'une colonne

ly from a thousand-year sleep. Like some tired god, arms thrown back, he turned an astonished face to the sky – the black holes of his eyes showed the surprise captured by the sculptor long ago, and, equally, the mystery of an eternal awaiting – "stone's impenetrable stupor".[3] The history of Rome can be read in this endless resurgence of the past, forms buried in the earth or simply printed in shadows on its body, an enormous fossil which still bears the mark, here and there, of the great circuses and theatres of ancient times – its vanished grace. ● Today's visitor walks, turning a dazzled barbarian gaze on enigmatic monuments, their doors flung wide, seemingly voided of both occupants and gods by some natural disaster, and crosses their consecrated thresholds into deserted spaces with a feeling of unease. What is it that so moves the visitor in these rock piles whose total muteness stifles any sense of tragedy? In the old Roman forum, when the pale light of winter highlights the whiteness of marble and columns' pink flesh, when the tourists have finally left, the disinterred ruins breathe anew. In this place, which was for centuries, between the fall of the Empire and the eighteenth century, the Campo Vaccino or "cow field" – the world's

palinsesto per sempre spogliato del suo segreto. Pochi edifici portano ancora traccia della loro fondazione. Persino il ponte Fabricio, conservatosi quasi integralmente dopo il I secolo a.C. fu restaurato parecchie volte, a causa delle piene del Tevere. Siano essi fiorenti o inariditi, rovinati o ricostruiti, i monumenti antichi, ingannatori, portano in sé una triplice temporalità: la loro origine, i restauri, il loro stato presente. Testimoni di un passato multiplo e mutevole, *fanno vedere* la capacità propria del passato di durare al di là dell'evento e il dilatarsi del tempo tra l'evento e la sua traccia; la continuità della tradizione e la discontinuità profonda della storia - la *breccia aperta del tempo*. ■ C'è il tempo della cronologia, che gli archeologi stabiliscono d'una forma rigorosa, come geometri con il loro compasso e le loro carte, e che si ritrova catalogato nelle viscere della città; e poi c'è il tempo di Roma, che confonde i punti di riferimento, sconvolge le certezze, mescola i secoli in un insieme vivente. Più che di principio e di svolgimento, Roma ci parla di creazione continua e di dialogo permanente con gli antenati, suoi contemporanei, mentre la sua nascita si perde nelle acque torbide del tempo che passa, cosí come la cima della cupola del Pantheon si

solitaire, les feuilles de marbre du chapiteau se mêlent aux herbes folles : ici la pierre continue de vivre jusqu'à ce qu'elle tombe en poussière, l'Être palpite tant que dure la forme, tant que durent ces formes recomposées par les vents et les siècles, ces épures de pierre et de couleur qui paraissent « émanées d'un fonds primordial[4] » mais dont l'identité échappe au regard. ▲ Que sait-on du passé ? À la manière des manuscrits antiques, dont aucun original ne nous est parvenu, Rome fut sans cesse corrigée et réécrite, palimpseste à jamais dessaisi de son secret. Peu d'édifices gardent trace de leur fondation. Même le pont Fabricius, conservé presque intégralement depuis le Ier siècle avant notre ère, fut, à cause des crues du Tibre, restauré plusieurs fois. Qu'ils soient animés ou desséchés, délabrés ou reconstitués, les monuments anciens, trompeurs, portent en eux une triple temporalité : l'origine, les restaurations et l'état présent. Témoins d'un passé multiple et changeant, ils *font voir* la capacité du passé à durer au-delà de l'événement et la dilatation du temps entre l'événement et sa trace ; la continuité de la tradition et la discontinuité profonde de l'histoire – la *brèche du temps à vif*. ▲ Il y a le temps de la chronologie,

most celebrated pasture – they stand, dozing up on their podia, as curious question marks for us. The marble leaves of the capital at the top of a solitary column mingle with living weeds: until it falls one day to dust, the stone will continue its existence here, the heart of being will still beat for as long as its outward form lasts, for as long as these outward forms, continually modified by wind and the passage of centuries, these pure lines in stone and colour that appear to "spring from some primordial source",[4] but whose precise identity escapes our gaze. ● What do we really know of the past? Like ancient manuscripts of which no original has come down to us, Rome has been constantly corrected and rewritten, a palimpsest ever bereft of its secret. Very few edifices still hold traces of their original foundation. Even the Fabricius Bridge, preserved almost in its entirety since the first century B.C., has been restored on several occasions following flooding on the Tiber. Whether still active, or dry as dust, dilapidated or restored, these ancient monuments are deceptive, and carry in their hearts the triple mark of time's passing: first origins, subsequent repair and present condition. Witnesses to motley, changing history, they *make visible* the

scioglie nel blu del cielo, luogo di imprecisione assoluta. ■ **OGNI LUOGO** ha la sua storia. Ma tanti luoghi hanno conservato, da un secolo all'altro, la stessa storia. I pellegrini del Medioevo hanno percorso le stesse strade che attraversavano i pedoni dell'Impero. All'inizio dell'era cristiana, la via del Pellegrino portava il nome di *Porticus Maximae*: bordata di arcate, conduceva dal *Circus Flaminius* al Vaticano; con i cristiani divenne uno dei principali luoghi di passaggio per coloro che andavano a San Pietro da San Giovanni in Laterano. Oggi, stretta e tortuosa, presenta, secondo un'antica tradizione del quartiere, vecchi depositi per libri dai quali emana il profumo di botteghe antiche, le *tabernae*. Anche altre strade s'innestano sugli assi antichi: la via Urbana che prese il posto del *Vicus Patricius* sull'Esquilino; la via del Corso, antica *Via Lata* al nord di Roma; o la via dei Coronari, anticamente *Via Recta* che, dal ponte Sant'Angelo, attraversava tutto il Campo Marzio. Sotto le strade, a otto o più metri di profondità, vecchie vie seguono un tracciato parallelo a quelle della città moderna; e pur se qualcuno di quei percorsi conduce soltanto a frane, se delle scale s'interrompono bruscamente, se un mosaico, una colonna, un coccio d'anfora

celui que les archéologues établissent rigoureusement, tels des géomètres, avec leur compas et leurs cartes et que l'on voit étiqueté dans les entrailles de la ville ; et puis il y a le temps de Rome, qui brouille les repères et les certitudes, mêle les siècles en un tout vivant. Plutôt que d'origine ou de succession, Rome nous parle de création continuée et de dialogue permanent avec les ancêtres, ses contemporains, et tous ses commencements se perdent aux eaux troubles du temps qui passe, comme la coupole du Panthéon se fond, en son sommet, dans le bleu du ciel, lieu d'imprécision absolue. ▲ **CHAQUE LIEU** a son histoire. Mais tant de lieux ont conservé d'un siècle à l'autre la même histoire. Les pèlerins du Moyen Âge ont marché dans les pas des piétons de l'Empire. Au début de notre ère, la via del Pellegrino portait le nom de *Porticus Maximae* : bordée d'arcades, elle menait du *Circus Flaminius* au Vatican ; avec le christianisme, elle devint l'un des principaux lieux de passage pour ceux qui se rendaient à Saint-Pierre depuis Saint-Jean-de-Latran. Aujourd'hui, étroite et tortueuse, elle offre, selon une ancienne tradition du quartier, de vieux garages pour livres d'où émane le parfum des boutiques

capacity of the past to last beyond the events themselves and the stretching of time between event and physical record – the continuity of tradition *and* the radical discontinuity of history – *the brittle reality of time laid bare*. ● For there is the time of chronology, the time carefully established by archaeologists, like land surveyors, with their compasses and maps, time according to the labels placed on the city's entrails – and then there is the time of Rome itself, blurring landmarks and certainties, fusing the centuries into one organic whole. Rome does not speak to us of origins and successive events, but rather of continued creation and constant dialogue with our ancestors, its contemporaries, and all its beginnings merge into the muddied waters of passing time, just as the dome of the Pantheon melts, at its very summit, into the blue of the sky, a locus of absolute imprecision. ● **EVERY PLACE** has its history. But so many places have kept the same history over the centuries. The pilgrims of the Middle Ages walked in the footsteps of the pedestrians of the Empire. At the beginning of the Christian era, the Via del Pellegrino was called *Porticus Maximae*; it led, lined on either side by arcades, from the *Circus Flaminius* to the Vatican. When Christianity arrived, it became a main route between

ricordano un quotidiano svanito, su queste stesse macerie la vita ha riacquistato i suoi diritti. «Non facciamo altro che camminare sul tetto di case del tutto integre», scriveva già Montaigne citando Cicerone. Sono talmente numerosi i palazzi, come il palazzetto Specchi, via San Paolo alla Regola, che accolgono le vestigia d'*insulae*, edifici di secoli lontani; sono talmente numerose le chiese impilate su altre chiese che nascondono a loro volta «rovine profonde fino agli antipodi[5]». ■ Città morta e viva, Roma, più che qualunque altra città, tiene al suo passato, che si confonde col presente; l'uno si *deduce* dall'altro; autonomo e dipendente al contempo. E i numerosi ammodernamenti che, alla soglia del terzo millennio, l'hanno trasformata in una vecchia città nuova dai colori sgargianti, e hanno ringiovanito la sua tavolozza, non sono riusciti a risolvere questo gioco di specchi. In via dei Cappellari si vedono, come nelle fotografie del secolo scorso, i carretti del mercato vicino, posteggiati sotto un passaggio buio; nel quartiere Testaccio, in cui belle costruzioni bianche ricordano il dinamismo d'inizio secolo, una vecchia strada di campagna costeggia gli antichi macelli, ormai centro culturale, e dopo aver oltrepassato le scuderie dei taxi-carrozza, finisce

anciennes, les *tabernae*. D'autres rues s'inscrivent dans les axes antiques : la via Urbana qui prit la place du *Vicus Patricius* sur l'Esquilin ; la via del Corso, ancienne *Via Lata* au nord de Rome ; ou la via dei Coronari, autrefois *Via Recta* qui traversait depuis le pont Saint-Ange tout le Champ de Mars. Sous les pavés, à huit mètres de profondeur ou plus, d'anciennes rues suivent un tracé parallèle à celles de la ville moderne ; et même si quelques chemins mènent à des éboulis, si des escaliers s'interrompent brutalement, si une mosaïque, une colonne, un débris d'amphore rappellent un quotidien évanoui, sur leurs décombres la vie a repris ses droits. « Nous ne faisons que marcher sur le toit des maisons tout entières », écrivait déjà Montaigne citant Cicéron. Si nombreux sont les palais, comme le palazzetto Specchi, via San Paolo alla Regola, qui abritent les vestiges d'*insulae*, immeubles de siècles éloignés ; si nombreuses les églises empilées sur d'autres églises qui cachent elles-mêmes des « ruines profondes jusques aux antipodes[5] ». ▲ Ville morte et vivante, Rome, plus qu'aucune autre ville, tient à son passé, qui se mêle au présent ; l'un se *déduit* de l'autre, autonome

Saint Peter's and Saint John Lateran. In our time, this narrow, twisting street is home, in accordance with a tradition in this area of the city, to many old resting places for books, redolent of the shops of the ancient world, the *tabernae*. Other streets follow ancient routes: the Via Urbana replaced the *Vicus Patricius* on the Esquiline Hill, the Via del Corso in the north of Rome was once the *Via Lata*, the Via dei Coronari was formerly the *Via Recta*, which traversed the whole breadth of the Campus Martius from the Sant'Angelo Bridge. Under their pavements, eight metres or more down, ancient streets parallel those of the modern city. And although some roads end in piles of rubble, some stairways come to an unexpected halt, a mosaic, a column or a few shards of amphora may recall a vanished world, life has simply gone on over the debris. "Everywhere, we walk upon the roofs of entire buildings", Montaigne wrote long ago, quoting Cicero – there are so many palaces like the Palazzetto Specchi, on the Via San Paolo alla Regola, that incorporate what remains of *insulae*, the apartment blocks of past centuries, so many churches stacked upon other churches, which themselves cover "ruins so deep they reach the antipodes".[5] ● As a dead and a living city, Rome cleaves to its past, which merges with its

in un terreno incolto seminato di qualche roulotte; in pieno centro città, stradine strette, quali la via dei Tre Archi o il vicolo della Pace, sono abbandonate alla lentezza d'altre epoche. Potrà, il tempo, riconquistare tali interni confini? La città moderna è, senza alcun dubbio, cresciuta in periferia – il quartiere Parioli al nord, l'EUR al sud, il futuro auditorium di Renzo Piano vicino allo stadio Flaminio, e tutti i borghi già immortalati dalla Vespa di Nanni Moretti. Forme nuove, senza ombra di dubbio, stanno manifestandosi un po' ovunque in città – la recente moschea che fiancheggia le catacombe di Priscilla sulla via Salaria, la stazione Termini le cui forme aerodinamiche poggiano su un frammento delle mura arcaiche, o ancora l'enorme tangenziale che, con la sua curva scura, fora e penetra uno dei vecchi quartieri, una sorta di piaga rumorosa; mentre le strade medievali si sono da tempo abituate al passaggio rapido dei motorini sui quali giovani col berretto parlano a squarciagola al telefonino. Eppure la tangenziale non ha fatto scomparire quello spigolo di muro antico, né i motorini hanno disturbato i giocatori tranquillamente intenti a mescolare le carte nei pomeriggi estivi; e quante strade nuove s'interrompono bruscamente o conducono a

et dépendant à la fois. Et les nombreuses rénovations qui, au seuil du troisième millénaire, l'ont transformée en une vieille ville neuve aux couleurs éclatantes et ont rajeuni sa palette, n'ont pas eu raison de ce jeu de miroir. Via dei Cappellari, on peut voir, comme sur les photographies du siècle passé, les charrettes du marché voisin stationnées sous un passage sombre ; dans le quartier du Testaccio, où de beaux immeubles blancs rappellent le dynamisme du début du siècle, une vieille route de campagne longe les anciens abattoirs, désormais centre culturel, et, dépassant les écuries des taxis-calèches, s'achève en un terrain vague glané de quelques roulottes ; en plein centre ville, d'étroites ruelles, telle la via dei Tre Archi ou le vicolo della Pace, sont abandonnées à la lenteur d'une autre époque. Le temps rattrapera-t-il ces confins intérieurs ? Sans doute le monde moderne s'est-il épanoui à la périphérie – le quartier des Parioli au nord, l'EUR au sud, le futur auditorium de Renzo Piano près du stade Flaminio, et toutes les banlieues déjà immortalisées par la Vespa de Nanni Moretti. Sans doute des formes nouvelles traversent-elles la ville – la récente mosquée qui jouxte les catacombes de Priscilla sur la via

present, like no other metropolis: the one *derives* from the other, each simultaneously stands alone and depends on the other. The many renovations, which, as we enter the third millennium, have transformed Rome into a new old city with bright colours and a palette of youthful hues, have not put an end to this game of mirror images. On the Via dei Cappellari, we can still find, parked in dark alleyways, the same carts from the nearby market to be seen in nineteenth-century photographs. In the Testaccio quarter, where attractive white buildings recall the energy of the early twentieth century, an old country road runs alongside the former abattoir, now a cultural centre, and, after passing by the stables used by horse-drawn taxis, ends up in wasteland with a few washed-up caravans. Again, right in the centre of the city, narrow streets such as the Via dei Tre Archi or the Vicolo della Pace have been left behind in a slower era. Will time eventually swallow such enclaves? The modern world has certainly flourished at the city's limits – Parioli in the north, EUR in the south, the future Renzo Piano auditorium near the Flaminio Stadium, and all those suburbs already immortalised by Nanni Moretti on his Vespa. Certainly, new shapes are to be seen in the urban fabric – the recently built mosque standing alongside the

luoghi senza nome, a facciate mirabilmente rinnovate dietro le quali, tuttavia, non si scorge altro che il cielo, visto che i lavori si sono, da molto tempo, improvvisamente arrestati? ■ Gli edifici distrutti non hanno mai distrutto questo paradosso, non più di quanto abbiano fatto gli innumerevoli progetti destinati a traforare, dirozzare e ampliare la città ingombrata dalle sue radici. A Roma, e non soltanto nei *calcararii* medievali, in cui i forni trasformavano il marmo in calce, avvengono strane alchimie che rimodellano in maniera ogni volta identica la carta della città, imitando quell'abile sapiente che, in una «bottega oscura» del Museo di Roma, ripercorrendo il susseguirsi delle scoperte, ricompone la grande pianta di marmo antico, dell'epoca dei Severi, ritrovata, pezzo a pezzo, a partire dal XVI secolo. Attraverso gli ottocento cantieri del Giubileo, replica di quelli che, da secoli, hanno plasmato la città, qualcosa di questa *Mamma Roma*, di cui Pasolini aveva sottolineato in bianco e nero i contrasti, rimane immutato. Mai scomparsa dalla mappa del mondo, Roma continua ad essere una testimonianza di tutte le età. Quando lentamente entra in città, il treno non costeggia soltanto antiche vestigia – l'enorme tempio di Minerva

Salaria, la gare Termini dont les formes aérodynamiques s'adossent à un fragment de la muraille archaïque ou encore cette rocade énorme qui perce l'un des vieux quartiers de sa courbe sombre, sorte de plaie bruyante ; et les rues médiévales se sont depuis longtemps habituées au passage rapide des *motorini* sur lesquels des jeunes gens à casquette téléphonent à tue-tête. Mais la rocade n'a pas fait disparaître ce pan de mur antique, ni les *motorini* dérangé les joueurs battant tranquillement leurs cartes aux heures poméridiennes de chaque été ; et combien de routes neuves s'interrompent brutalement ou mènent à des lieux sans nom, à des façades admirablement rénovées mais derrière lesquelles on ne voit que le ciel parce que les travaux se sont, il y a longtemps, soudainement arrêtés ? ▲ Les destructions n'ont jamais détruit ce paradoxe, pas plus que les innombrables plans destinés à percer, défricher et agrandir la ville encombrée de ses racines. À Rome, et pas seulement dans ces *calcararii* médiévaux où des fours transformaient le marbre en chaux, il se passe d'étranges alchimies qui remodèlent à l'identique la carte de la ville, à l'image de ce savant habile qui, dans une « boutique obscure » du Museo di Roma,

catacombs of Priscilla on the Via Salaria, or Termini Station, whose streamlined design backs on to a section of ancient wall, or the enormous bypass that cuts a swathe through an old quarter, its sombre curve a sort of cacophonous wound. Medieval streets have long since become inured to the swift passing of *motorini* carrying the young, wearing baseball caps and yelling into mobile phones. But the bypass has not eradicated the occasional length of archaic wall, nor have the *motorini* disturbed the card players, who continue, tranquilly, to shuffle and deal during the dog-day hours, and then there are all the new roads that come to an abrupt stop, or lead to nameless destinations, or all the marvellously renovated frontages behind which there is nothing but sky, because construction work came to a sudden halt years before. ● No destruction has ever destroyed this paradox, no more than the innumerable plans to prune, lop or expand a metropolis caught up in its own entangling roots. In Rome, and not only in the medieval *calcararii* where ovens once converted marble to lime, some bizarre alchemy reshapes the city's map, returning it to what it was before, rather like the clever academic who, in some "dark den" within the Museo di Roma, as new discoveries are made, gradually rebuilds

Medica, la tomba del panettiere Eurisace, la Porta Maggiore con la sua rete di acquedotti – ma fiancheggia anche immense costruzioni moderne abbandonate. Di ciascun'epoca, questa città di ricordi, ha conservato almeno una traccia, come per avvertirci che, se si vive soltanto nel presente, con il presente si rischia di scomparire. E tale vincolo durevole con il passato, che le conferisce una profondità unica, pur intralciandola, collega tra loro le sue varie rinascite. ■ Al numero 13 di via del Portico d'Ottavia, gli abitanti hanno per sempre ceduto lo spazio al ricordo. I luoghi non sono più stati riabilitati da quel 16 ottobre 1943, giorno di rastrellamento. Il palazzo è intatto, *dunque* rovinato e bigio: finestre rotte, porte aperte, mura scorticate, silenzio che invita al sussurro. Vecchie impalcature sostengono le pareti per non lasciar sfuggire quel passato che resiste e stilla da ogni poro, mentre la pioggia cade su grandi teloni come su ragnatele. In fondo al cortile, una breve scala conduce verso la loggia dalle arcate ancora eleganti ma ormai spoglie... E, ad un tratto, la sorpresa. Dopo qualche gradino, sulla sinistra, una corte interna piena di luce attira lo sguardo: piante verdi, terrazze irregolari alle quali portano scale di fortuna, balconi fioriti, biancheria

recompose, au fil des découvertes, le grand plan de marbre antique, d'époque sévérienne, retrouvé par morceaux depuis le XVIe siècle. À travers les huit cents chantiers du Jubilé, réplique de ceux qui ont façonné la ville depuis des siècles, quelque chose de cette *Mamma Roma*, dont Pasolini avait en noir et blanc souligné les contrastes, demeure inchangé. Jamais disparue de la carte du monde, Rome continue de témoigner pour tous les âges. Lorsqu'il entre lentement dans la ville, le train ne longe pas seulement des vestiges antiques – l'énorme temple de Minerva Medica, le tombeau du boulanger Eurysacès, la Porta Maggiore et son réseau d'aqueducs –, il côtoie d'immenses bâtisses modernes abandonnées. De chaque époque cette ville de mémoire a conservé une trace, comme pour nous avertir que si l'on vit uniquement dans le présent, on risque de disparaître avec le présent. Et ce lien durable avec les passés, qui lui donne une profondeur unique mais l'entrave, noue ses multiples renaissances. ▲ Au 13 de la via del Portico d'Ottavia, les habitants ont abandonné l'espace au souvenir. Les lieux n'ont pas été remis en état depuis le 16 octobre 1943, jour de rafle. Le *palazzo* est intact, *donc* délabré et sombre : fenêtres

the great marble plan of the city dating from the reign of Severus, and rediscovered piece by piece since the sixteenth century. The eight hundred Jubilee construction sites, modern versions of those that sculpted Rome, still leave unchanged something of *Mamma Roma*, whose contrasts Pasolini once highlighted in black and white. Rome, which never disappeared from the world's maps, continues to bear witness to every epoch. When trains slowly enter the city, they do not pass by ancient remains alone – the enormous temple to Minerva Medica, the tomb of the baker Eurysaces, the Porta Maggiore and its network of aqueducts – their route also takes them by immense abandoned structures of modern times. The city of memory has kept a record of every era, as if to remind us that if we live in the present alone, we risk vanishing along with it. This long-lasting link with all its pasts, which gives the city a unique richness, while also entangling it, makes possible its successive rebirths. ● The occupants of no. 13 on the Via del Portico d'Ottavia have sacrificed the place to commemoration. The building has been left as it was on 16 October 1943, marking a mass police arrest. The *palazzo* remains intact, and is *therefore* dilapidated and dark: windows broken, doors open, walls peeling, a silence that

alle finestre. Voltando le spalle alla vergogna, la vita è proseguita dietro l'edificio; sui margini della piaga si è riformata la pelle. In questo luogo si configura la tensione tra tutti i tempi; da tali dissonanze nasce l'emozione estrema per la nostra coscienza alterata. ■ **IN QUESTA DOMENICA** d'agosto, sulla piazza Navona, l'aria è torrida. È mezzogiorno. Un fachiro medita su una delle panchine di pietra; carabinieri afflosciati mangiano gelati al cioccolato; una banda di monache in bianco e nero scompare ridendo alla svolta di via di Sant'Agnese in Agone. L'*istante* esatto. I passanti hanno rallentato il passo e, assumendo la camminatura dei Tuareg nel deserto, si avvicinano istintivamente alle fontane. A quest'ora i palazzi non formano più che un immenso pastello ocra abbagliato dalla luce... I rumori confermano l'illusione – quei colpi di clacson, così secchi, esatta eco di quelli di Amman, del Cairo o di Istanbul: l'Oriente comincia a Roma. ■ La città ha persino il suo suk, piazza Vittorio, occupata al centro da un grande giardino e da un mercato cosmopolita. In questo quartiere gigantesco, perso dietro la stazione e la chiesa di Santa Maria Maggiore, si stendono le rovine di un antico ninfeo, nelle vicinanze di misere botteghe e di

cassées, portes ouvertes, murs pelés, silence qui invite au murmure. De vieux échafaudages soutiennent les parois, pour ne pas laisser échapper ce passé qui résiste et suinte de partout, et la pluie tombe sur de grandes bâches comme sur des toiles d'araignée. Au fond du *cortile*, un bref escalier monte vers la loggia aux arcades encore élégantes mais dépouillées... Et c'est tout à coup la surprise. Après quelques marches, sur la gauche, une cour intérieure lumineuse attire l'œil : plantes vertes, terrasses irrégulières auxquelles mènent des escaliers de fortune, balcons fleuris, linge aux fenêtres. Tournant le dos à la honte, la vie a continué à l'arrière de l'édifice ; près de la plaie s'est reformée la peau. Ici se configure la tension entre tous les temps ; de ces dissonances naît l'émotion extrême pour notre conscience altérée. ▲ **CE DIMANCHE** du mois d'août, sur la place Navone, l'air est brûlant. Il est midi. Un fakir médite sur l'un des bancs de pierre ; des *carabinieri* affalés mangent des glaces au chocolat ; une bande de nonnes en noir et blanc disparaît en riant au détour de la via di Sant'Agnese in Agone. L'*instant* juste. Les passants ont alenti leur pas et, prenant la démarche des Touaregs au désert, ils se

makes one prefer to whisper. Old scaffolding holds up the walls, forestalling any escape by a past that resists, that permeates every brick; rain falls upon canvas covers stretched like spiders' webs. At the back of the *cortile*, a short stairway leads up to the arcade of a *loggia*: still elegant, but stripped bare. And then comes the surprise – a few steps further and a bright inner courtyard drags one's gaze to the left: house plants, chaotic terraces to which improvised stairs lead, flower-bedecked balconies, washing hung out to dry in windows. Life has turned its back on shame, continuing on its way just behind the monument; the skin growing back around the wound. There is here a symbol of the tension between different eras, a discord from which springs the profound emotion felt by our compromised consciences. ● **ON THIS PARTICULAR** Sunday in August, the air is boiling on the Piazza Navona. It is noon. A fakir is meditating on one of the stone seats, slumped *carabinieri* are eating chocolate ices, a black and white gaggle of nuns disappears, laughing, around the corner of the Via di Sant'Agnese in Agone. There is a rightness in this *instant*. The passers-by slow, and, like Tuareg, move instinctively in the direction of fountains. At this time of the day, the *palazzi* have melted into a vast

palazzi umbertini, eretti lungo eleganti arcate. Se si arrivasse a Roma provenendo da questo lato del mondo, si coglierebbe immediatamente la capacità infinita, propria di questa città, di demoltiplicarsi e, soprattutto, di coniugare molteplici varietà. ■ «Mosaico di città», «miniatura d'impero», «compendio dell'universo» (cosí la si celebrava nell'Antichità), nasconde luoghi che mai si sospetterebbe di trovarvi, e talvolta persino, tra due muri, spazi totalmente dimenticati. Inafferrabile e spensierata questa Roma, che lascia a ciascuno il diritto di tracciarsi un proprio catasto! Roma scopre le sue vene, la sua carne, finanche le sue ferite, corpo indecente certo della sua bellezza, che, tuttavia, solo si svela attraverso spiragli. S'incava, si decripta poco a poco, sotto lo sguardo insistente, senza pertanto mai rivelarsi del tutto. E quale cartolina potrebbe raffigurare una simile compressione dello spazio-tempo? Quale mappa potrebbe fissare questa città universale, che fu il centro del mondo ed il mondo stesso – un'utopia, in verità, un «luogo oltre ogni luogo[6]»? ■ **PLUTARCO PARLA** de «l'esattezza della bellezza» (*akribeia tou kalous*): vuol forse dire che la bellezza giunge alla verità, con la medesima bravura dell'arciere o con la precisione del

rapprochent instinctivement des fontaines. À cette heure, les *palazzi* ne forment plus qu'un immense pastel ocre ébloui par la lumière... Les bruits confirment l'illusion – ces coups de klaxon, très secs, exact écho de ceux d'Amman, du Caire ou d'Istanbul : l'Orient commence à Rome. ▲ La ville a même son souk, la piazza Vittorio, occupée en son centre par un grand jardin et par un marché cosmopolite. Dans ce gigantesque quartier, loin derrière la gare et l'église Santa Maria Maggiore, les ruines d'un nymphée antique s'étalent près d'infimes boutiques et des palais umbertiens, élevés le long d'élégantes arcades. Arriverait-on à Rome de ce côté du monde, on comprendrait immédiatement la capacité infinie de cette ville à se démultiplier et surtout à conjuguer la pluralité. ▲ « Assemblage de cités », « miniature d'empire », « abrégé de l'univers » (ainsi la célébrait-on dans l'Antiquité), elle cache des lieux qu'on n'y chercherait pas, et même parfois, entre deux murs, des espaces totalement oubliés. Insaisissable et insoucieuse Rome, qui laisse à chacun le droit de dessiner son propre cadastre ! Rome donne à voir ses veines, sa chair, ses plaies même, corps indécent sûr de sa beauté, et pourtant sa beauté ne se

pastel ochre blur in the dazzling light. The street noises underline the illusion, for the car horns have exactly the same sharp dry sound as those of Amman, Cairo or Istanbul – yes, the Orient begins in Rome. ● The city even has its own souk, on the Piazza Vittorio, in the middle of which there is a park and a cosmopolitan market. In this vast quarter, far back behind the station and Santa Maria Maggiore, the ruins of an ancient nymphaeum sit beside tiny shops and Umbertian palaces, standing alongside elegant arcades. Anyone arriving in Rome from this side of the world would understand immediately the infinite capacity of this city not only to diversify but also, above all, to unify diversity. ● "Many cities in one", "an empire in miniature" "a summary universe" (as the city was praised in the ancient world), Rome conceals places one would never have thought to look for there, and even in some cases, behind a wall or two, places which have been totally forgotten. Impossible to pin down, Rome, indifferent, allows each of us our own city map! Rome offers up to the eye its flesh, its wounds even, an indecent nakedness quite sure of its own beauty, but that beauty is unveiled only in fragmentary glimpses. The concentrated gaze of the onlooker builds it, teases it out bit by bit, but it never totally reveals

calligrafo? O piuttosto che il segno della bellezza è la sua stessa perfezione, eccetto qualche dettaglio? È da qui che deriverebbero lo stupore e il dolore che essa suscita? Perché la bellezza eleva e causa sofferenza al contempo: rivela lo scarto, la distanza infinita che da essa ci separa, attesta l'inaccessibile e lo sconosciuto, *strappa* il particolare e lo identifica all'oggetto della visione. È probabile che l'abbandono della *Santa Teresa* del Bernini esprima, in primo luogo, quest'incontro folle e doloroso – il *dis-farsi* dell'anima e del corpo *in un baleno*, l'eclissi fisica e mentale dinanzi all'apparizione unica di un Tutto, istantanea, ma sul punto di svanire per mai più riapparire. Ed è anche probabile che, nella misura in cui crea l'impressione che il mio corpo è fatto della sua stessa carne e quindi lo strappa a sé, accrescendolo, estendendone i limiti, la bellezza di Roma lasci intravedere furtivamente quest'esattezza indicibile – cosí come una fotografia capta l'*istante* in cui si libera in uno scambio di sguardi. ■ Si tratta dunque di scostarsi un po' da se stessi per mettersi in ascolto della città. Per ricevere quel momento privilegiato in cui lo spirito la farà propria, *tutta*. Ciascuno possiede in sé la nota verso la quale occorre innalzarsi per accedere a tale cattura

dévoile que par entrebâillements. Elle se creuse, s'épelle peu à peu, sous le regard insistant, mais jamais ne se révèle totalement. Et quelle carte pourrait rendre cette compression de l'espace-temps ? Quel plan pourrait figer cette ville universelle qui fut le centre du monde et le monde lui-même – une utopie, vraiment, un « lieu hors de tout lieu[6] » ? ▲ **PLUTARQUE PARLE** de « l'exactitude de la beauté » (*akribeia tou kalous*) : veut-il dire que la beauté touche à la vérité, avec la justesse de l'archer ou la précision du calligraphe ? Ou plutôt que le signe de la beauté est sa perfection même, au détail près ? Serait-ce là l'origine de la stupeur et de la douleur qu'elle éveille ? Car la beauté élève et fait souffrir à la fois : elle révèle l'écart, la distance infinie qui nous sépare d'elle, témoigne de l'inaccessible et de l'inconnu, *arrache* l'individuel et l'identifie à l'objet de la vision. Et peut-être l'abandon de la *Sainte Thérèse* du Bernin dit-il avant tout cette folle et douloureuse rencontre – le *dé-saisissement* de l'âme et du corps *en un éclair*, le retrait physique et mental devant l'apparition unique d'un Tout, instantanée mais près de s'évanouir pour ne jamais réapparaître. Et peut-être aussi, parce qu'elle fait naître le sentiment

itself. Indeed, what map could ever express this compression of space and time? What city diagram could ever freeze in one form a universal metropolis that was once the centre of the world, or even the very world itself – a real utopia, a "place outside all actual places"?[6] ● **WHEN PLUTARCH** spoke of the "exactness of beauty" (*akribeia tou kalous*), did he mean that beauty expresses truth with the accuracy of an archer or the precision of a calligrapher? Or perhaps that the representation of beauty is perfection itself, down to every exact detail? Might that not explain the stunned, painful emotion it arouses? For beauty makes us better, and suffer, simultaneously because beauty reveals the gap, the infinite distance that exists between us and it, beauty testifies to the inaccessible and takes the individual *out of him* – or *herself* – in an identification with the object of perception. Perhaps the abandonment of Bernini's *Ecstasy of Saint Teresa* expresses above all else that irrational, dolorous meeting – the *splitting* of soul and body with a single *lightning stroke*, the physical and mental drawing back from the singular revelation of All that Exists, instantaneous but on the edge of eternal disappearance. Perhaps also, because the beauty of Rome instils in me the feeling that my body is made of the same sub-

poetica, un diapason latente che lo fa entrare in possesso del mondo. Nelle sere d'inverno, la luce grigia che cala dopo le cinque, concilia questa caccia spirituale. Sulla carta assorbente, una macchia d'inchiostro guadagna progressivamente le figure schizzate; cosí, strizzando gli occhi, si osservano a poco a poco le masse monumentali diventare più spesse, le stradine fondersi insieme, finché di Roma non rimane altro che un affresco nero, in cui si agitano personaggi, un'ombra immensa perduta nel grigiore e nel rumore vago, un tempio senza contorno che galleggia in un'armonia violetta, in cui gli alberi sembrano colonne, e le colonne uccelli solitari appollaiati chissà dove.

que mon corps est fait de la même chair que le sien et de ce fait l'arrache à soi, l'accroît, en étend les limites, la beauté de Rome fait entrevoir furtivement cet indicible de l'exactitude – comme une photographie capte *l'instant* où elle se délivre dans un échange de regards. ▲ Il s'agit donc de se tenir à l'écart de soi-même pour se mettre à l'écoute de la ville. Pour recevoir le moment privilégié où l'esprit la prendra *toute*. Chacun possède en soi la note à laquelle il lui faut s'élever pour accéder à cette capture poétique, un diapason latent qui le met en possession du monde. Les soirs d'hiver, la lumière grise qui tombe après cinq heures est propice à cette chasse spirituelle. Sur un papier buvard, une tache d'encre gagne progressivement les figures esquissées : ainsi, clignant des yeux, on voit peu à peu s'épaissir les masses monumentales, s'unifier les ruelles jusqu'à ce que de Rome il ne reste plus qu'une fresque noire où s'agitent des personnages, une ombre immense perdue dans la grisaille et le bruit indistinct, un temple sans contour, qui flotte dans une harmonie violette, où les arbres semblent des colonnes et les colonnes des oiseaux solitaires perchés on ne sait où.

stance as the city, a feeling that takes it out of self, expands it, pushes back its limits, that beauty provides a fleeting glimpse of the inexpressibility of exactness, just as a photograph captures the very *instant* at which it offers itself up in a fleeting exchange of gazes. ● It is then necessary to stand back from oneself, in order to listen to the city, to open up to that special instant at which the mind can accommodate it *totally*. We all have within us a top note we must hit to access such poetic receptiveness, our own internal tuning fork that can be the key to the world. Winter evenings, and their pale grey light after five in the afternoon, are conducive to this form of spiritual research. Just as on blotting paper the shapes we have sketched are gradually absorbed by a spreading splash of ink, with half-closed eyes we can see the massive volumes of the city's monuments gradually thicken and merge, see its streets fuse, until Rome is no more than a dark fresco peopled by hurrying figures, an immense shadow fading in greying penumbra and indistinct noise, a blurred temple floating in a mauve-toned harmony, where trees resemble columns and columns solitary birds perched on invisible branches.

1. A. Rodin, *L'Arte*, in M. Merleau-Ponty, *L'Occhio e lo Spirito*, Milano, SE, 1989.
2. Cartesio, *Opere*, Bari, Laterza, 1967.
3. E. M. Cioran, *Squartamento*, Milano, Adelphi, 1981.
4. M. Merleau-Ponty, *L'Occhio e lo Spirito*, *op. cit.*
5. M. Montaigne, *Saggi*, Milano, Adelphi, 1966, libro III, cap. 9.
6 Titolo di una raccolta di poesie di Claude Esteban : *Un lieu hors de tout lieu*, Paris, Galilée, 1979.

1. A. Rodin, *L'Art*, entretiens réunis par Paul Gsell, Paris, 1911, cité par M. Merleau-Ponty, *L'Œil et l'Esprit*, Paris, Gallimard, 1964.
2. R. Descartes, *Discours de la méthode*, Paris, Gallimard, collection « La Pléiade », 1978.
3. E. M. Cioran, *Écartèlement*, Paris, Gallimard, 1979.
4. M. Merleau-Ponty, *L'Œil et l'Esprit*, *op. cit.*
5. Montaigne, *Essais*, Paris, Arléa, 1992, livre III, chap. 9.
6. Titre d'un recueil de poèmes de Claude Esteban, Paris, Galilée, 1979.

1. A. Rodin, *L'Art*, conversations collected by Paul Gsell, Paris, 1911, quoted by M. Merleau-Ponty, *The Visible and the Invisible*, Evanston, Northwestern University Press, 1969.
2. R. Descartes, *Discours on Method*, London, Penguin, 1999.
3. E. M. Cioran, *Drawn and Quartered*, New York, Arcade, 1983.
4. M. Merleau-Ponty, *The Visible and the Invisible*, *op. cit.*
5. Montaigne, *Essays*, III, 9.
6. Title of a collection of verse by Claude Esteban : *Un lieu hors de tout lieu*, Paris, Galilée, 1979.

Gabriele Basilico

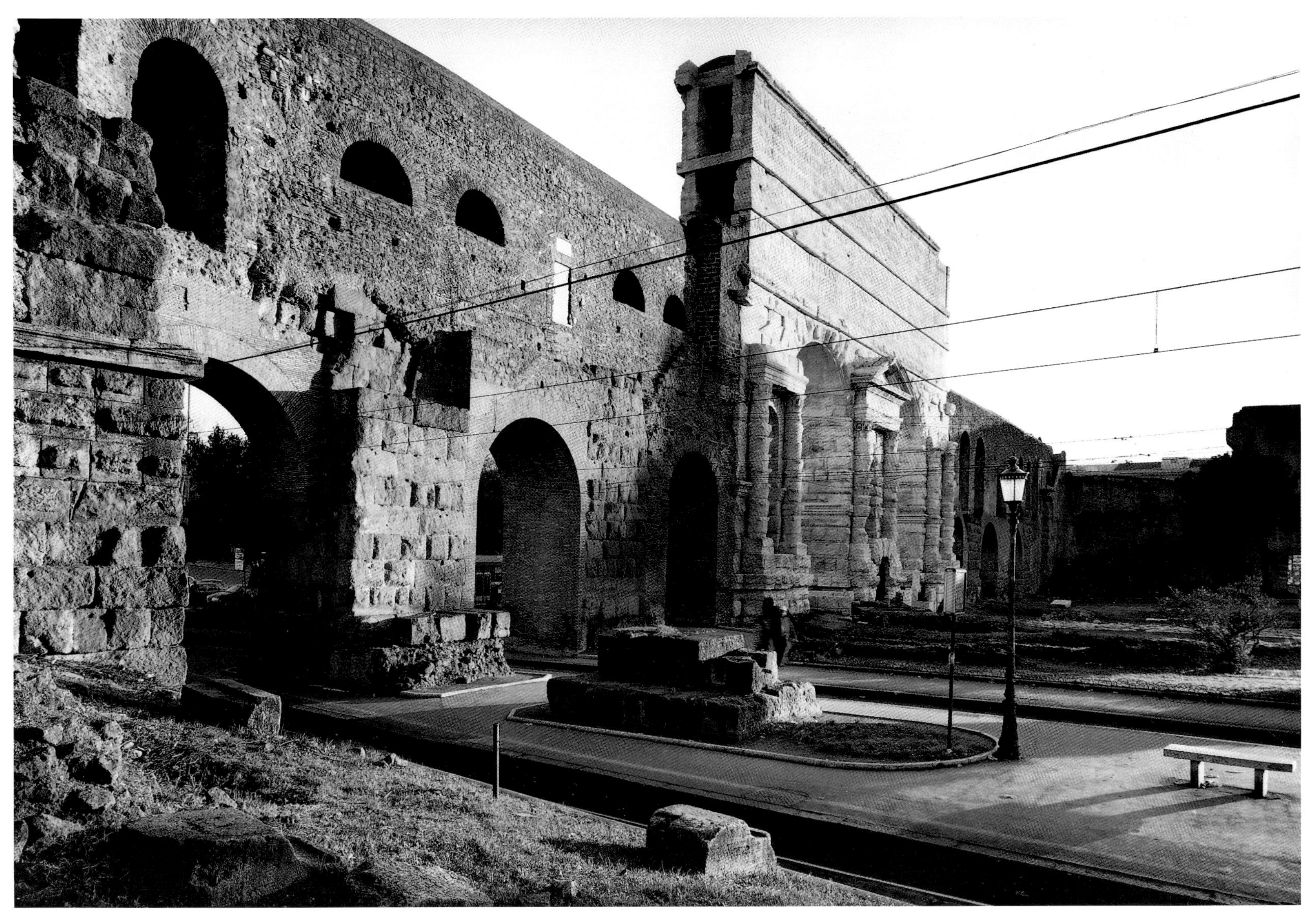

Piazza di Porta Maggiore

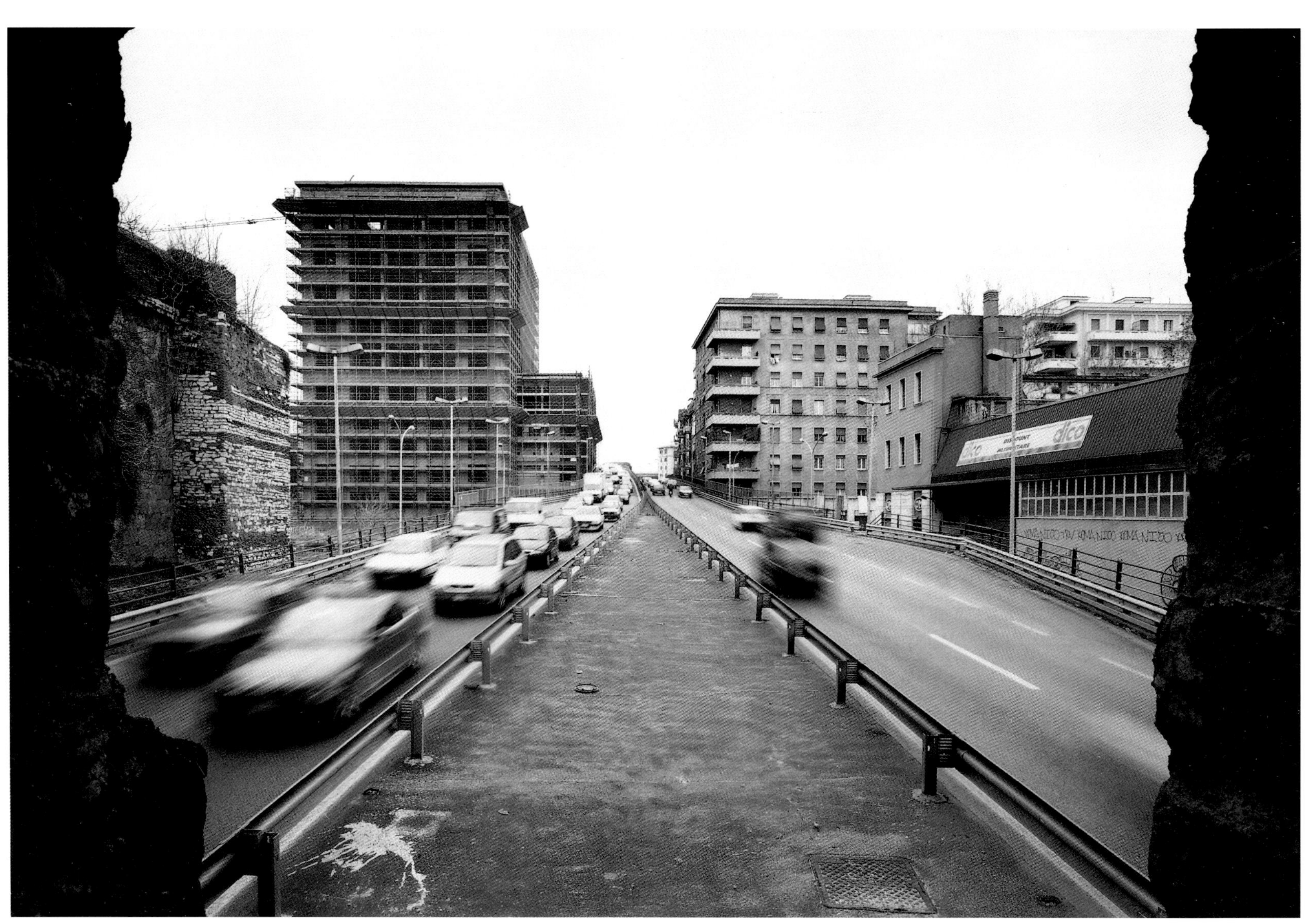

Via Castrense

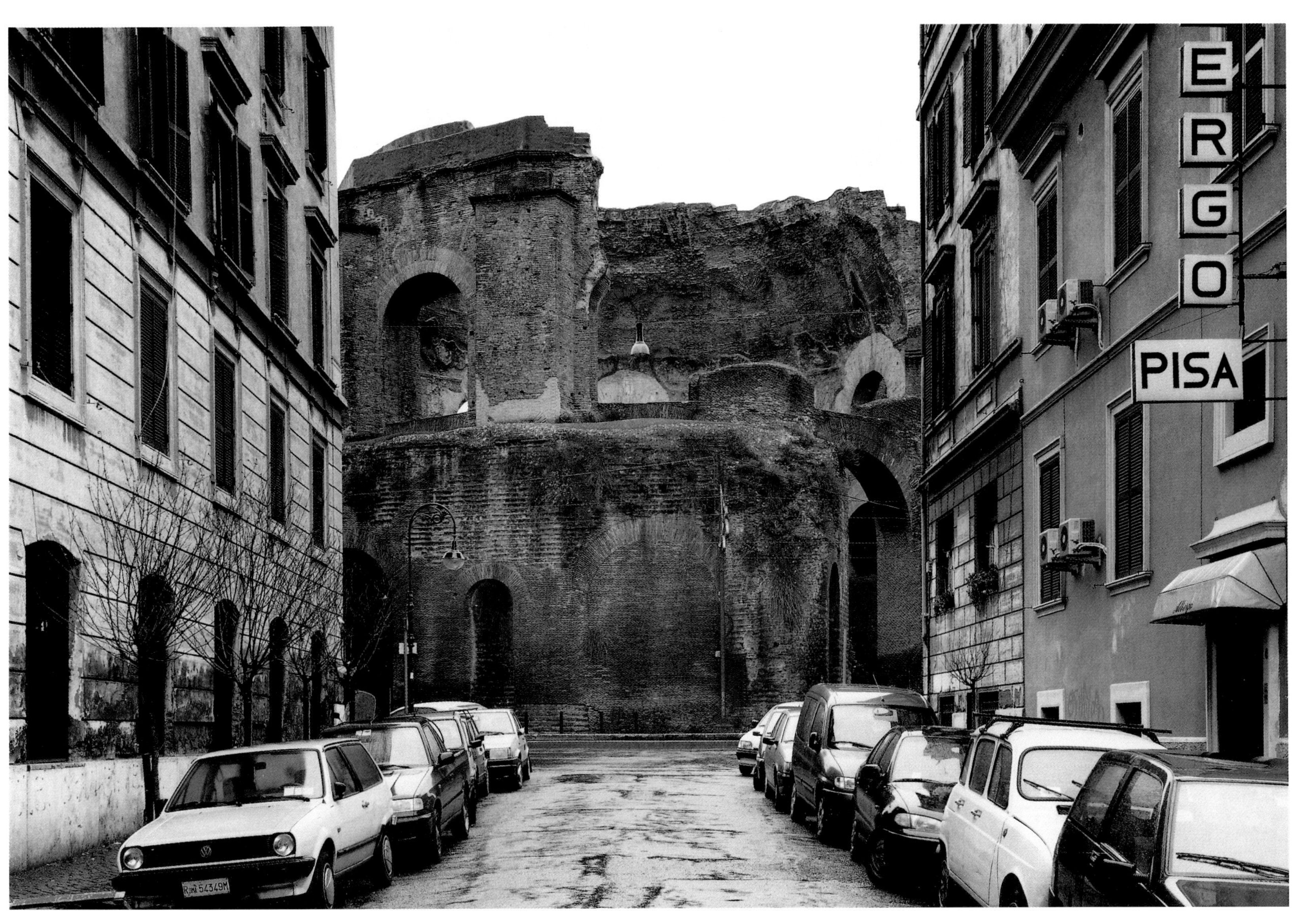

Via Pietro Micca

Via Giolitti

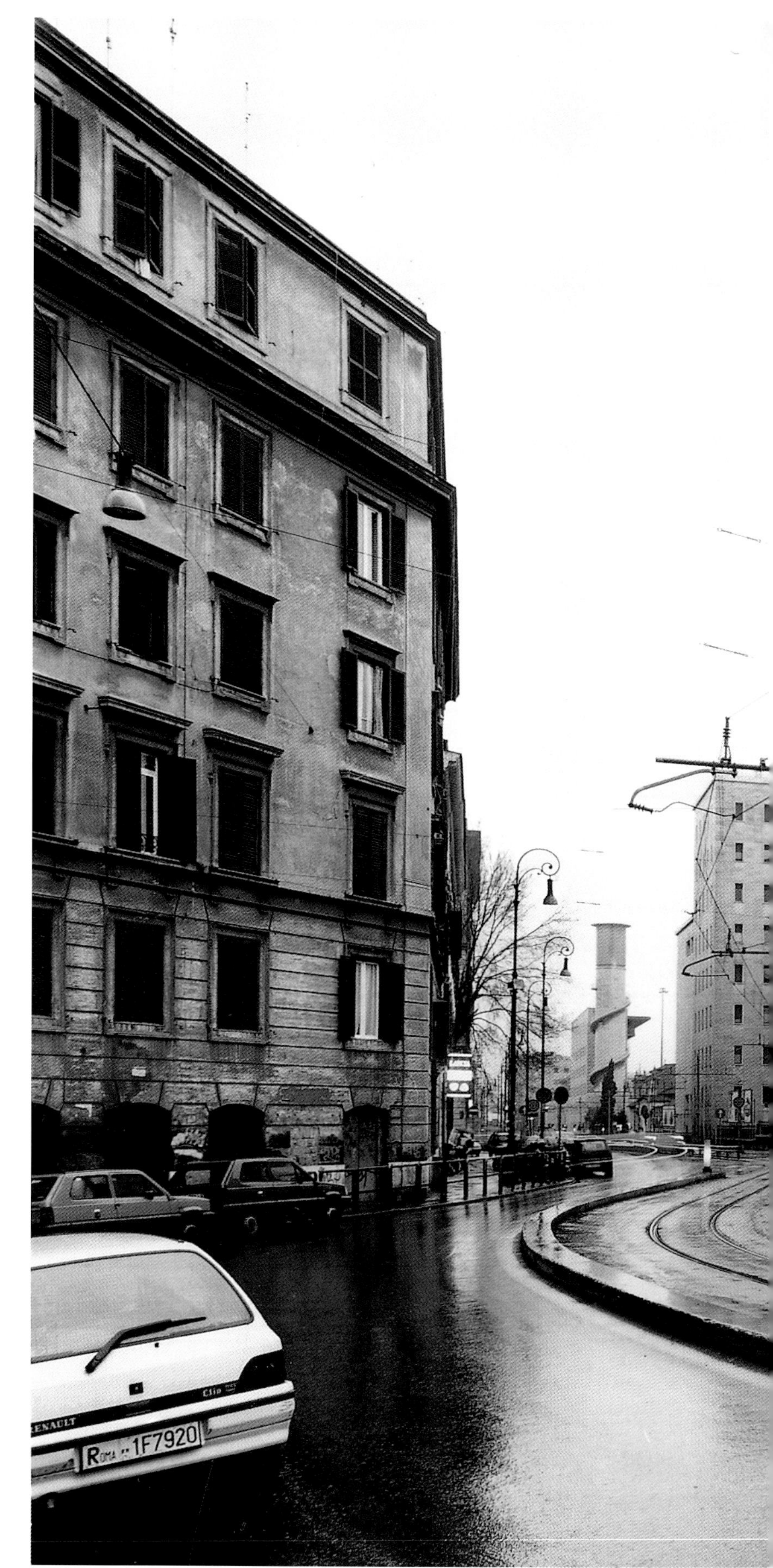

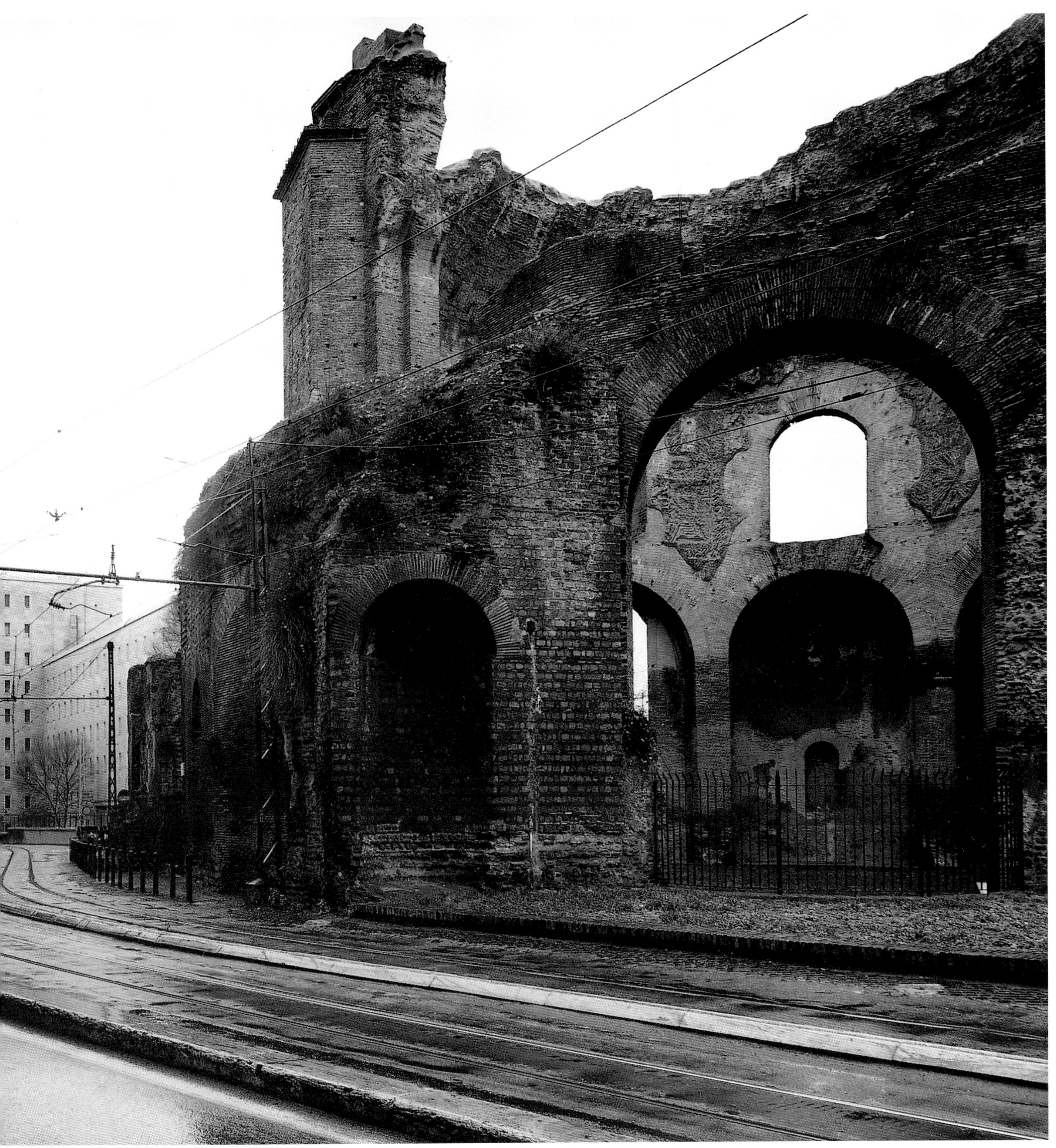

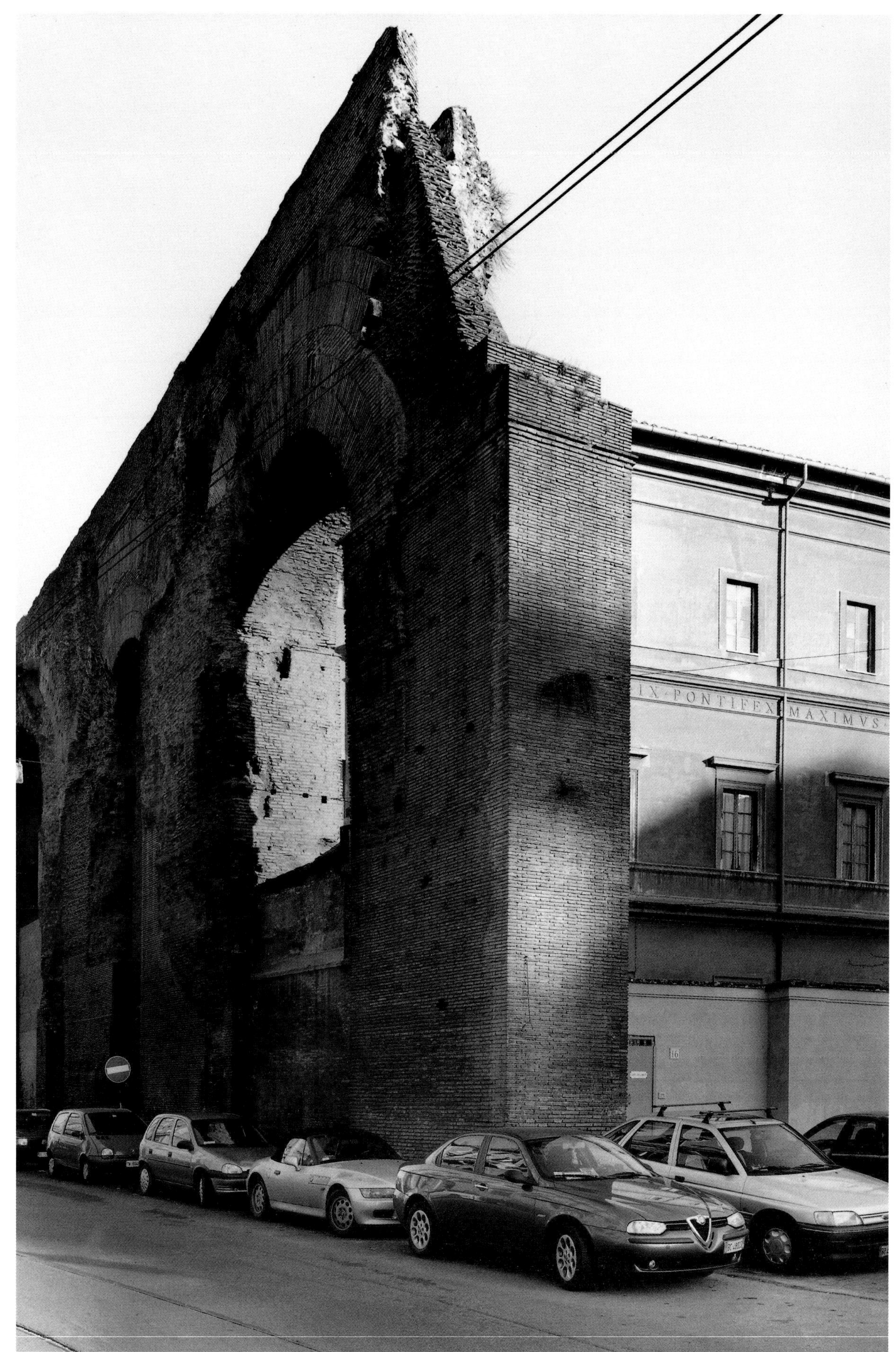

Via Domenico Fontana

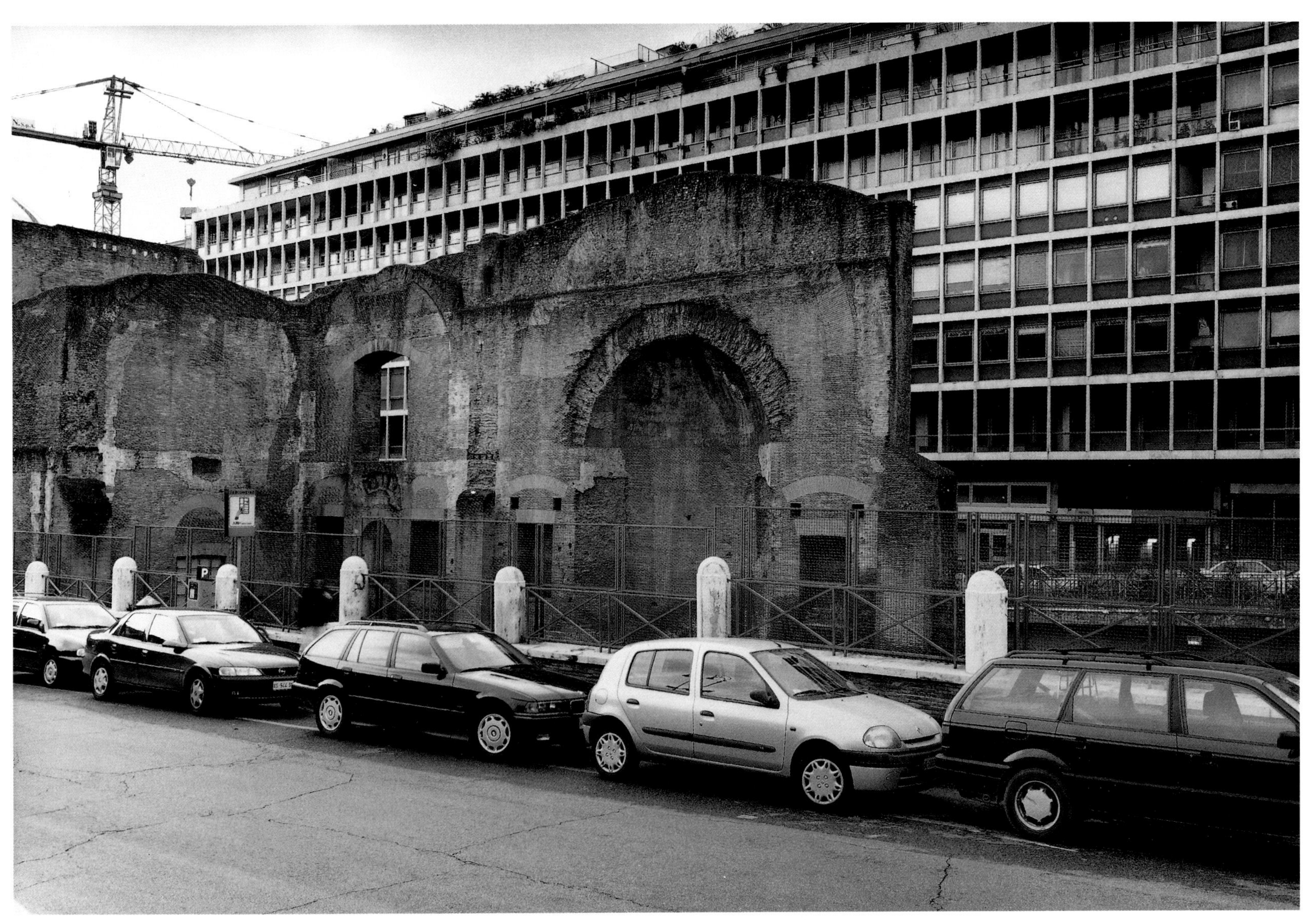

Via Cernaia

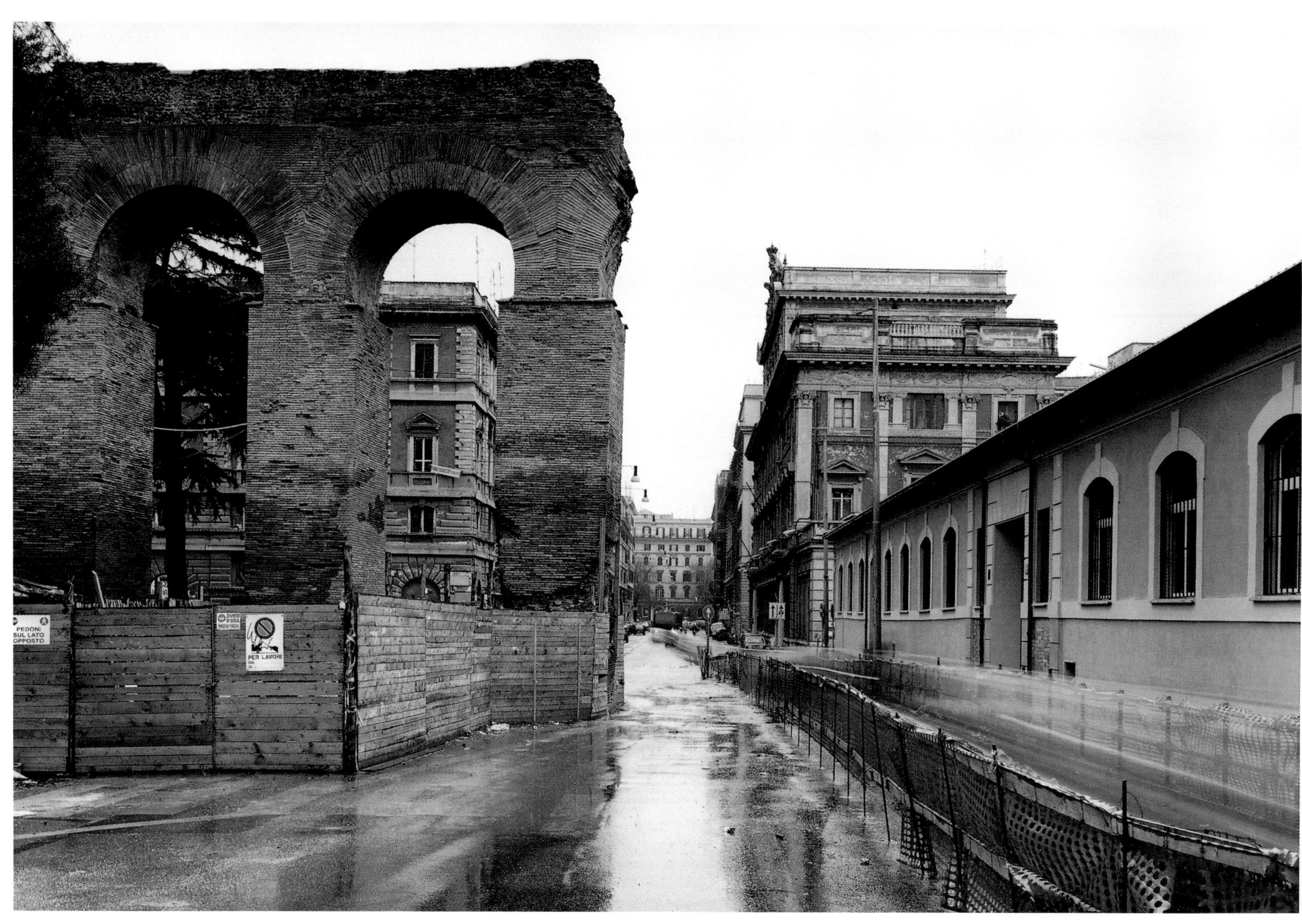

Via Guglielmo Pepe

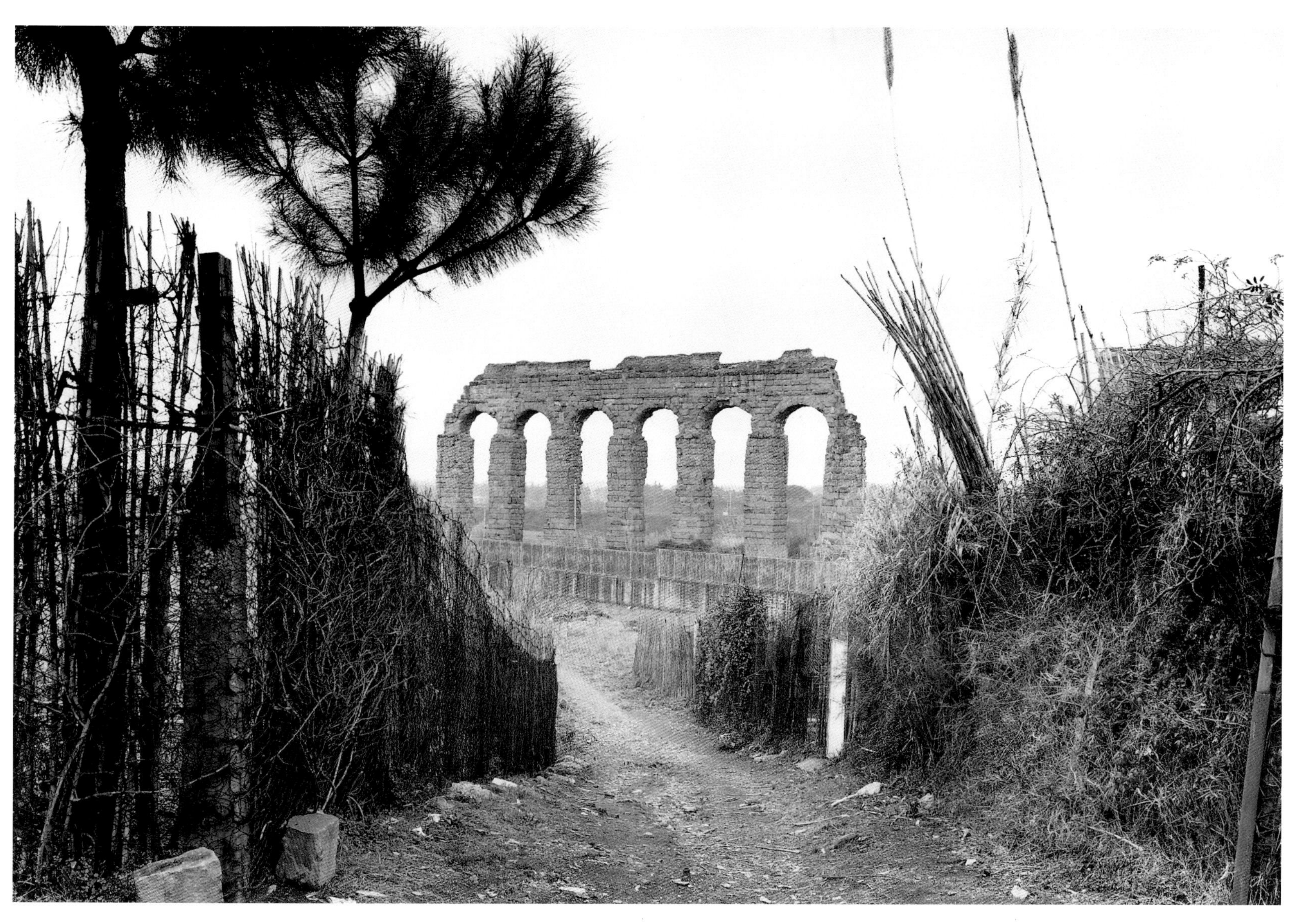

Acquedotto Claudio

Stéphane Couturier

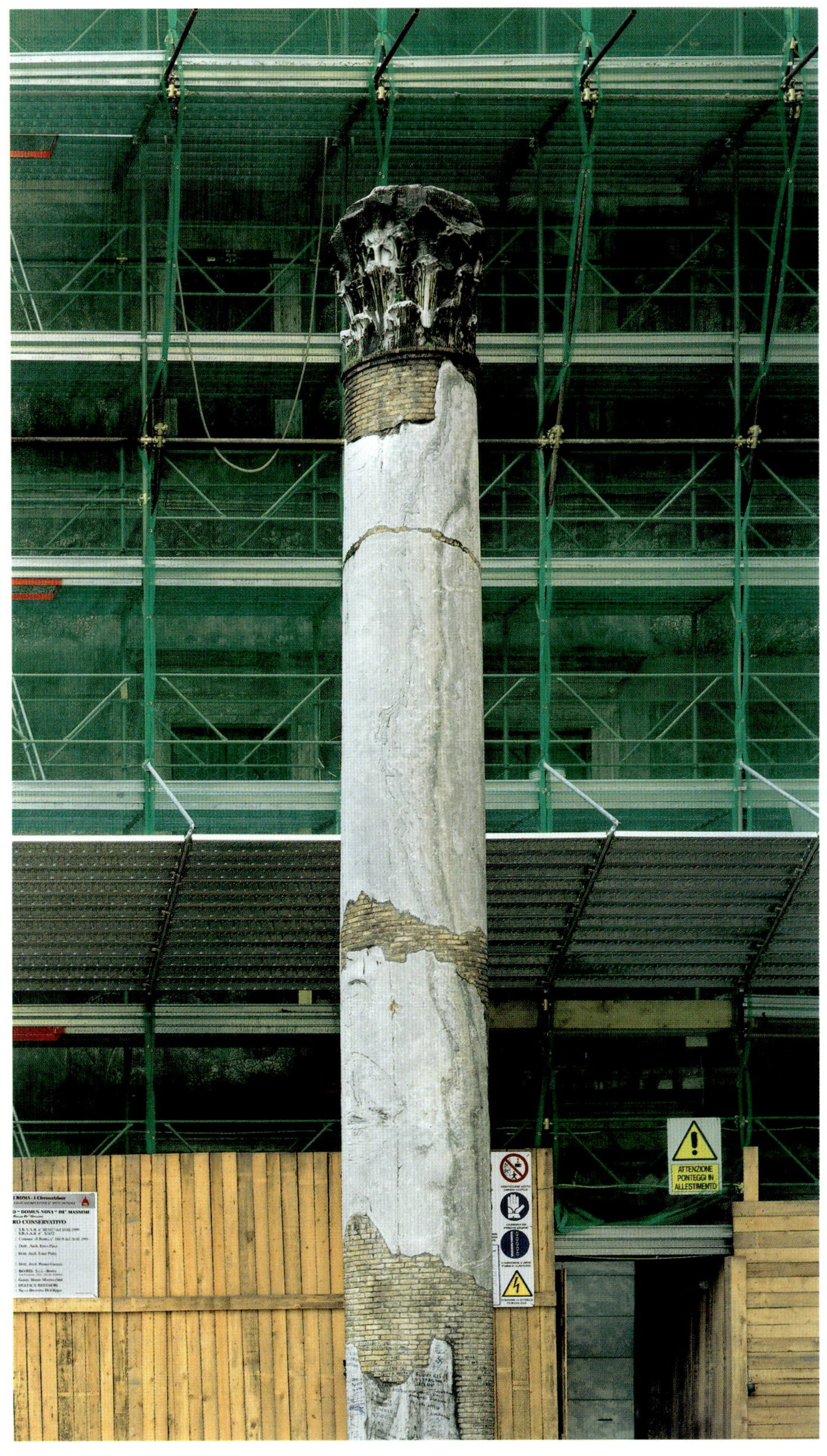

Piazza dei Massimi

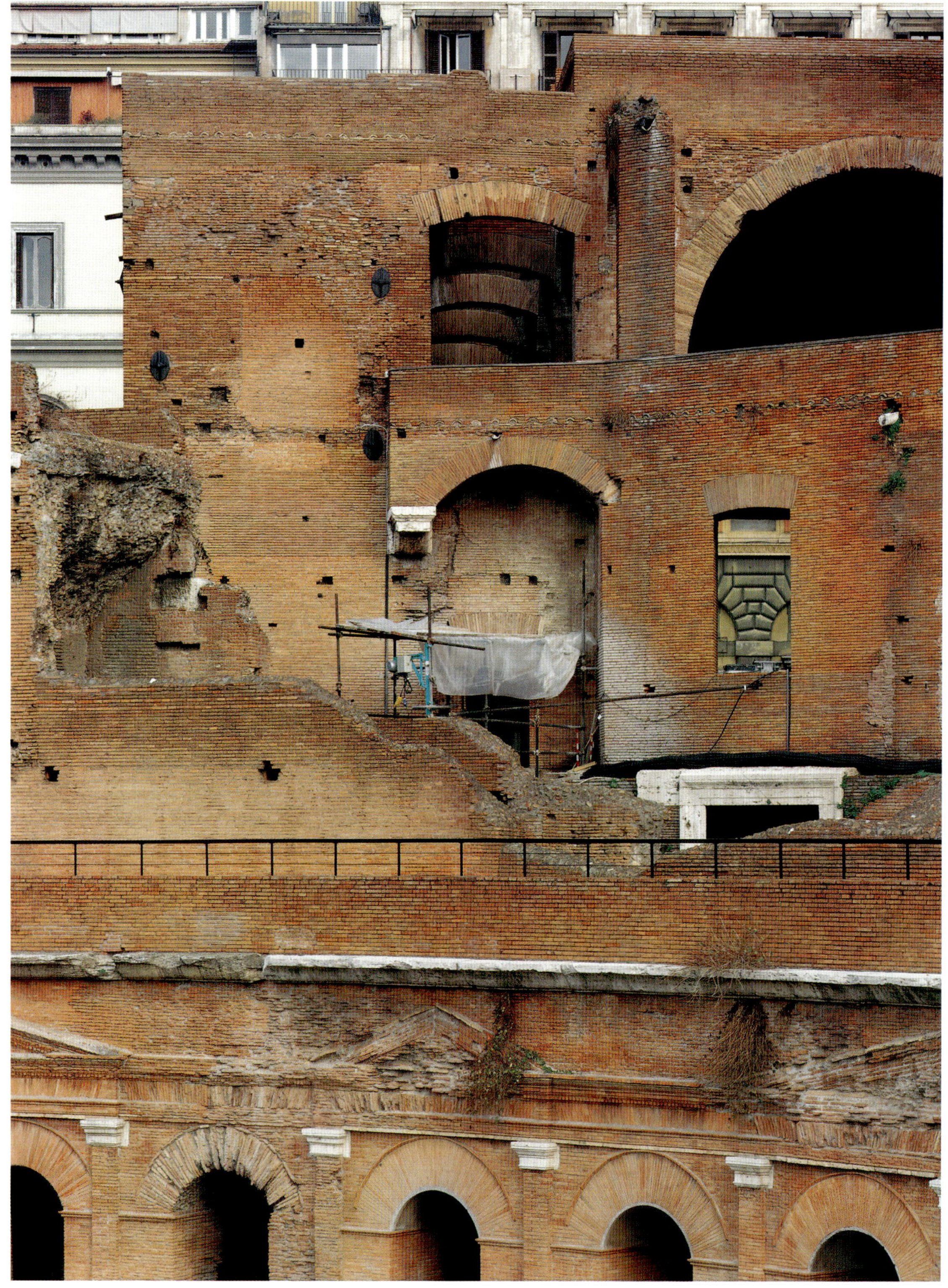

Mercati di Traiano

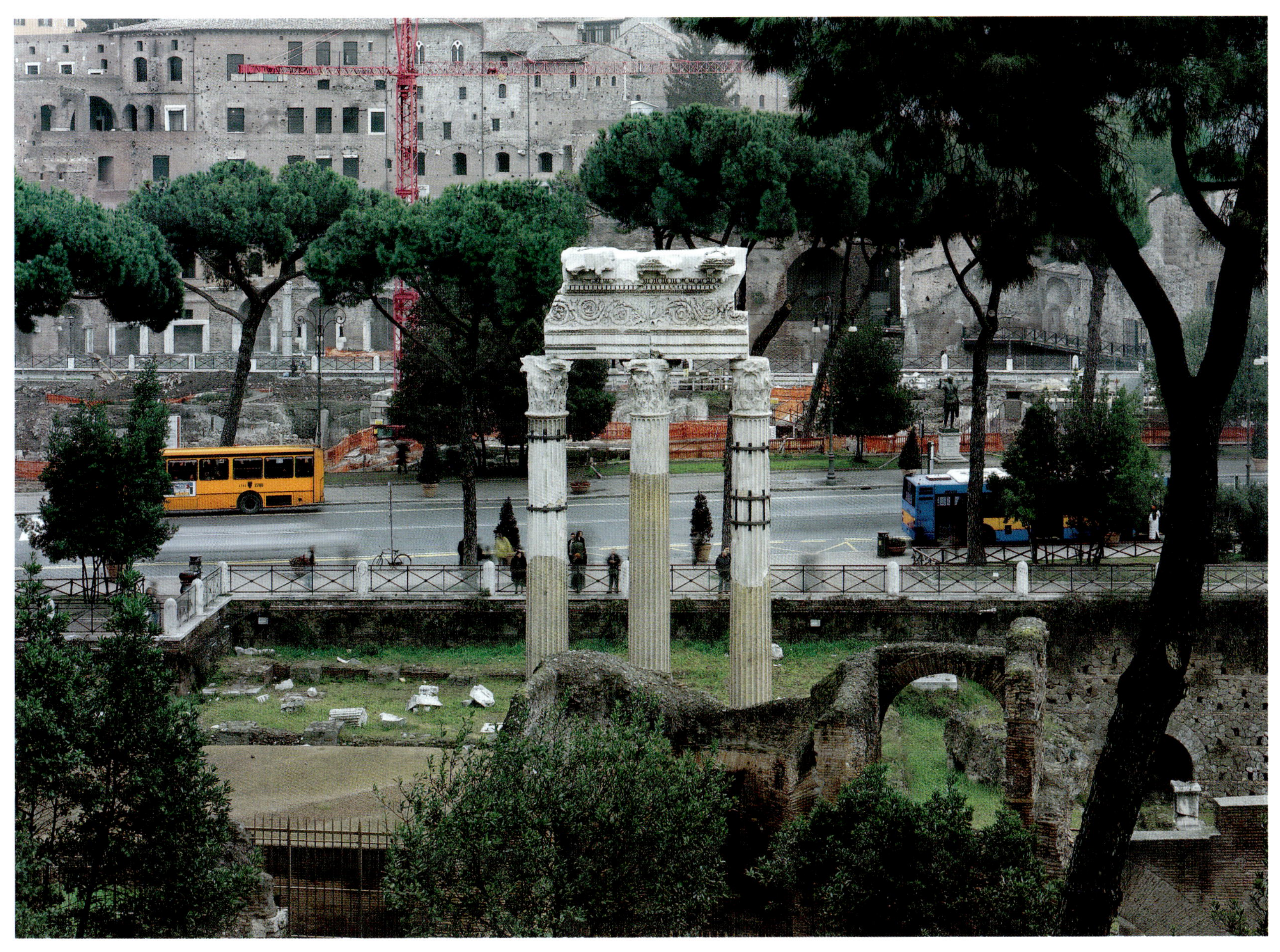

Via dei Fori Imperiali

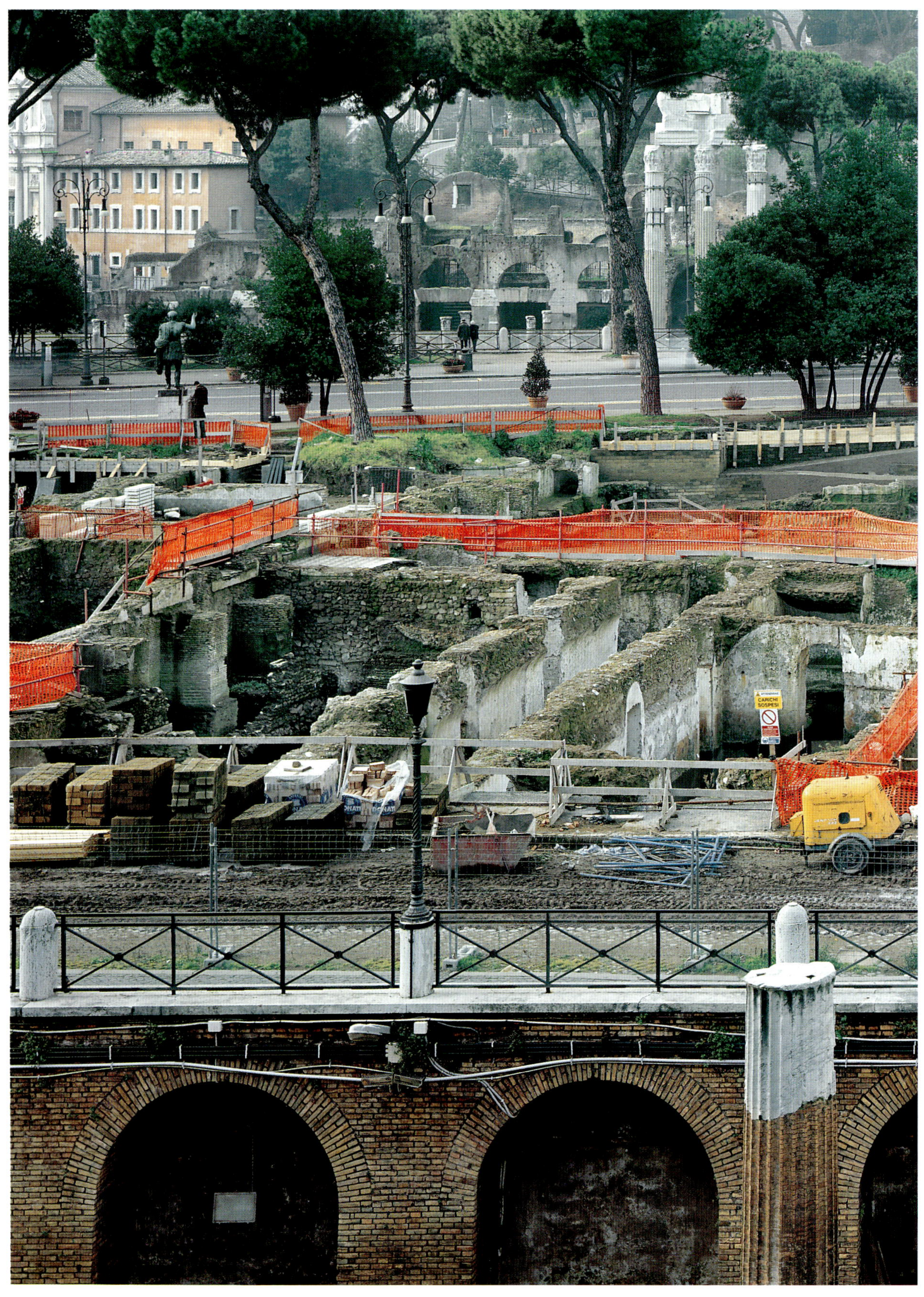
CARICHI
SOSPESI

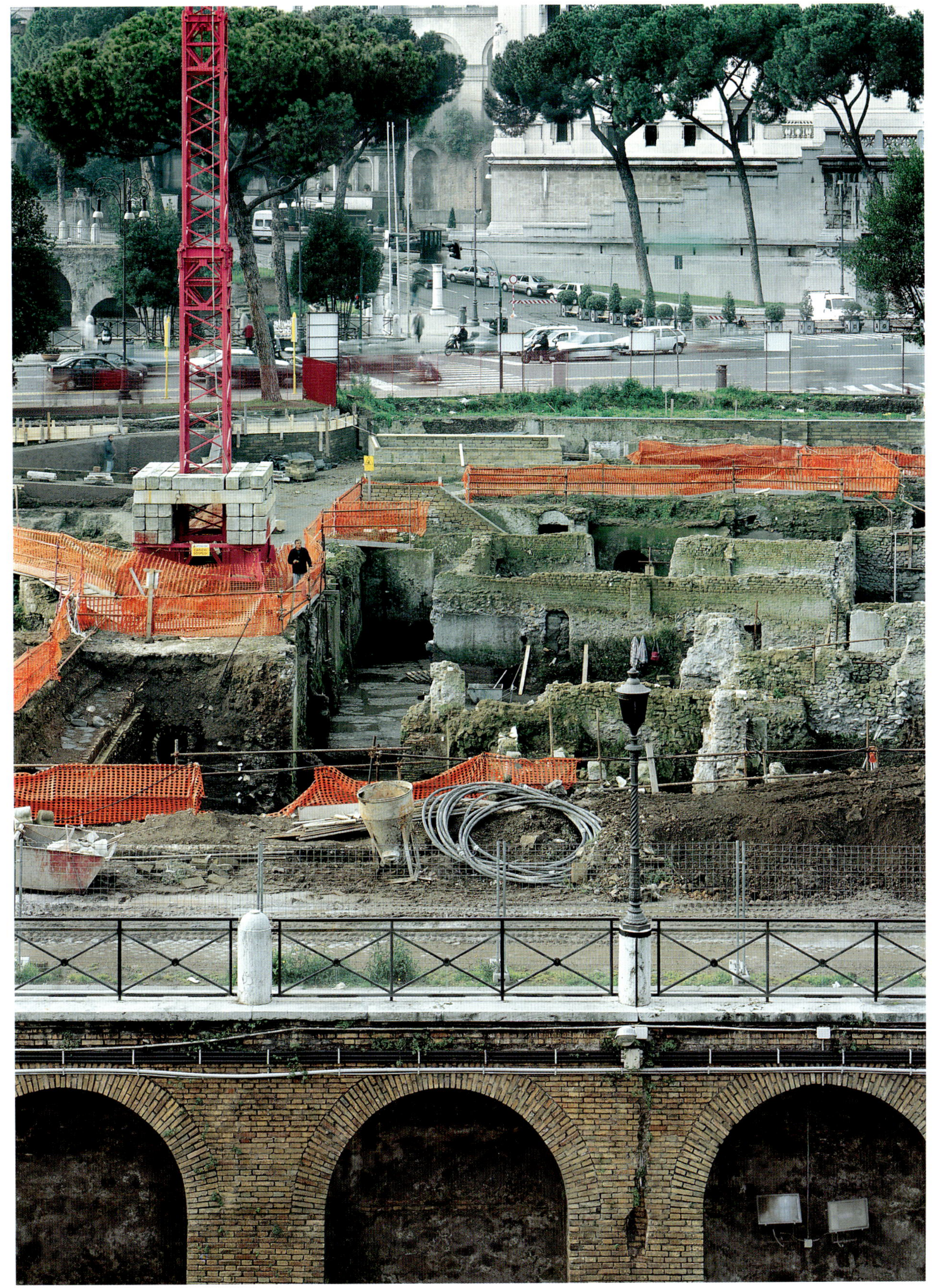

Foro di Traiano

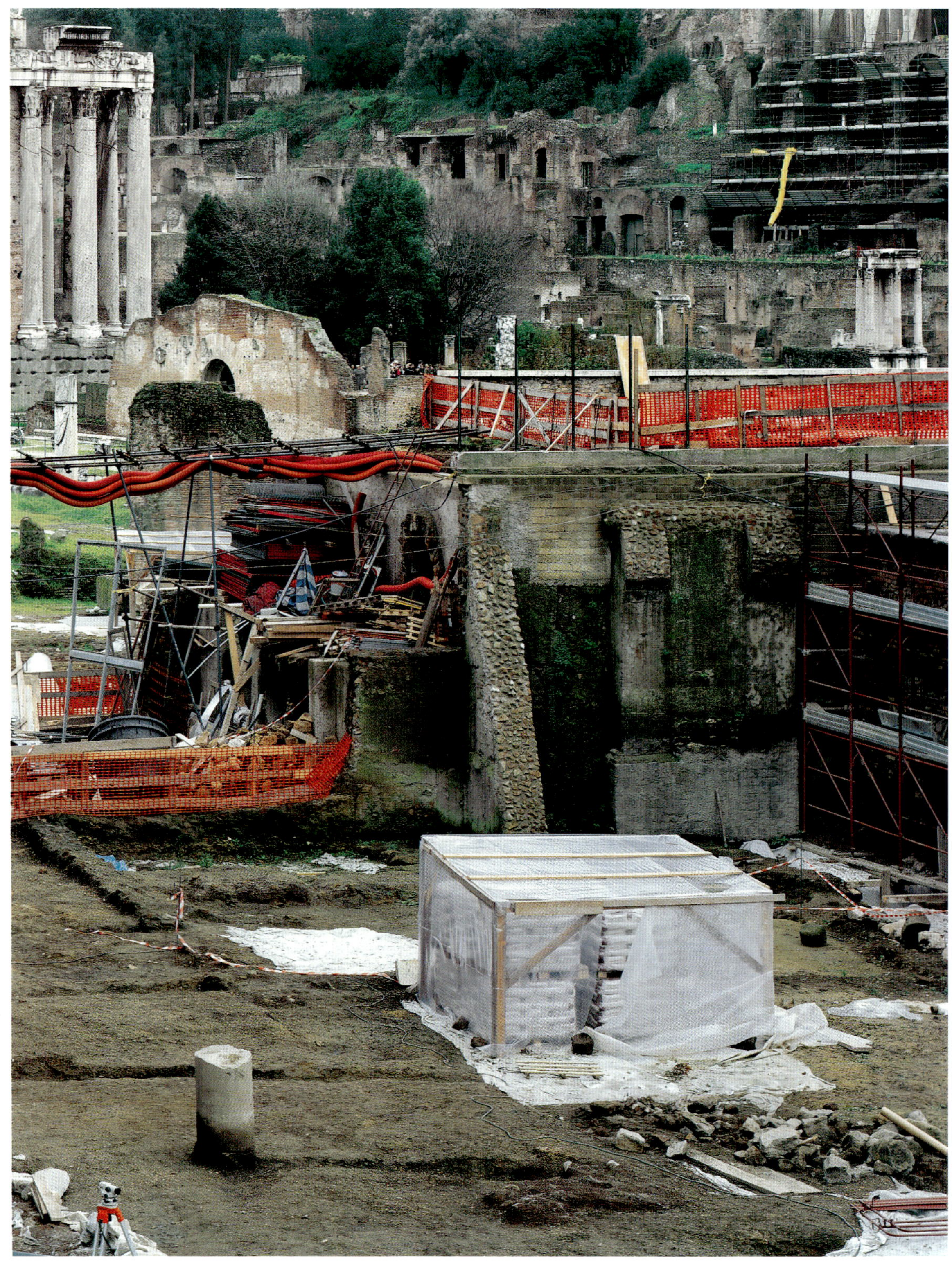

Foro Romano

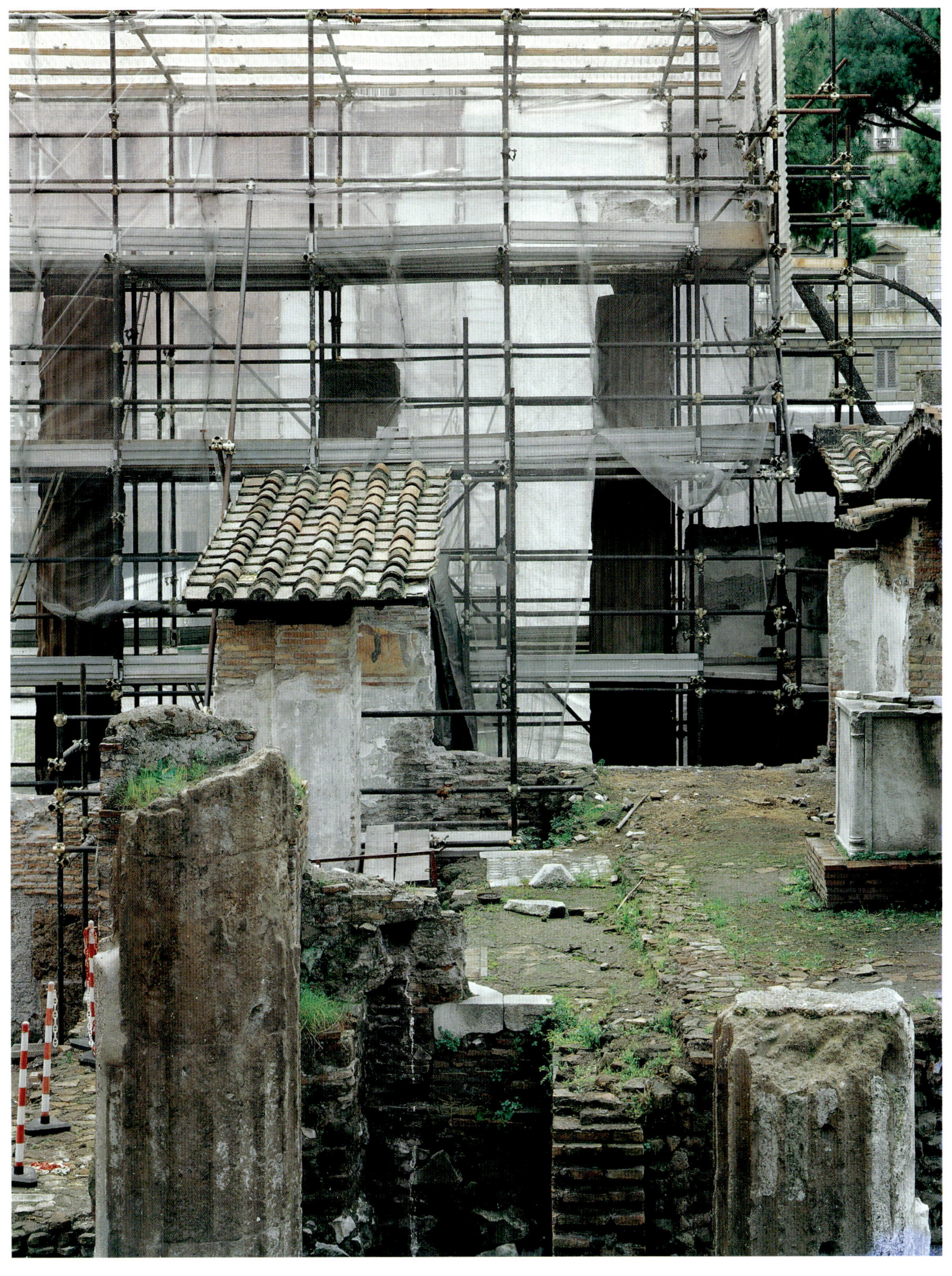

Largo Argentina

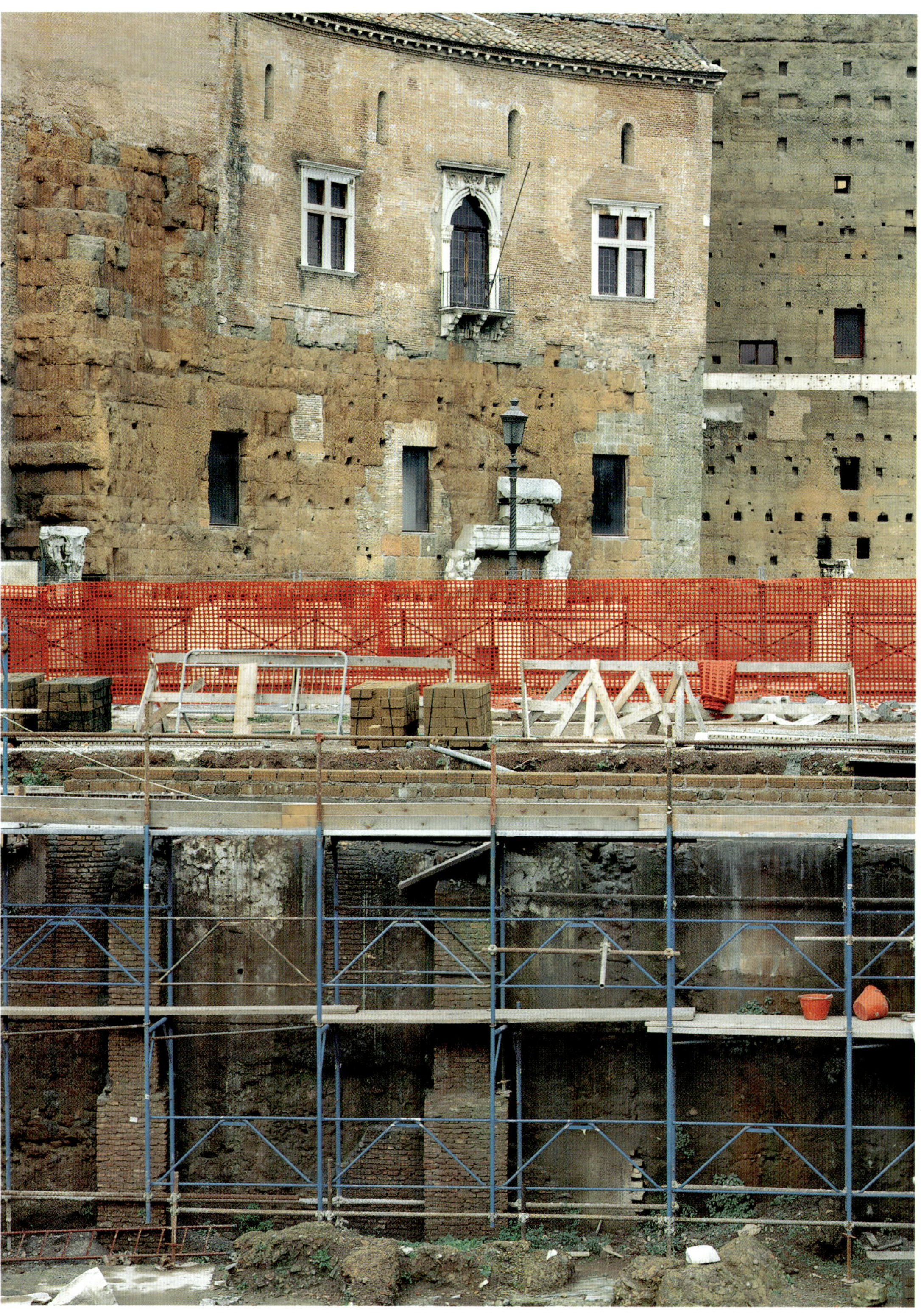

Foro di Augusto

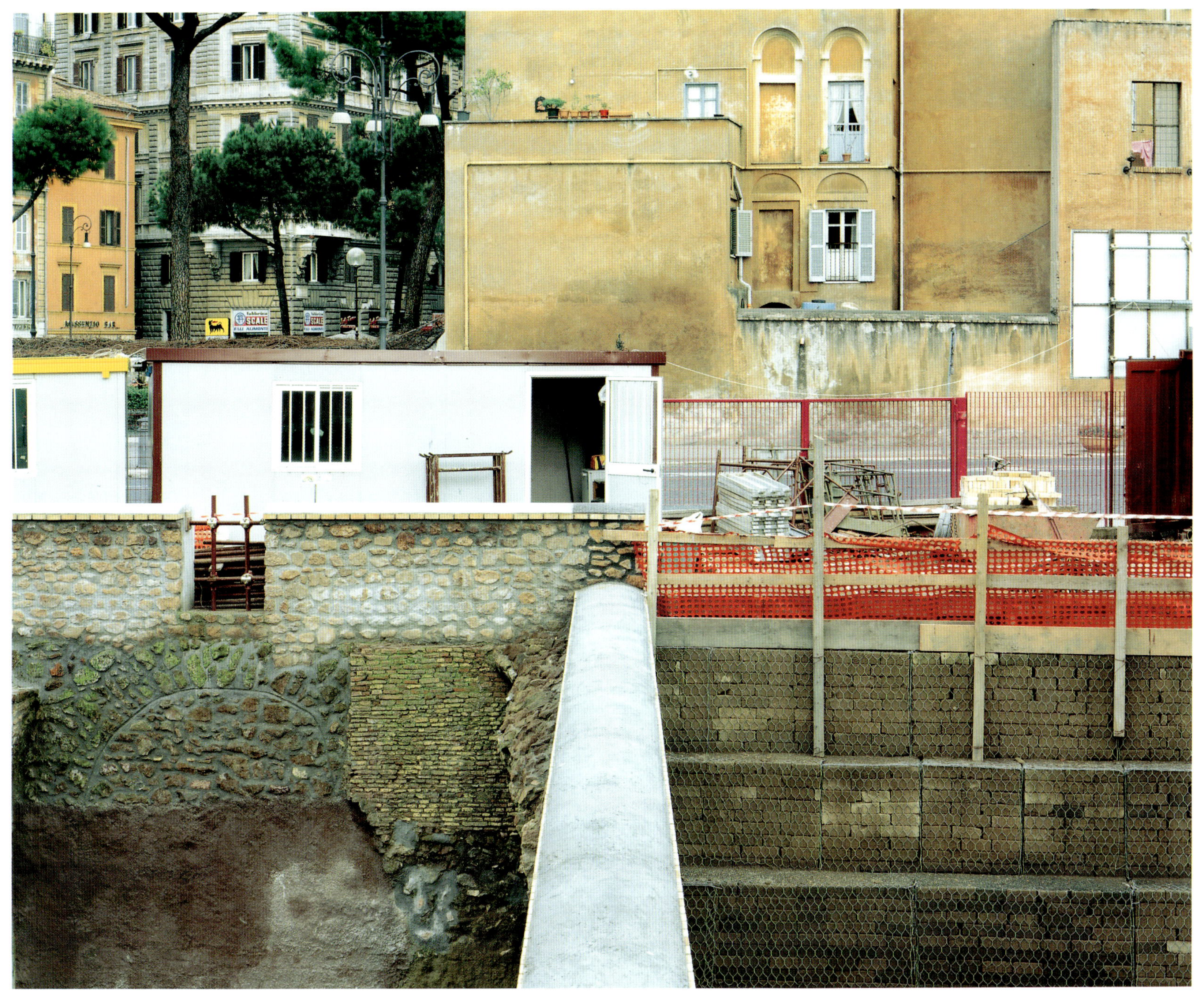

Via dei Fori Imperiali

Fouad Elkoury

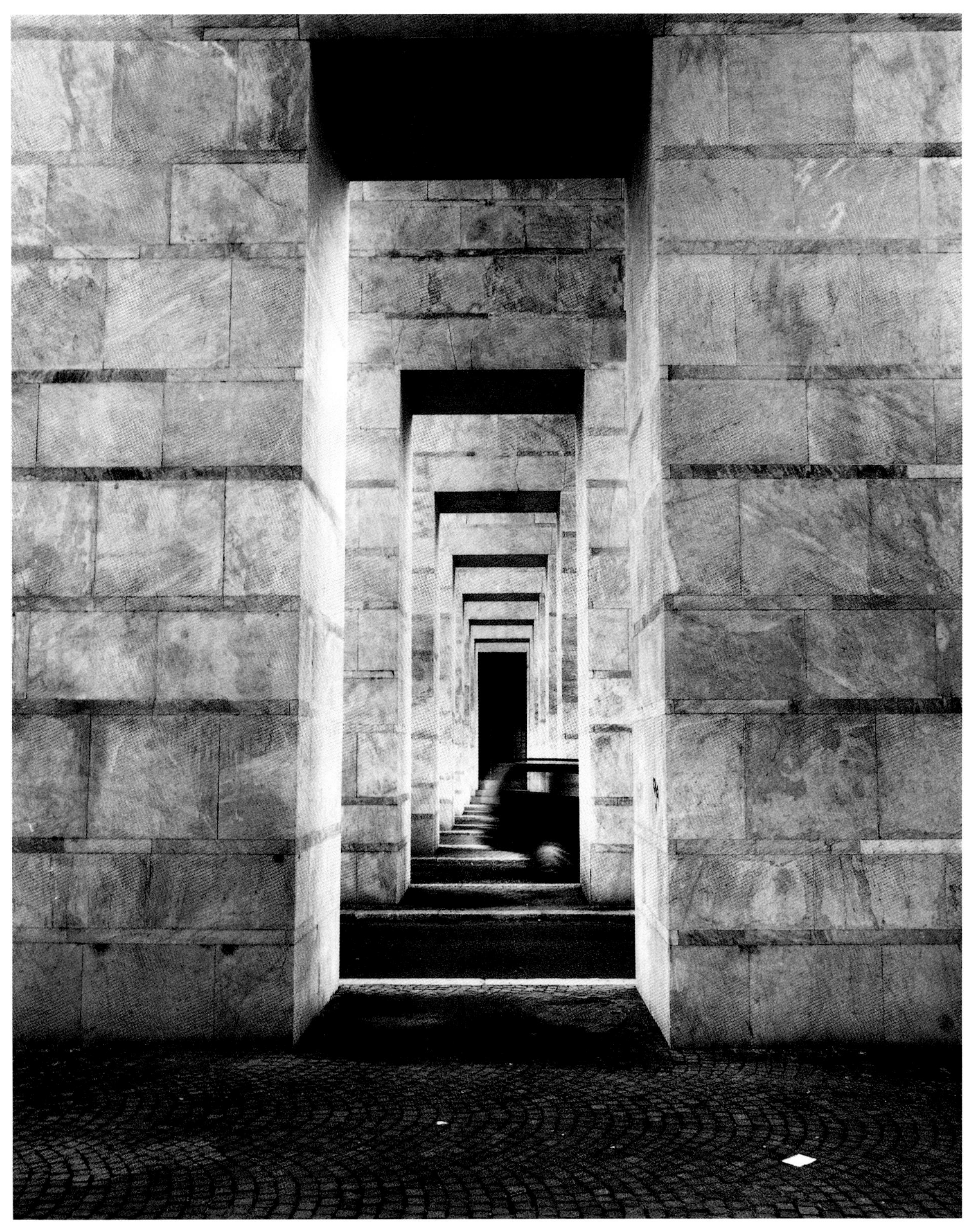

Via della Civiltà Romana

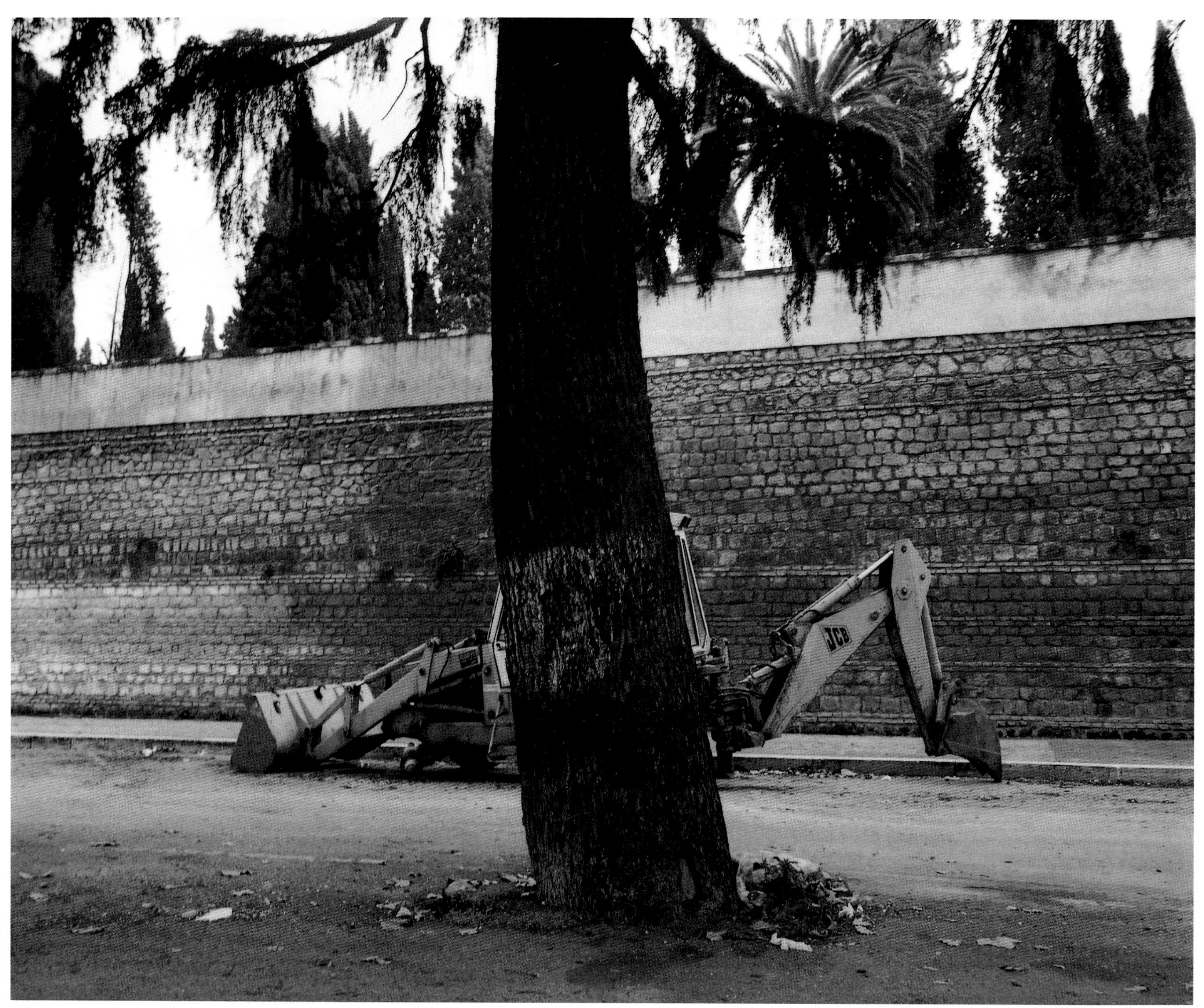

Campo Verano

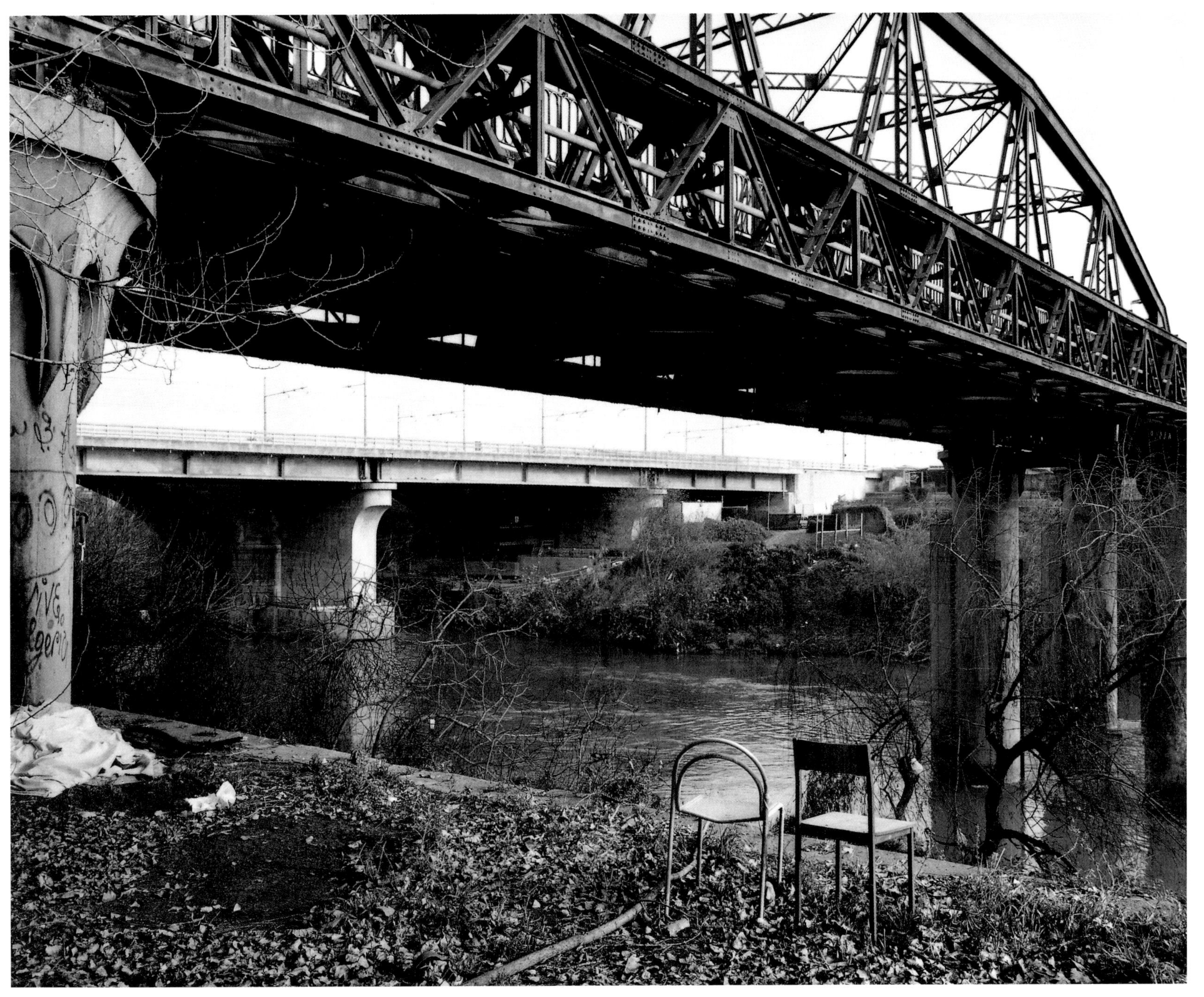

Ponte dell'Industria

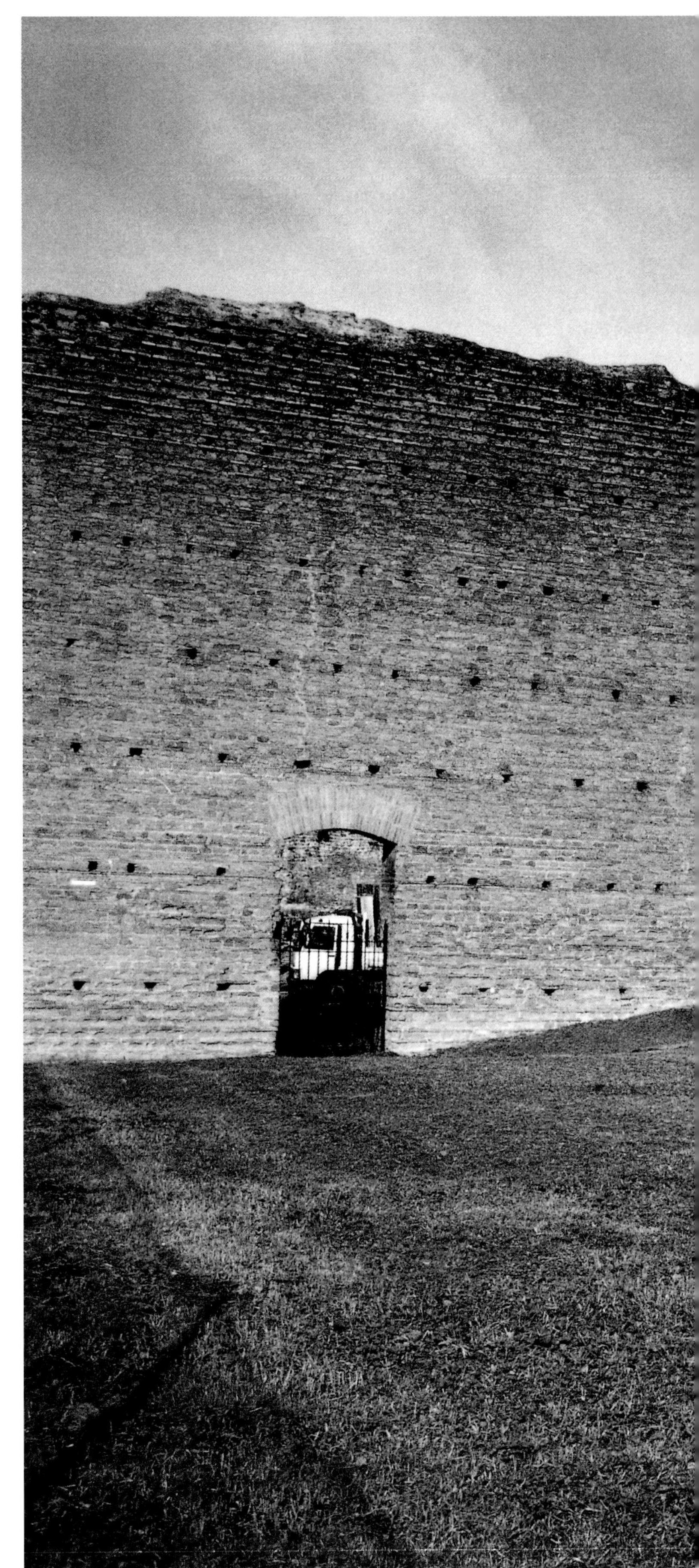

Via Appia Antica

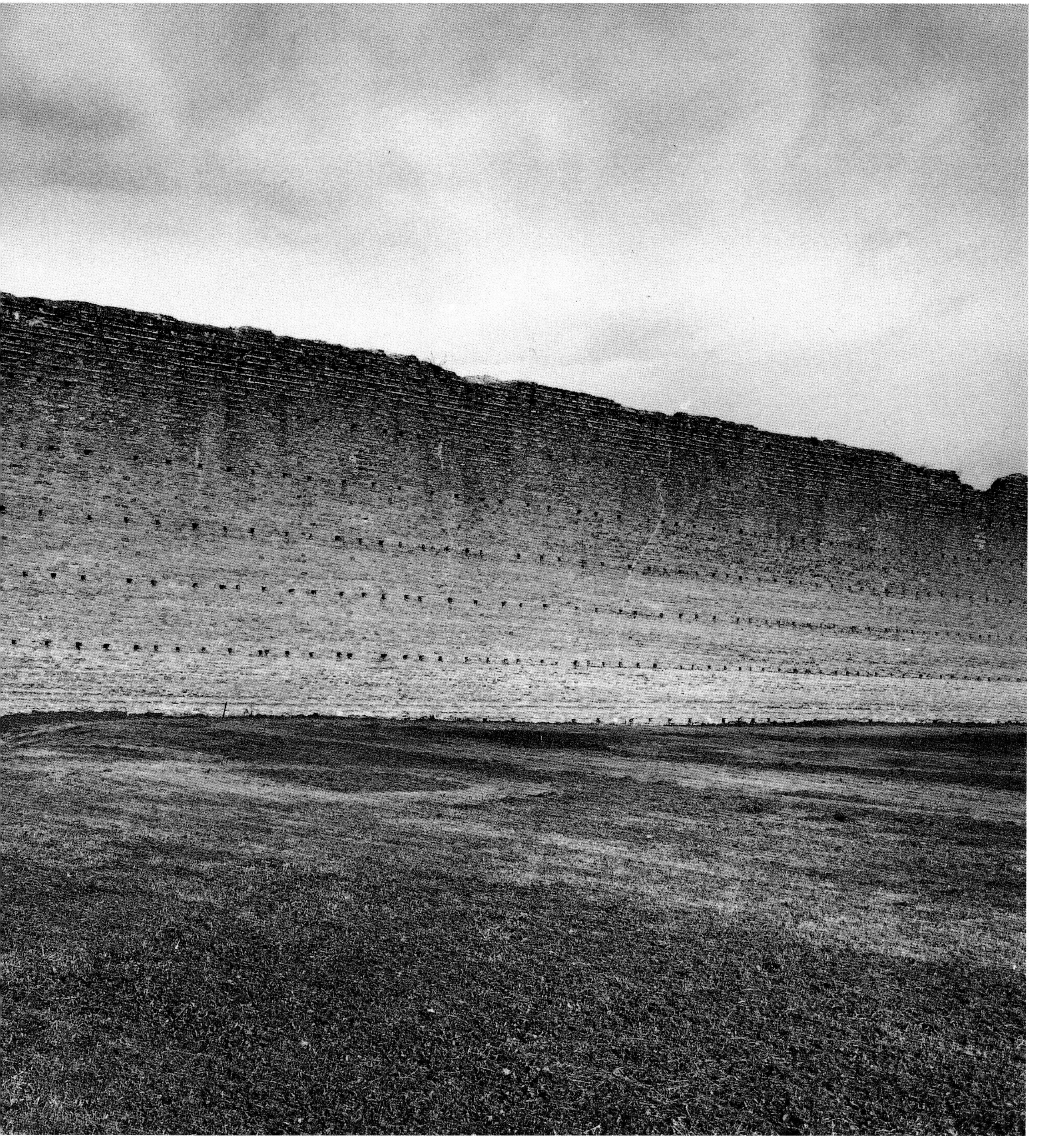

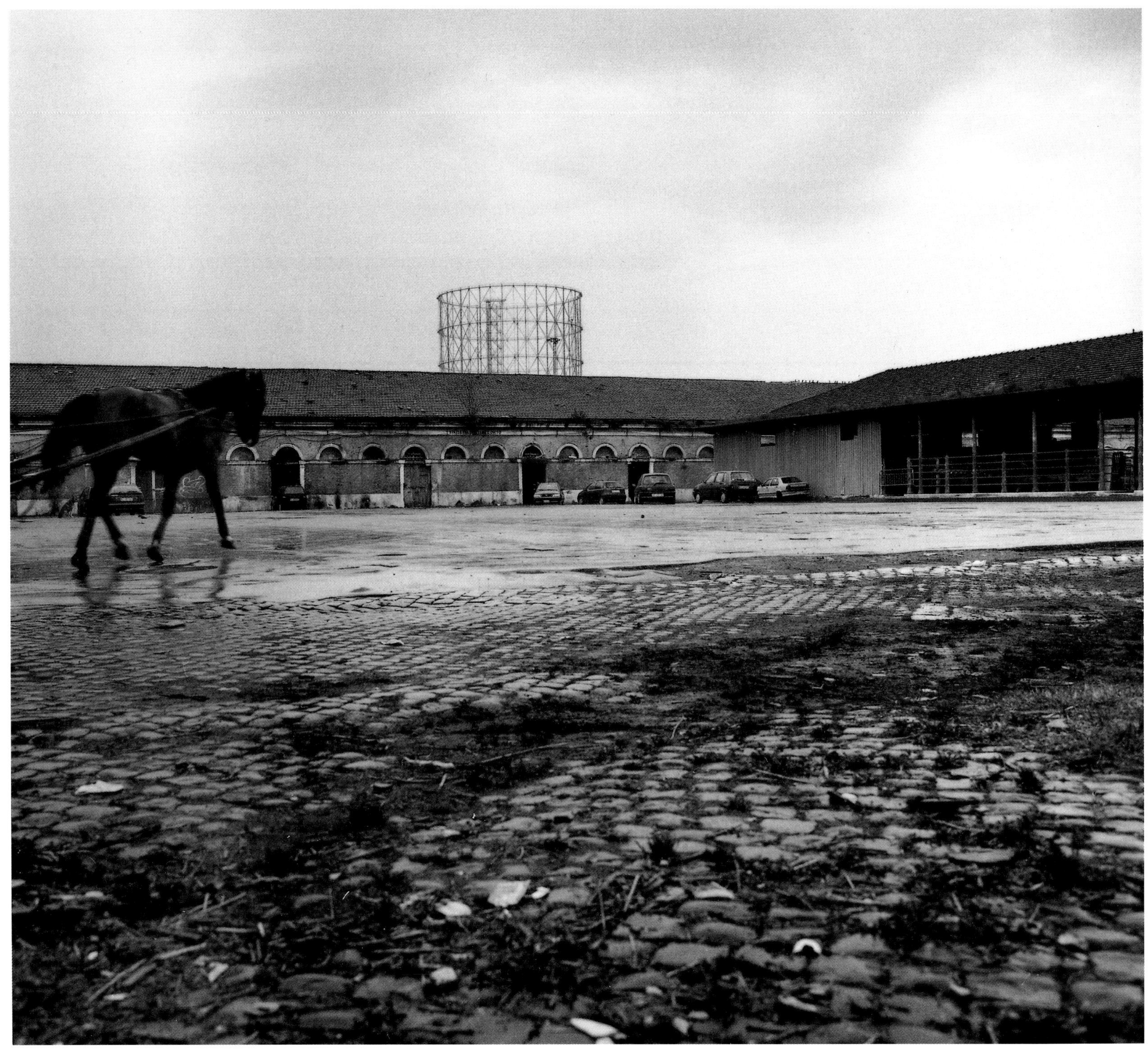

Ex Mattatoio

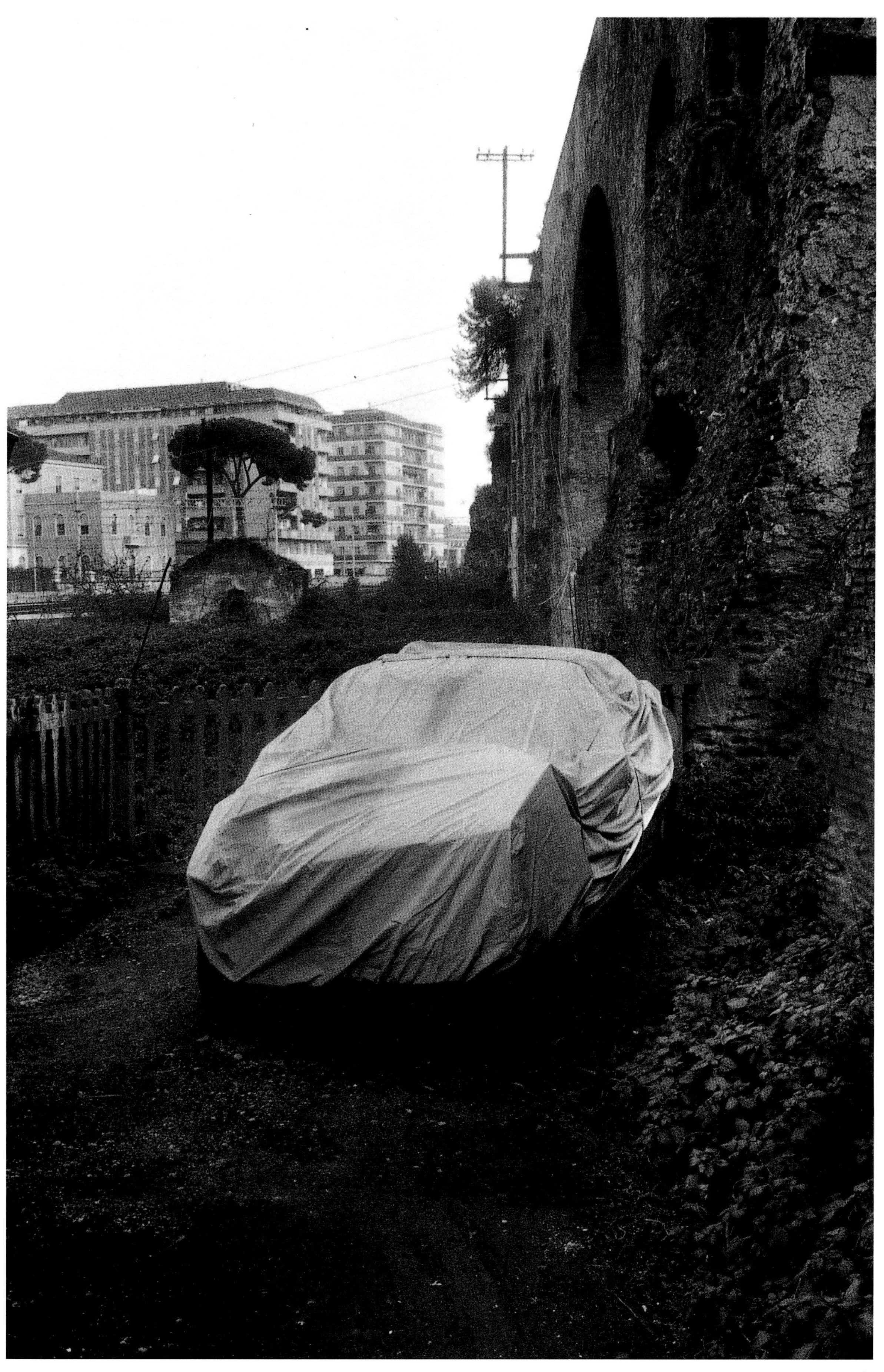

Via del Mandrione

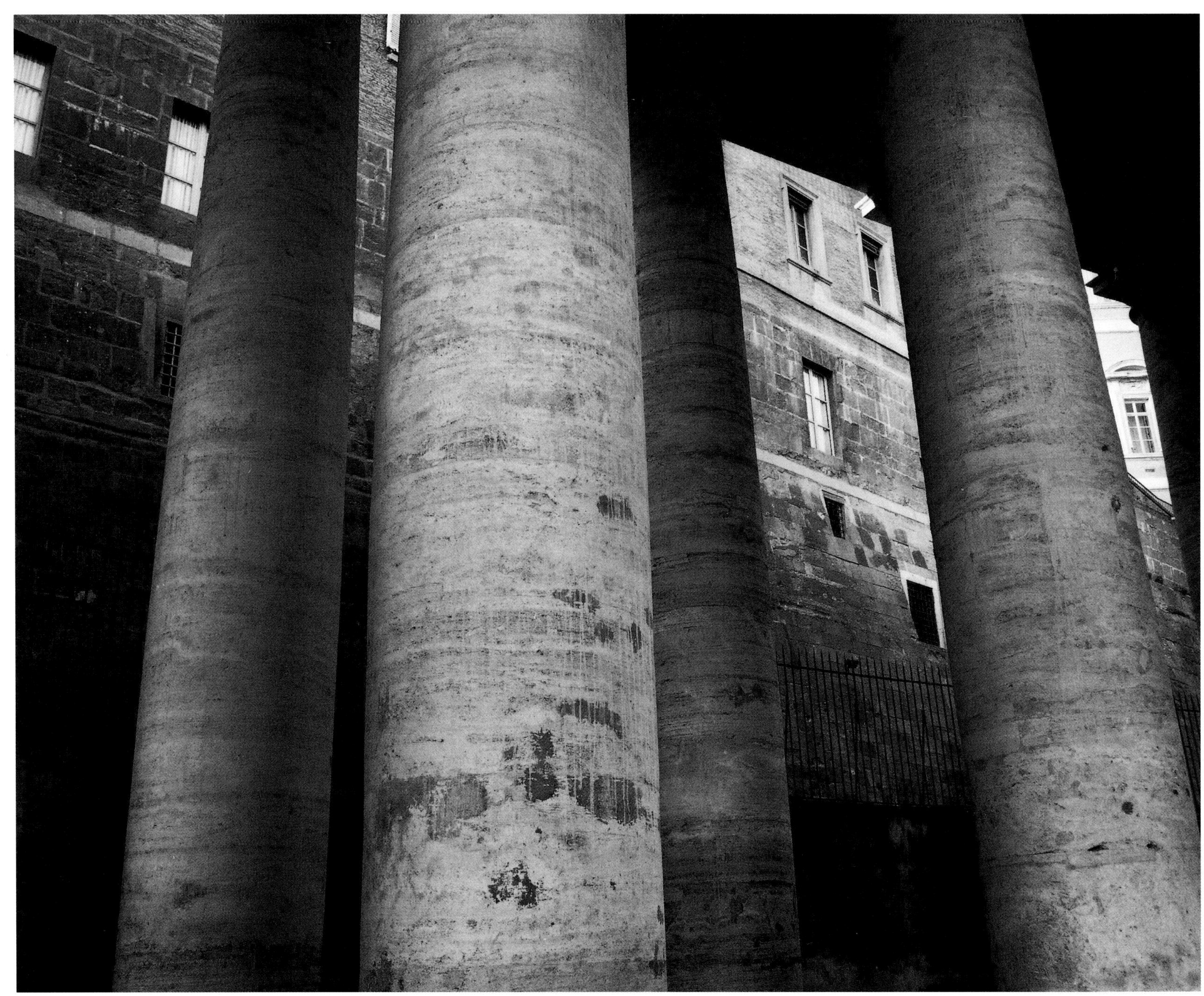

Piazza San Pietro

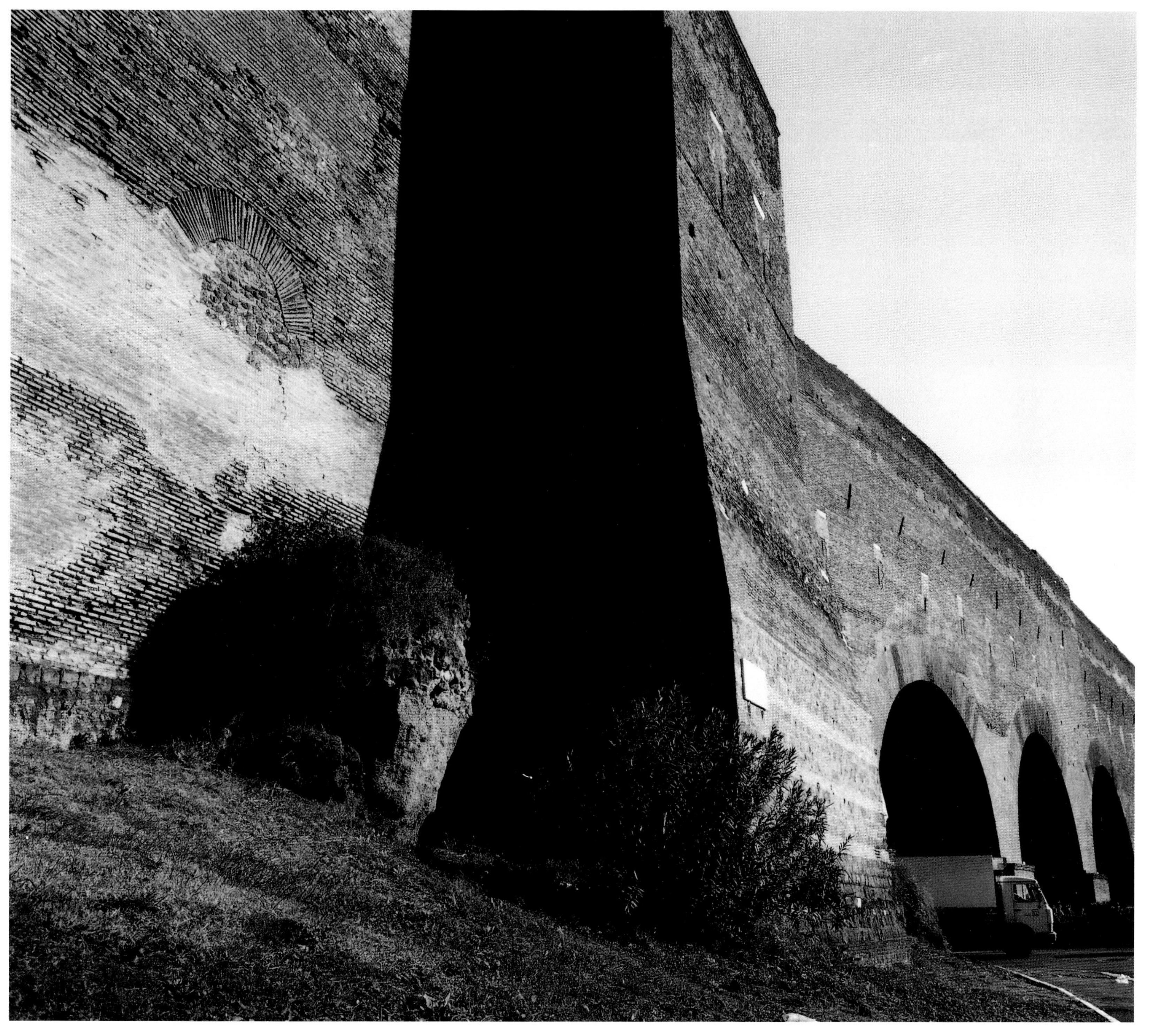

Porta Ardeatina

Leonard Freed

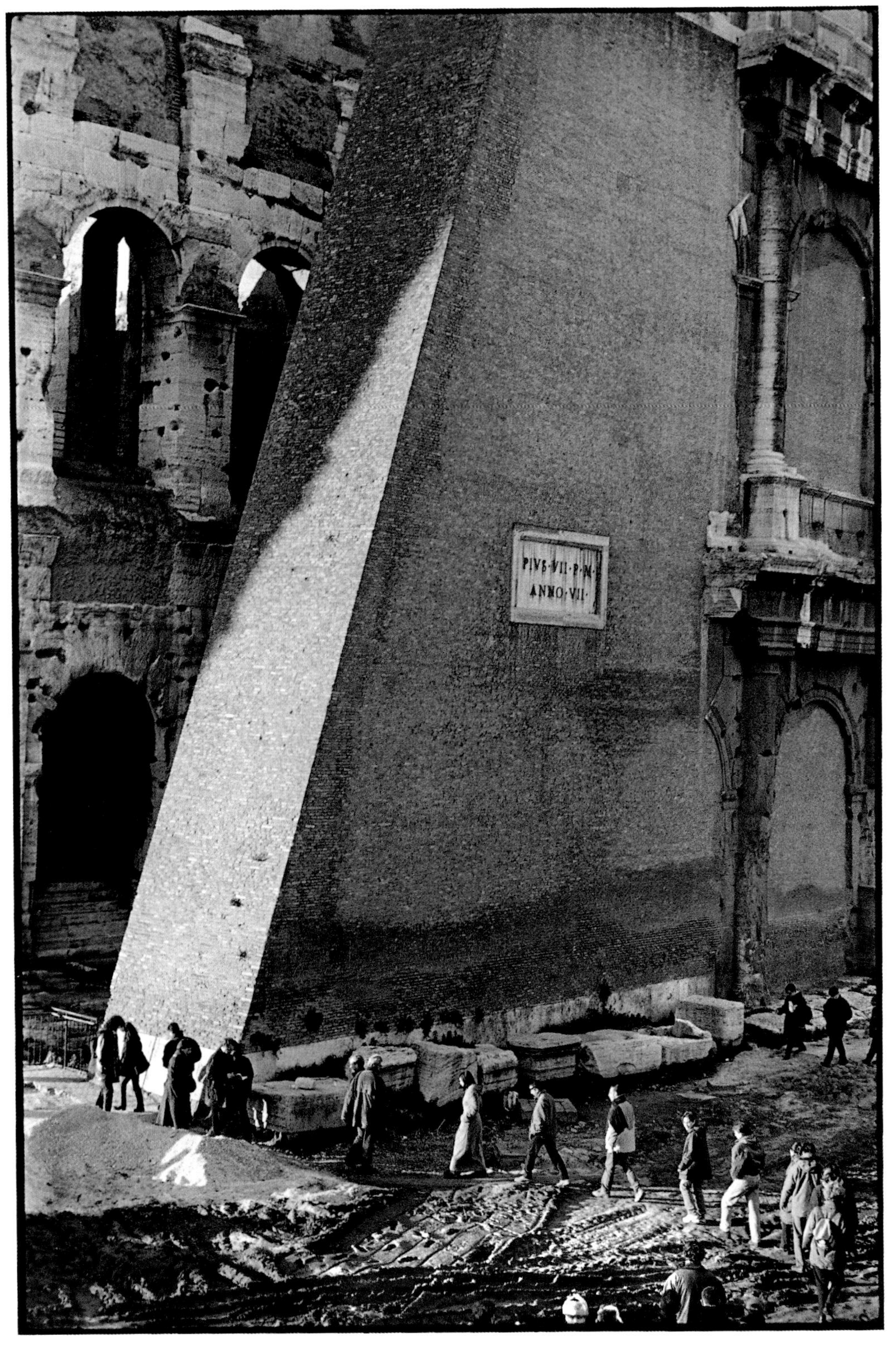

Colosseo

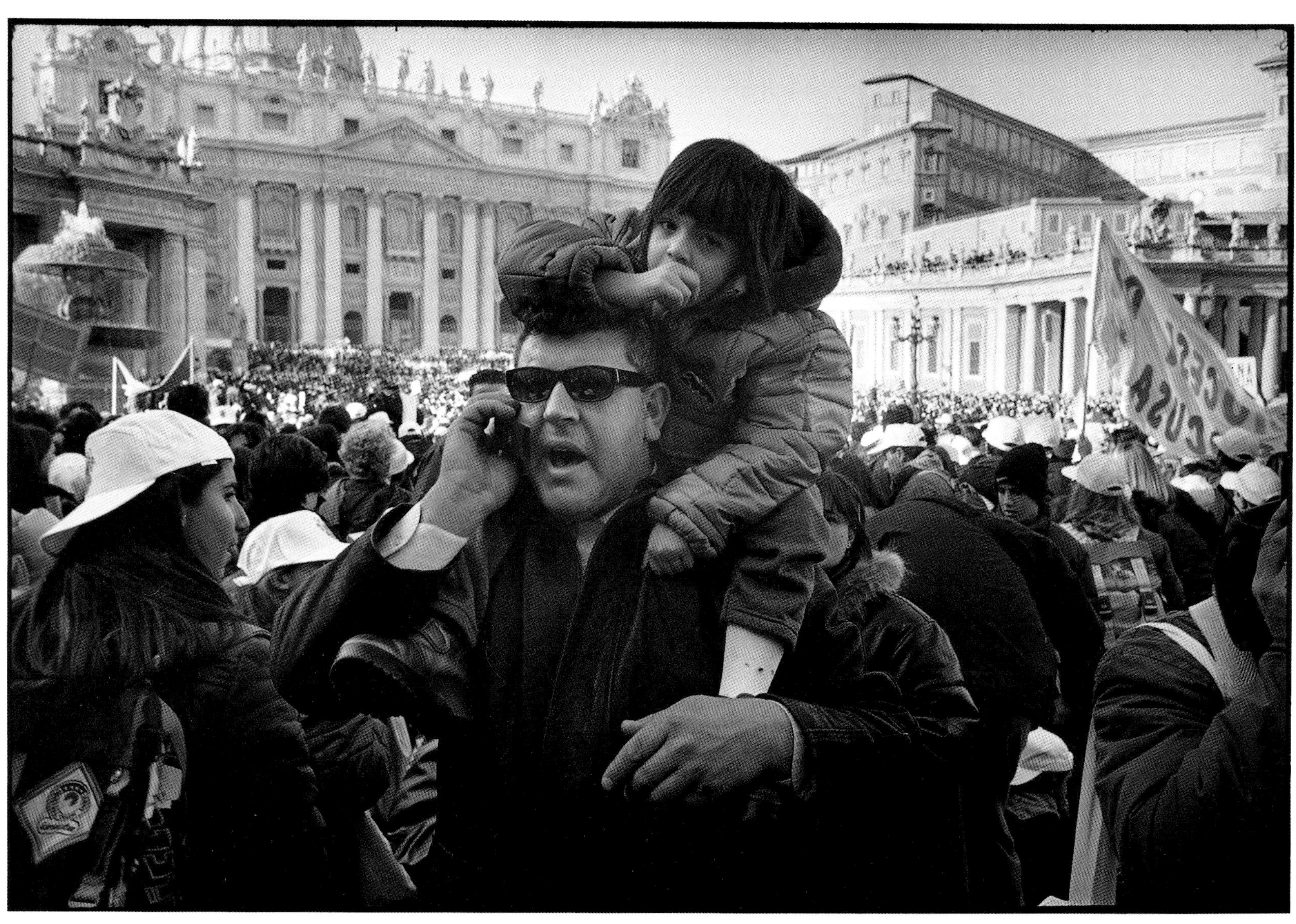

Piazza San Pietro

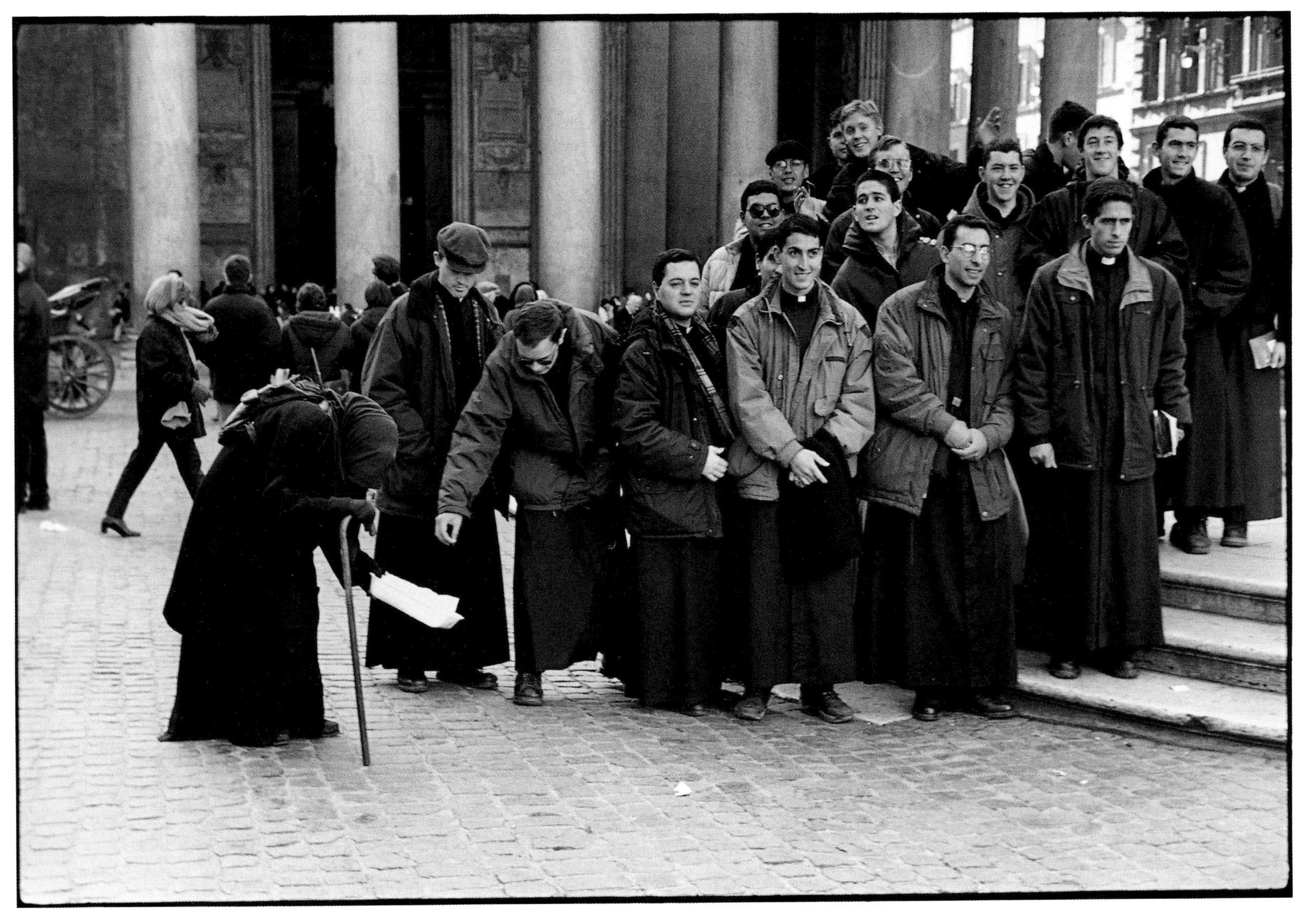

Piazza della Rotonda

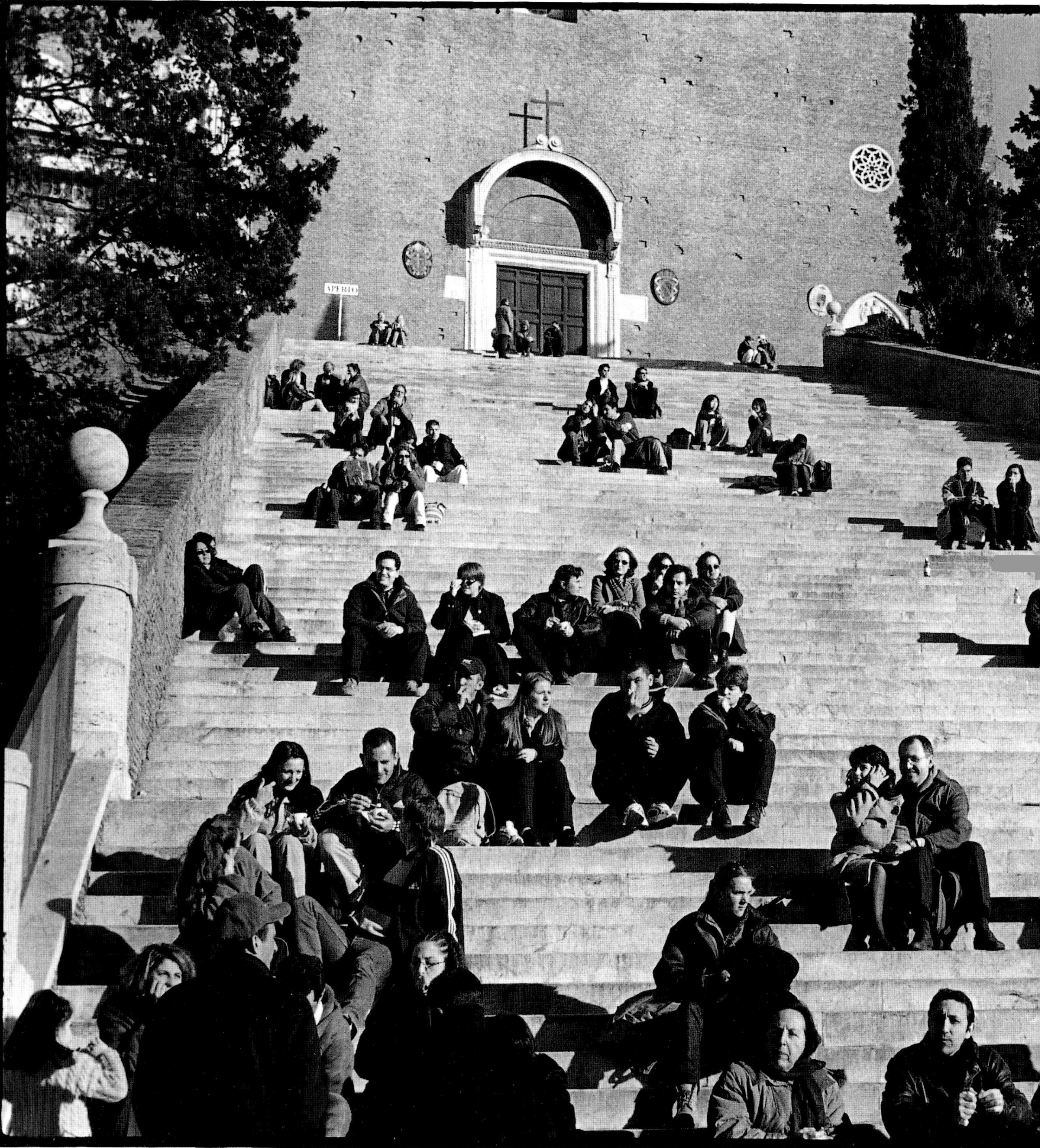
APERTO

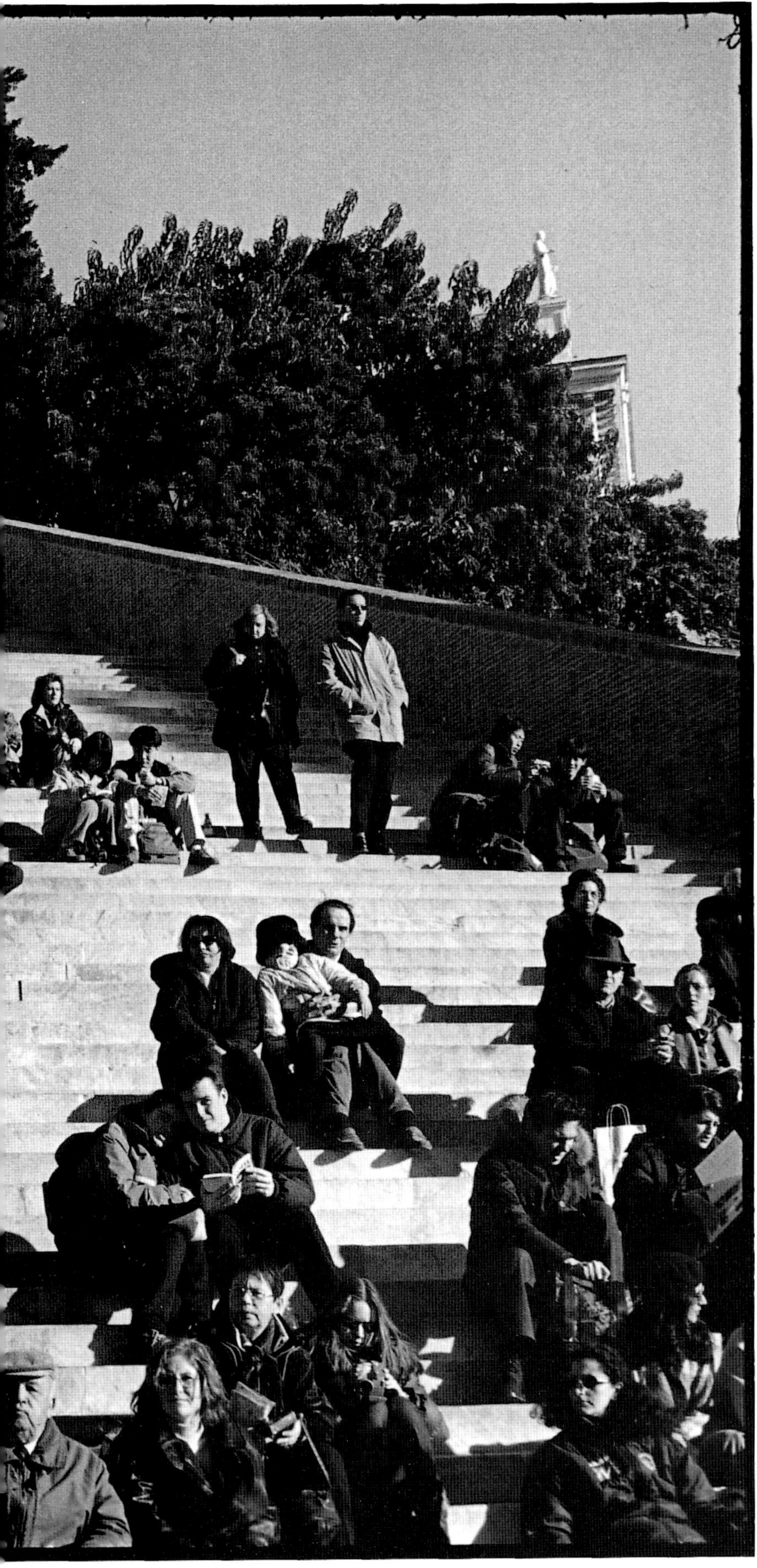

Piazza d'Aracoeli

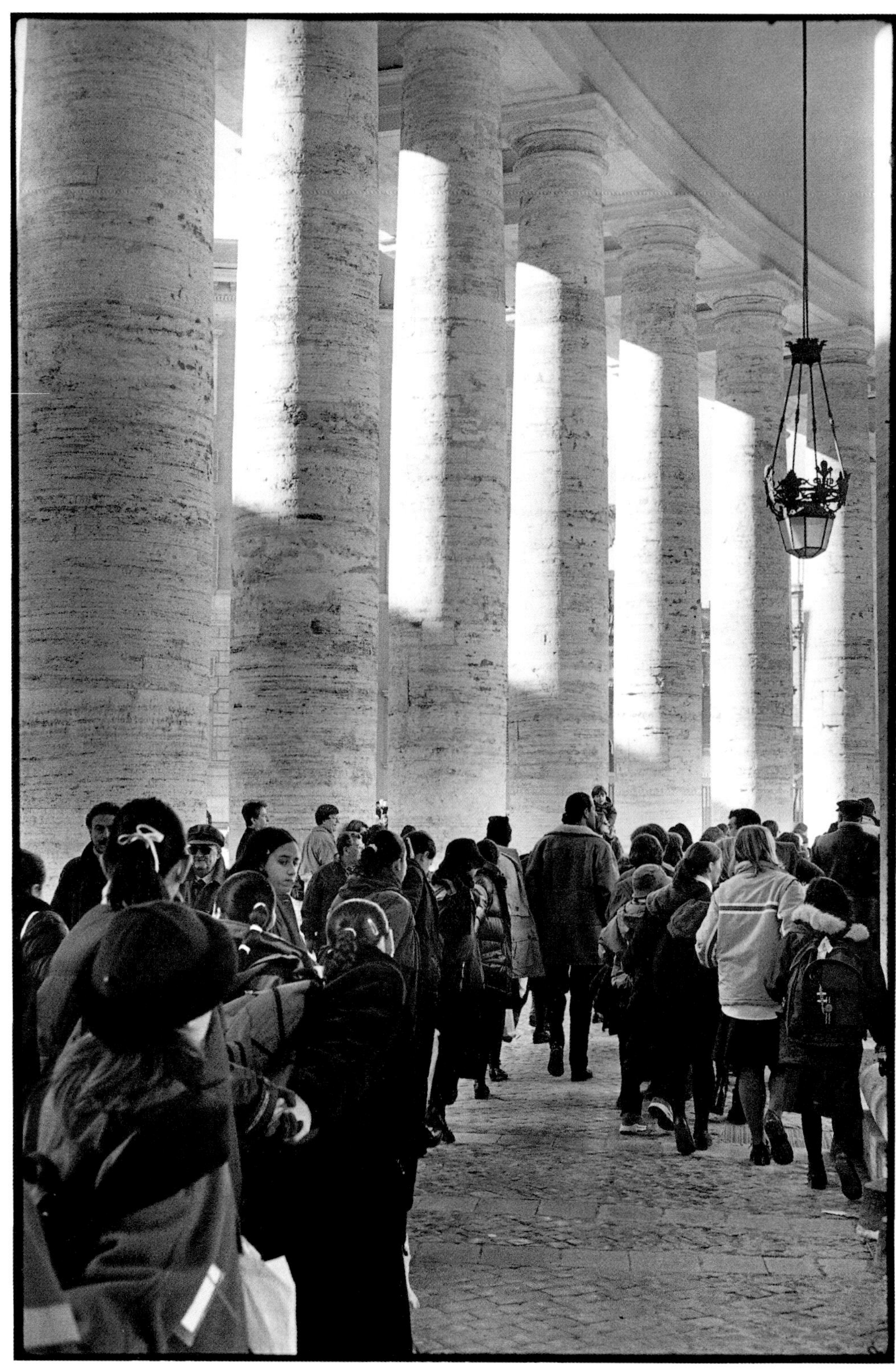

Piazza San Pietro

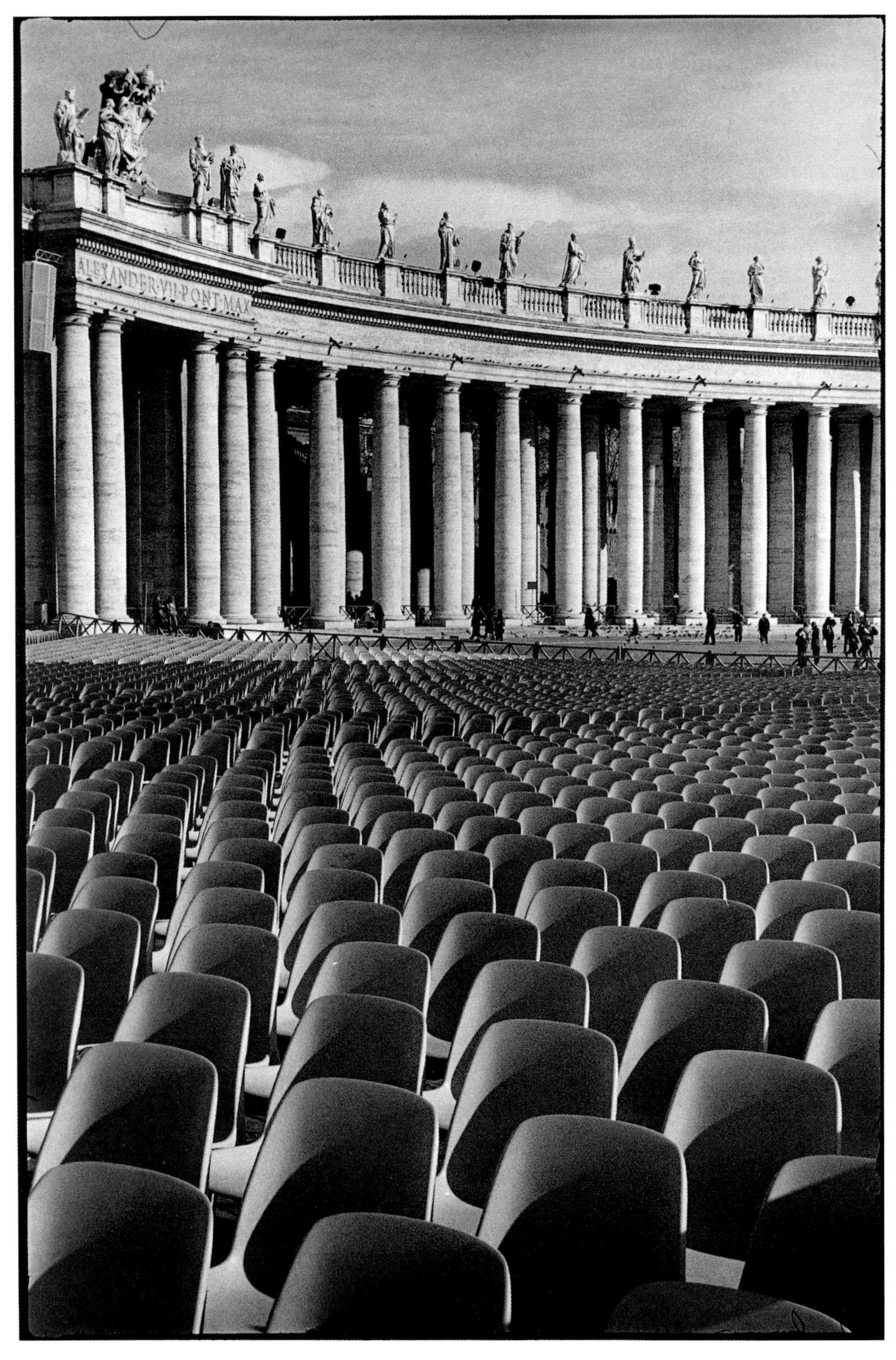

Piazza San Pietro

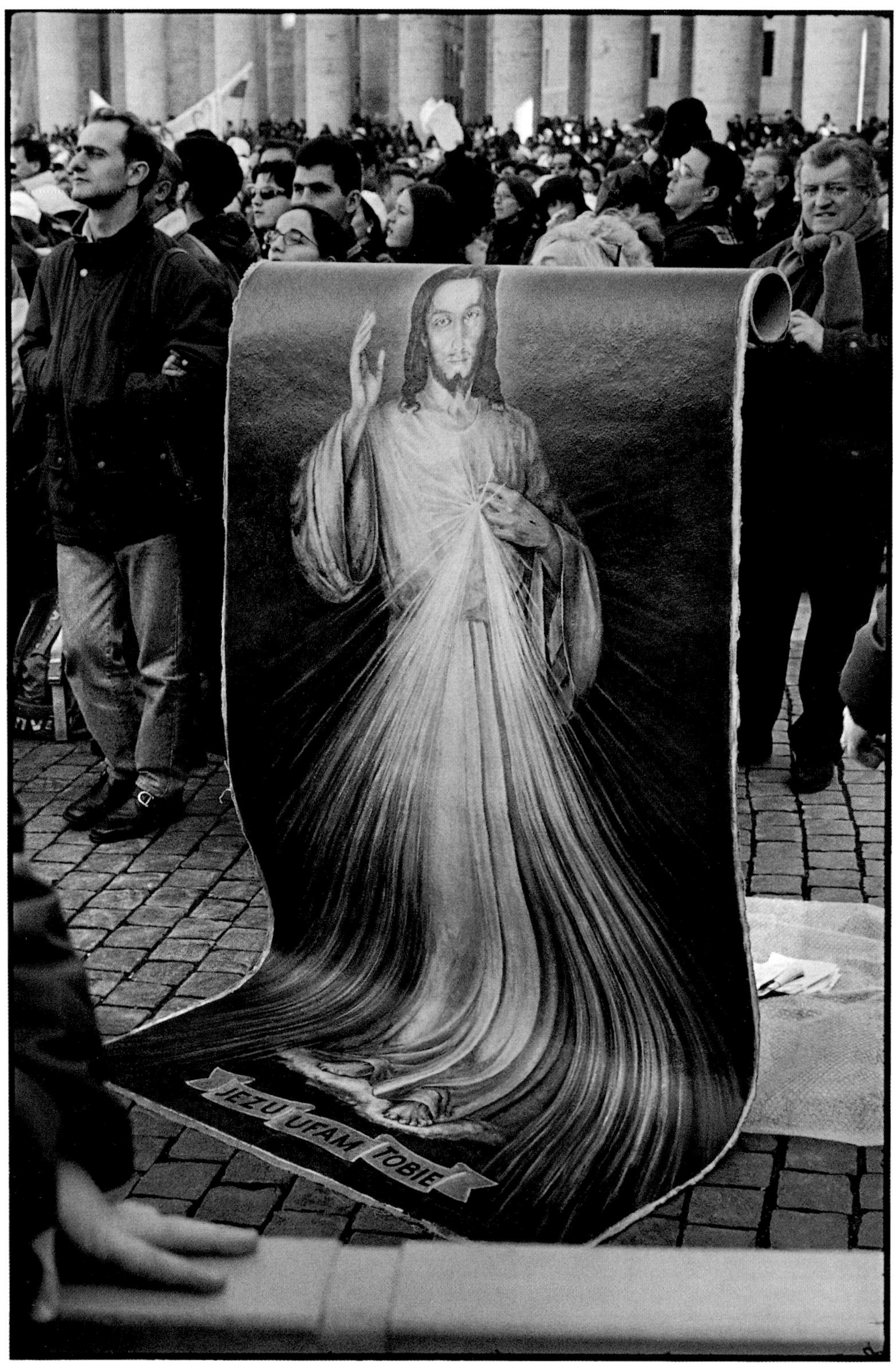

Piazza San Pietro

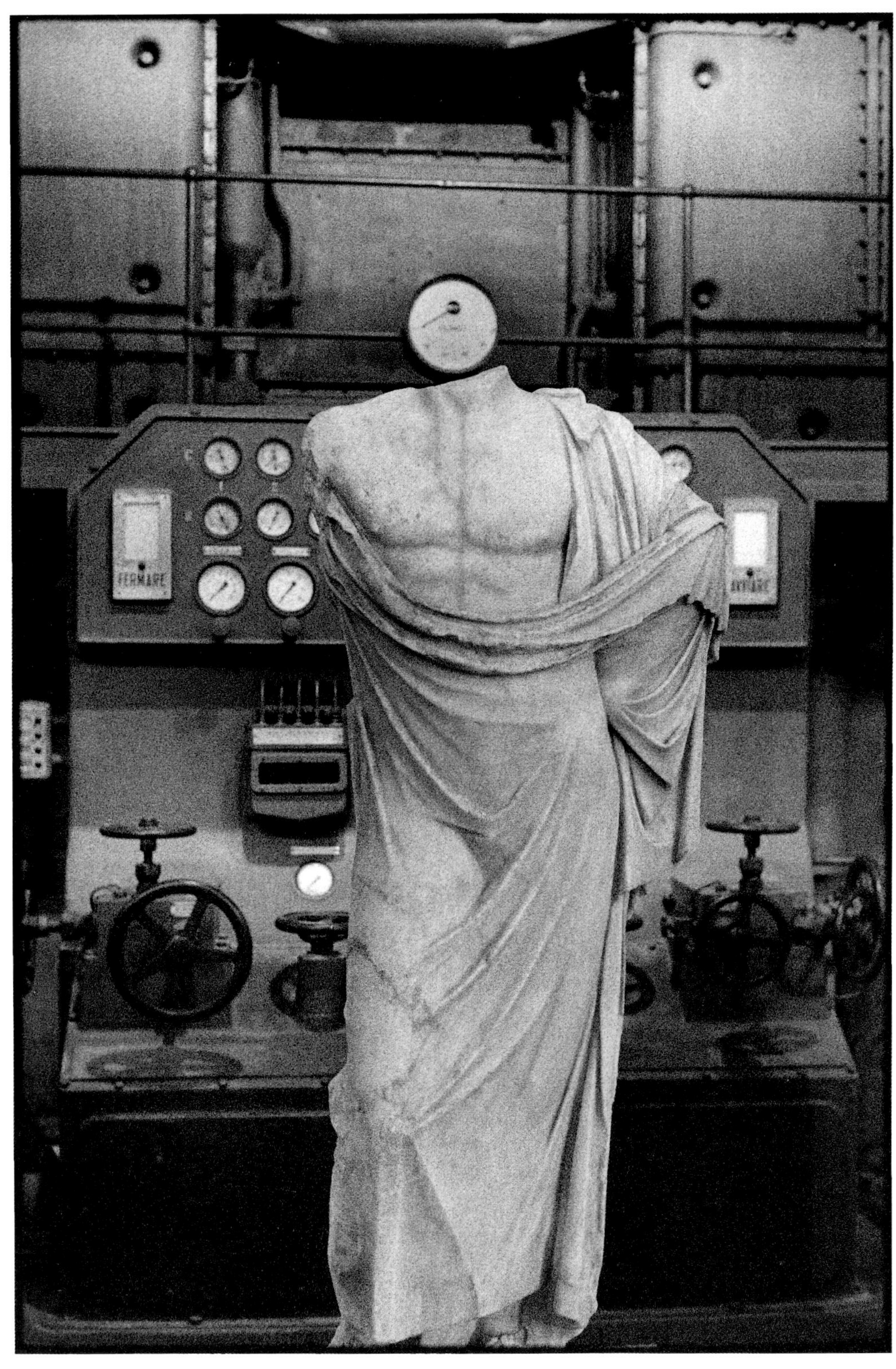

Museo della Centrale Montemartini

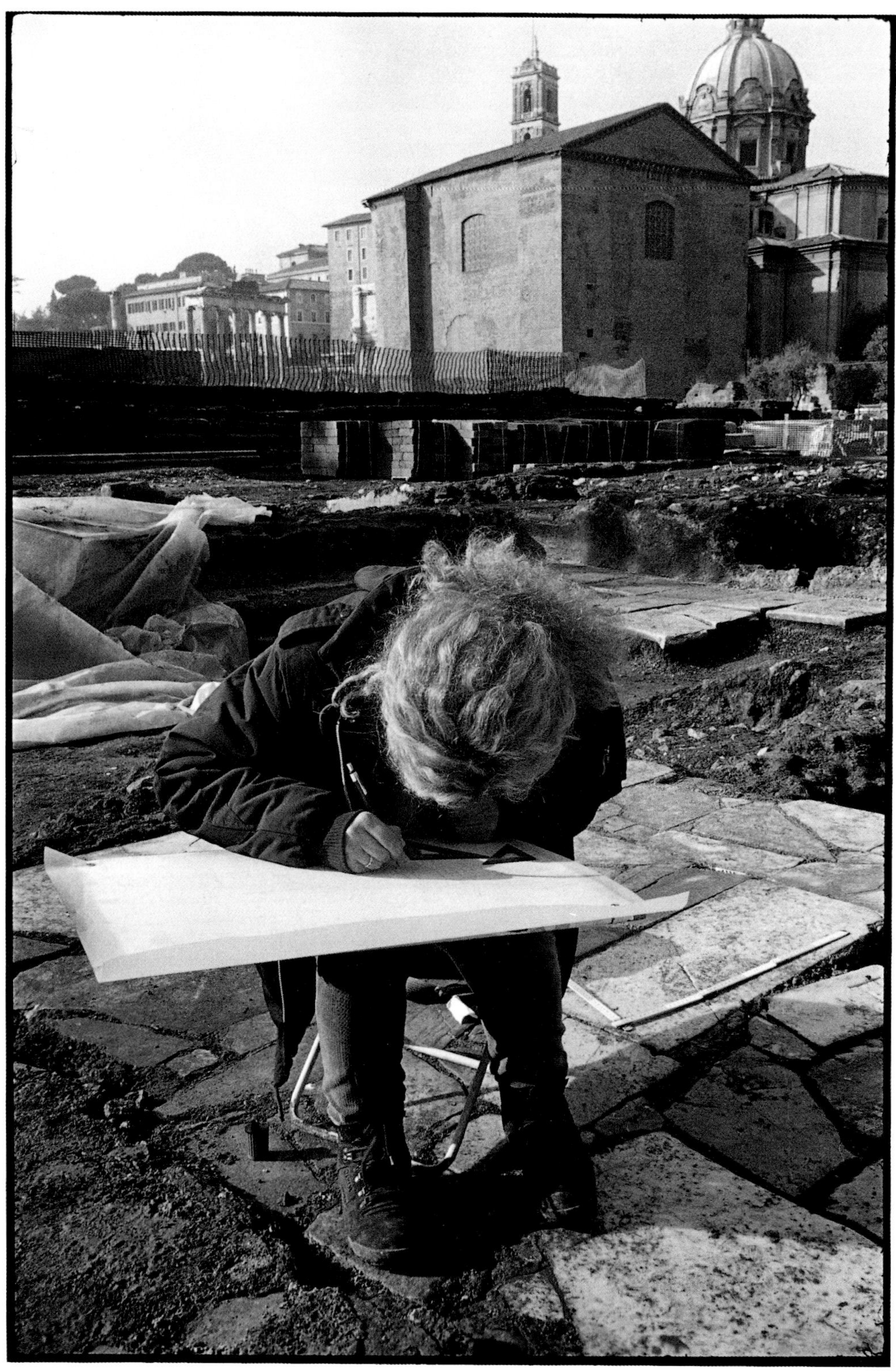

Foro Romano

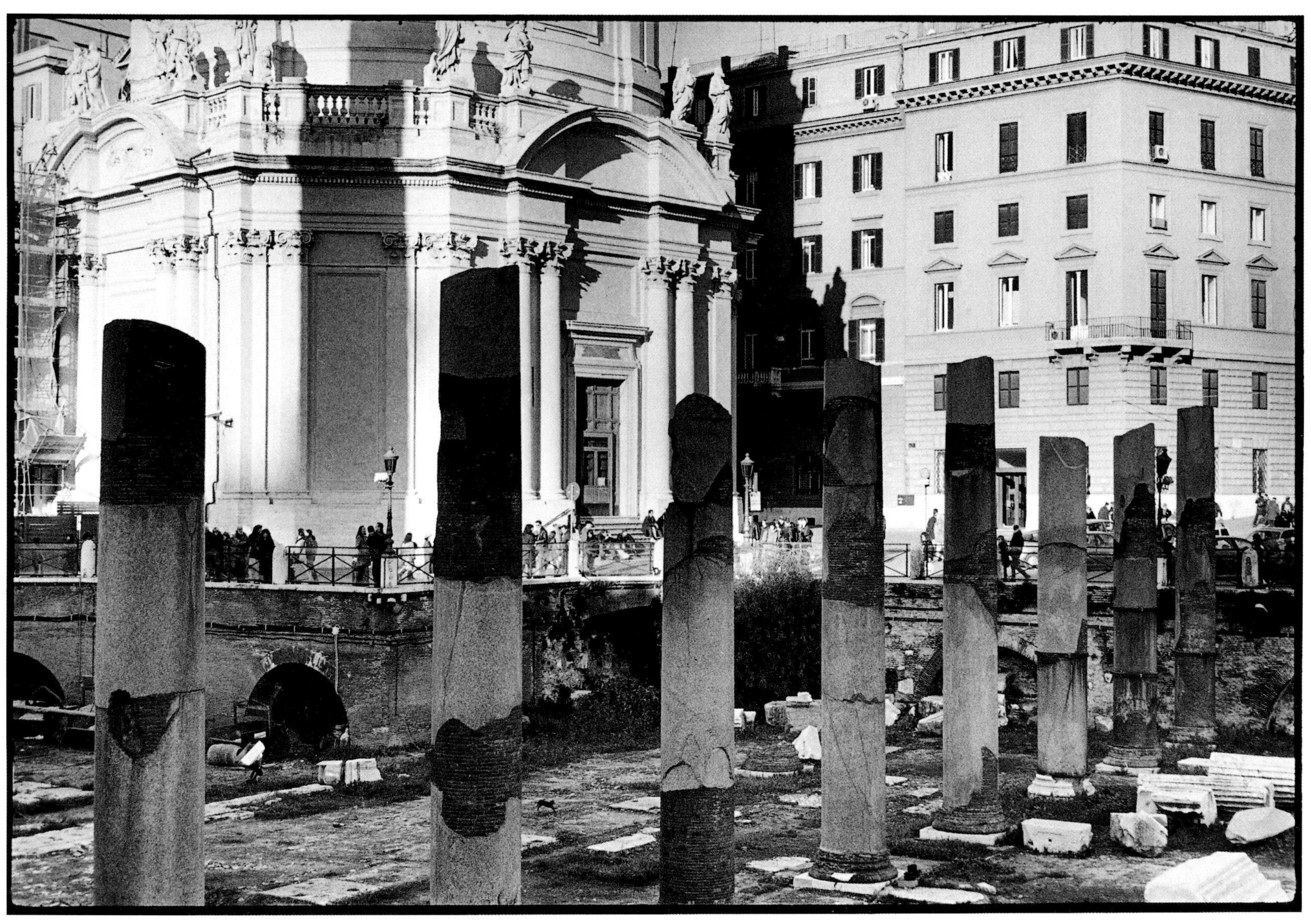

Foro di Traiano

Harry Gruyaert

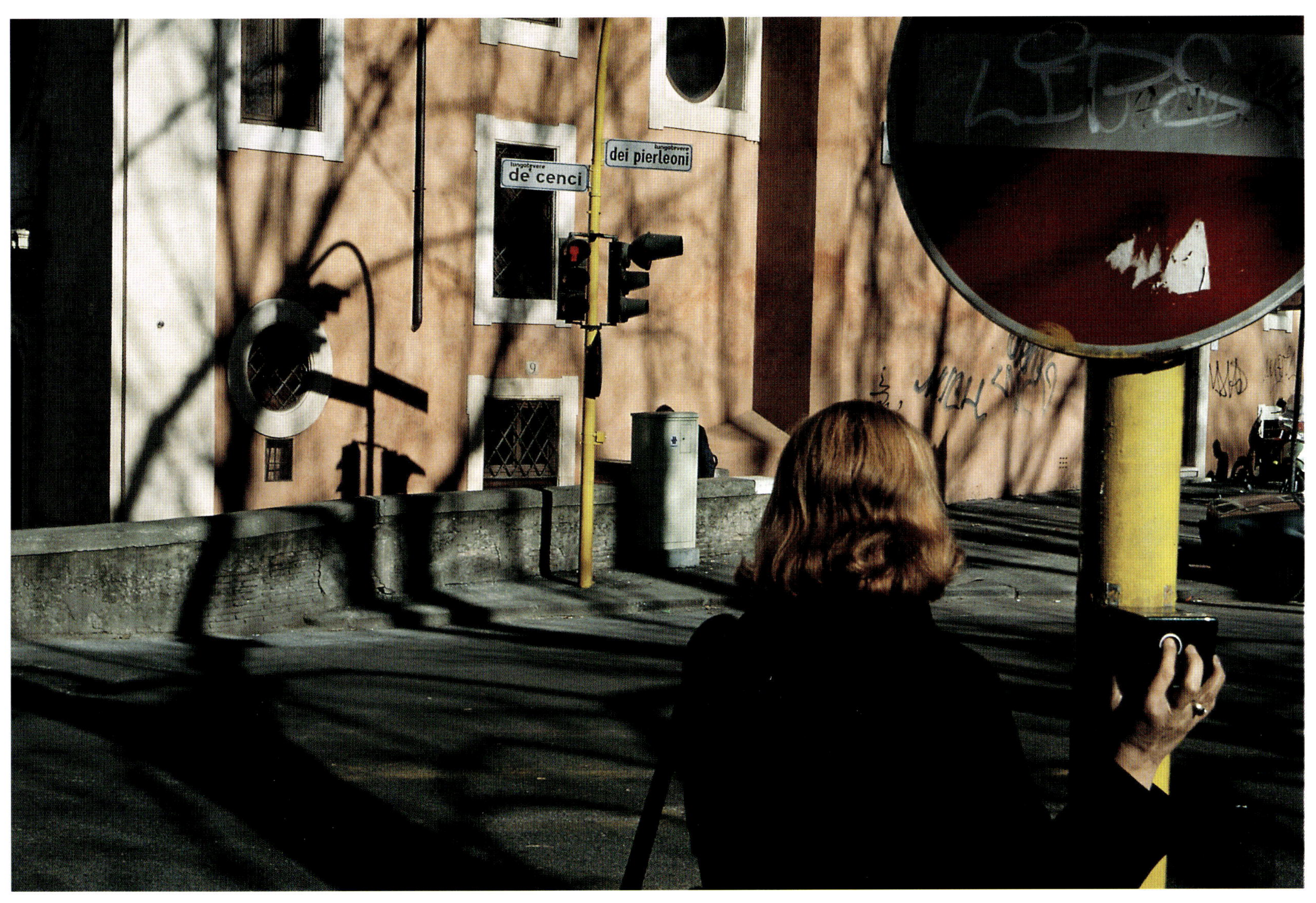

Lungotevere de' Cenci

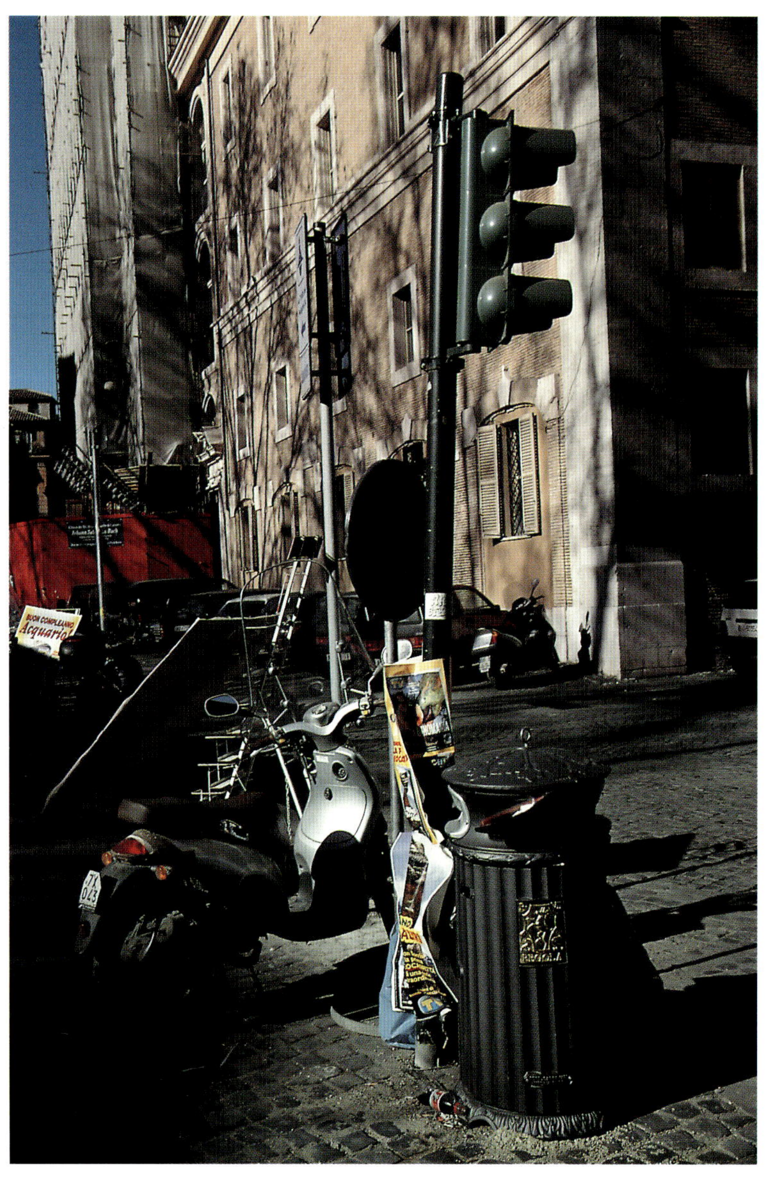

Via Arenula

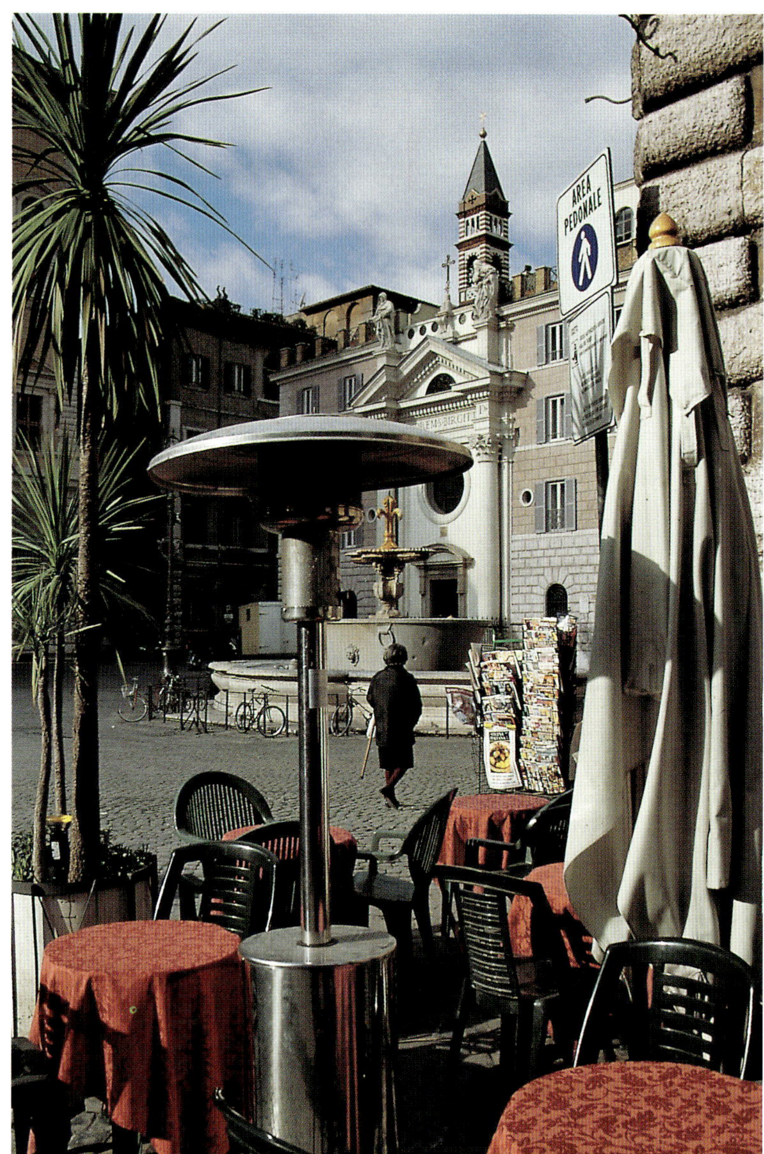

Piazza Farnese

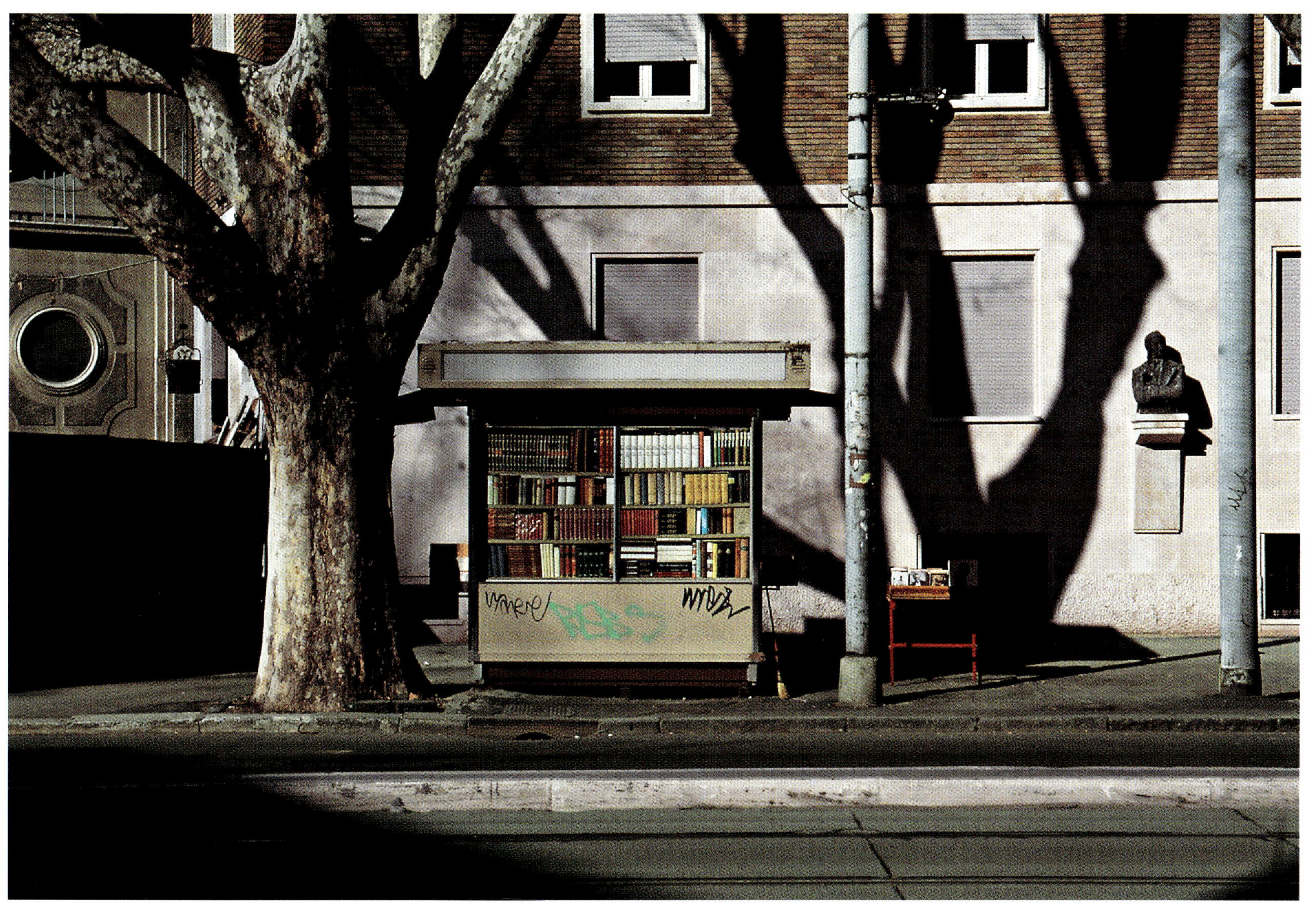

Viale Trastevere

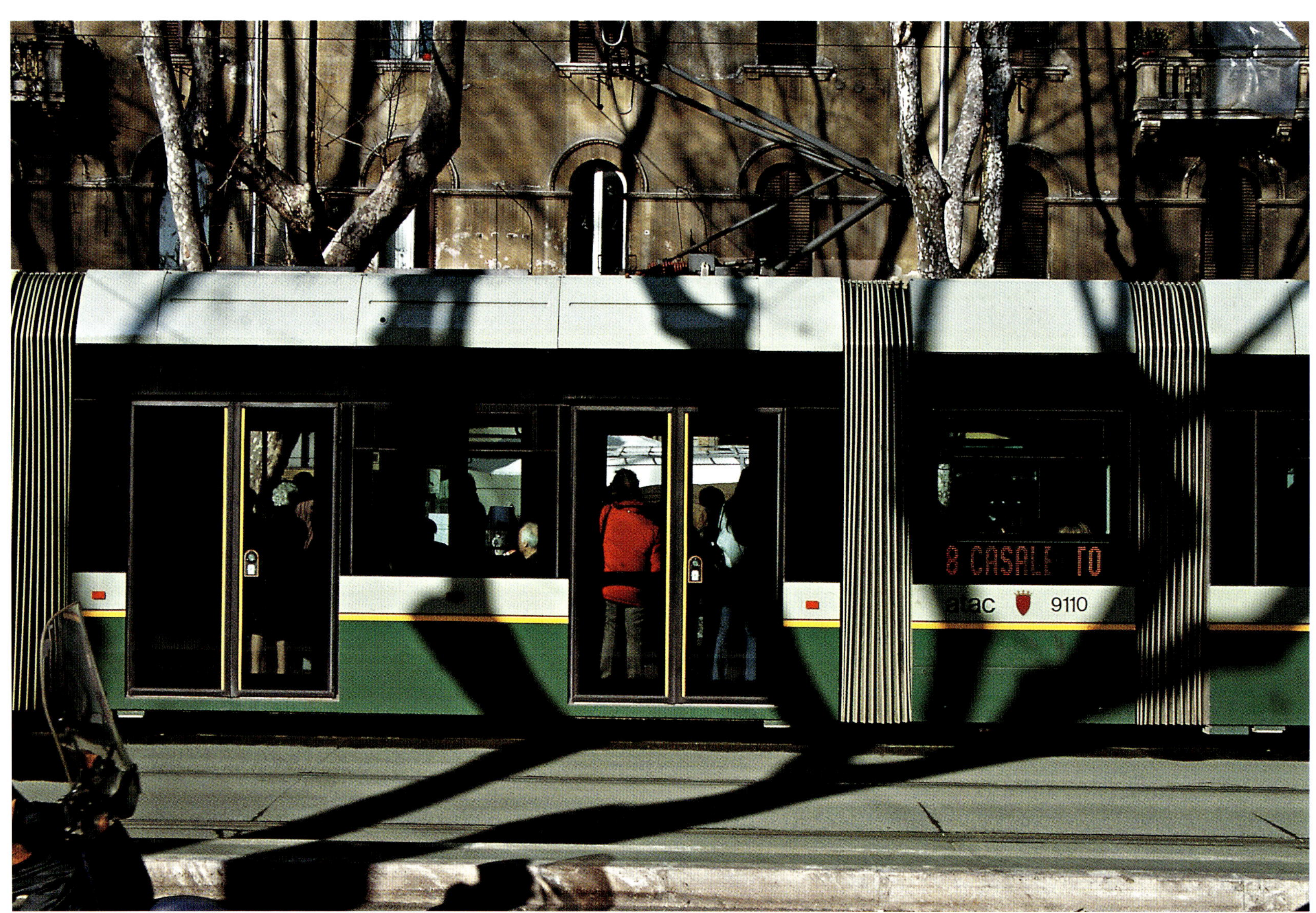

Viale Trastevere

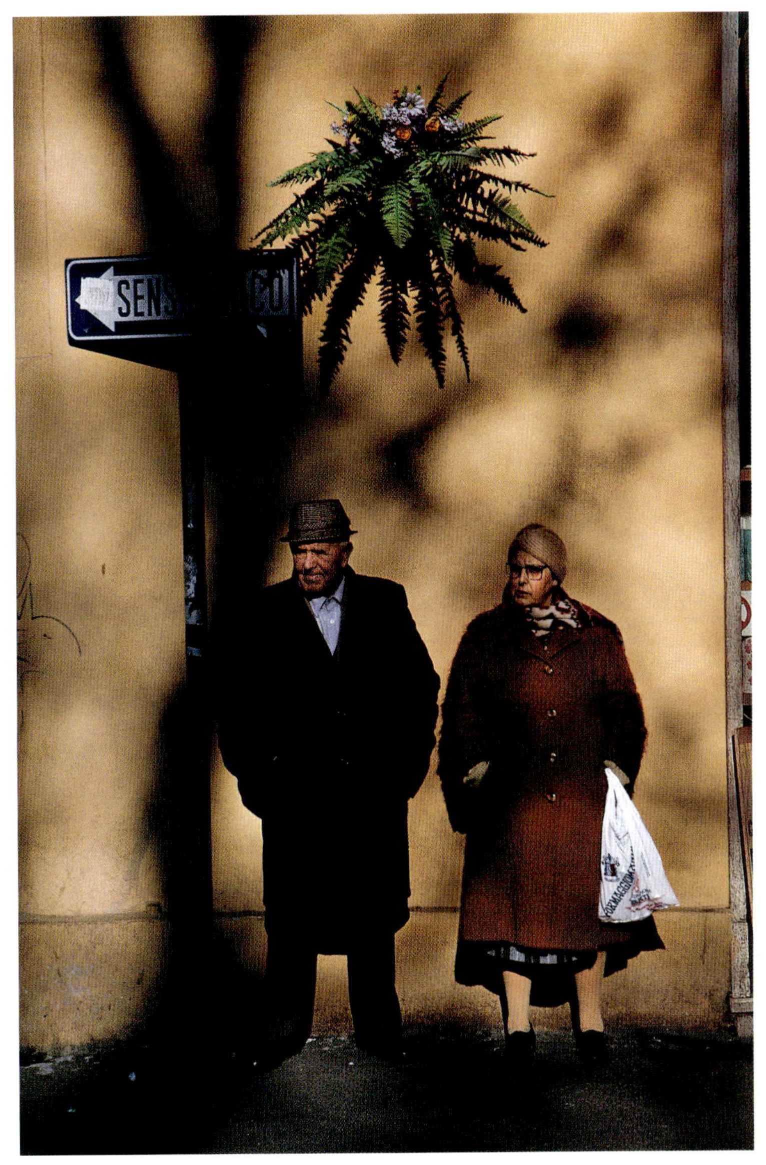

Testaccio

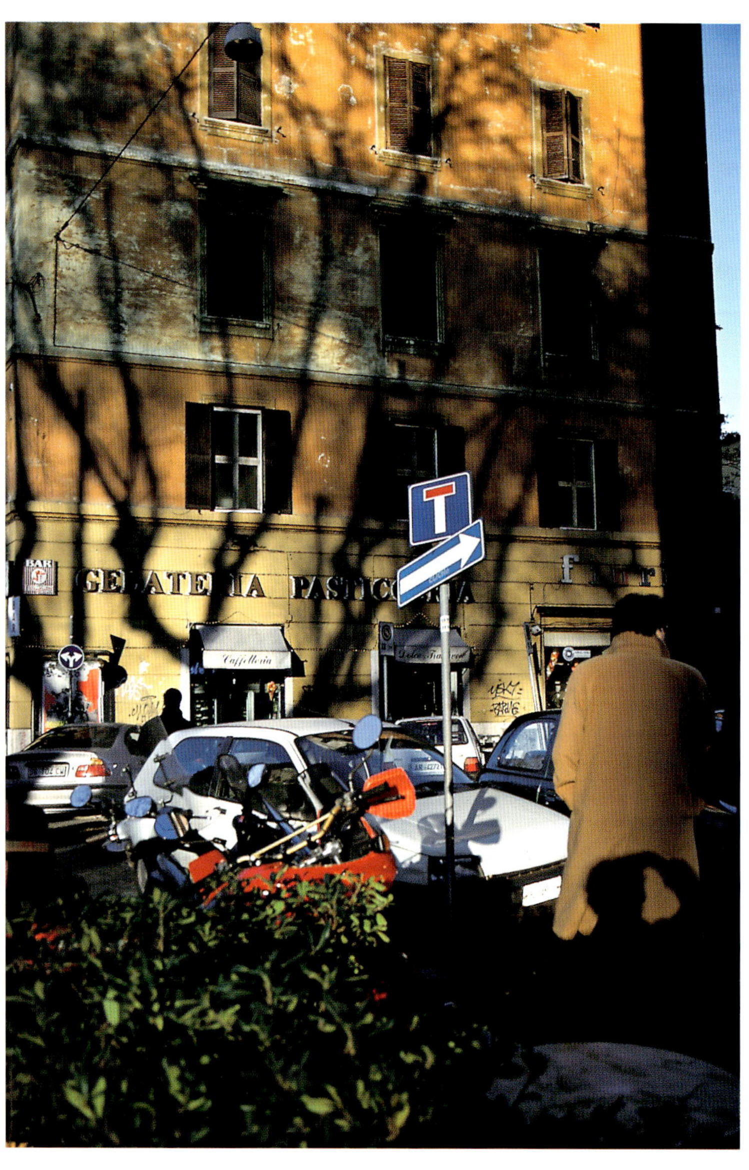

Viale Trastevere

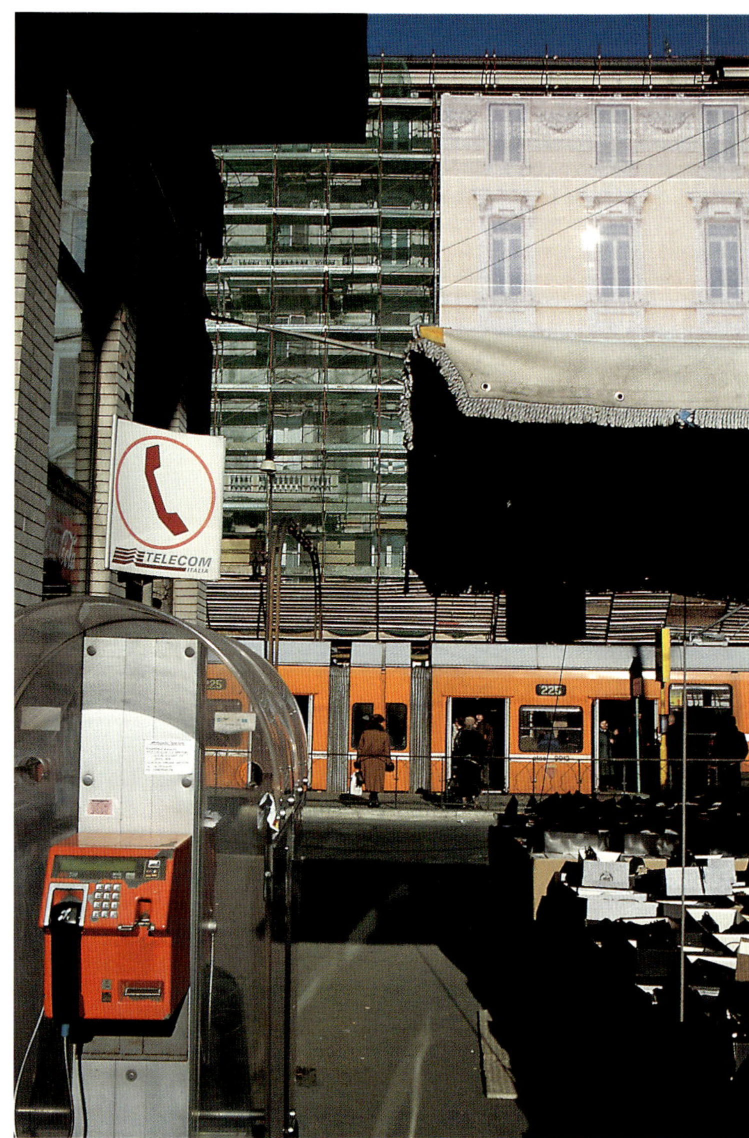

Piazzale Flaminio

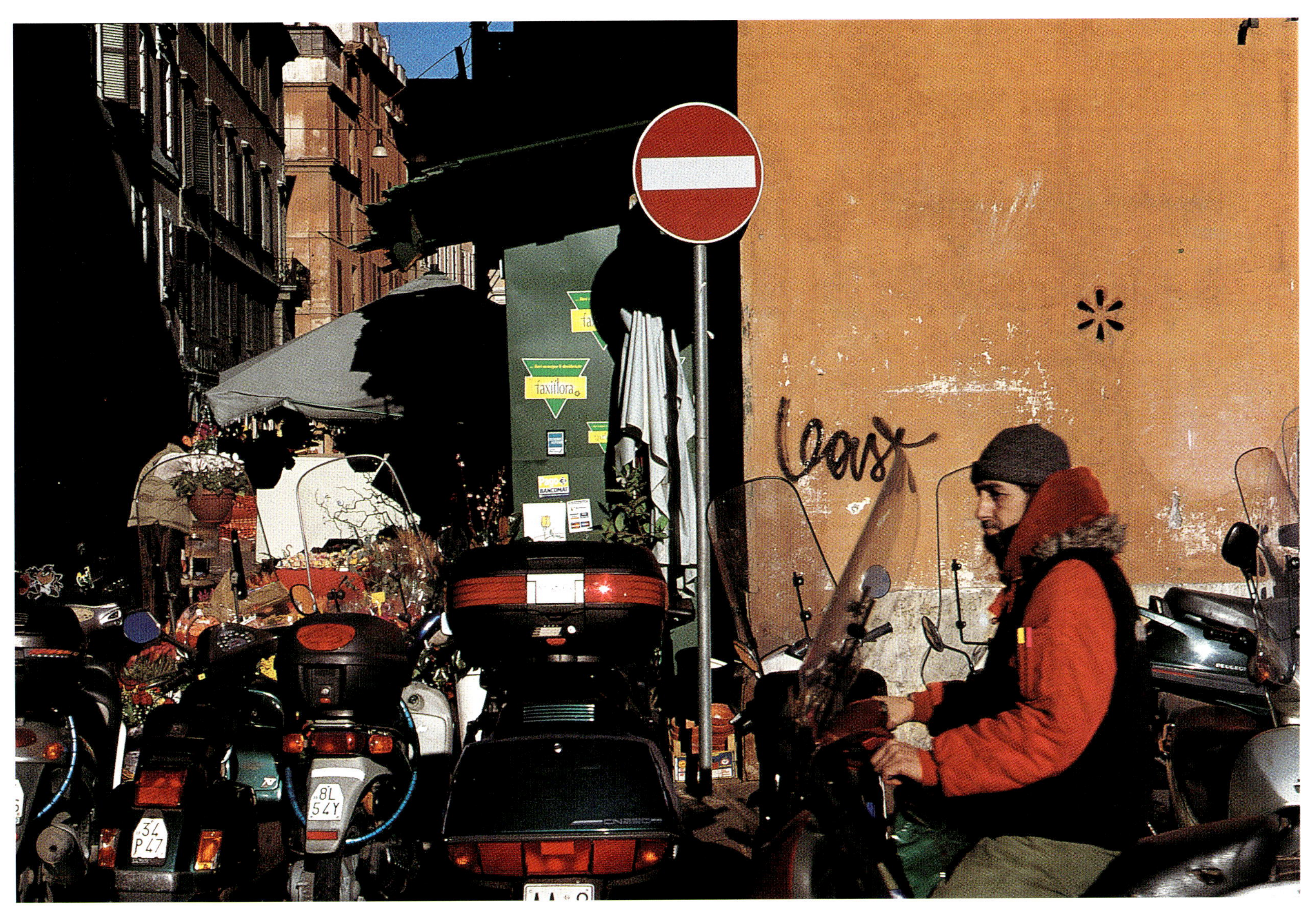

Via Borgognona

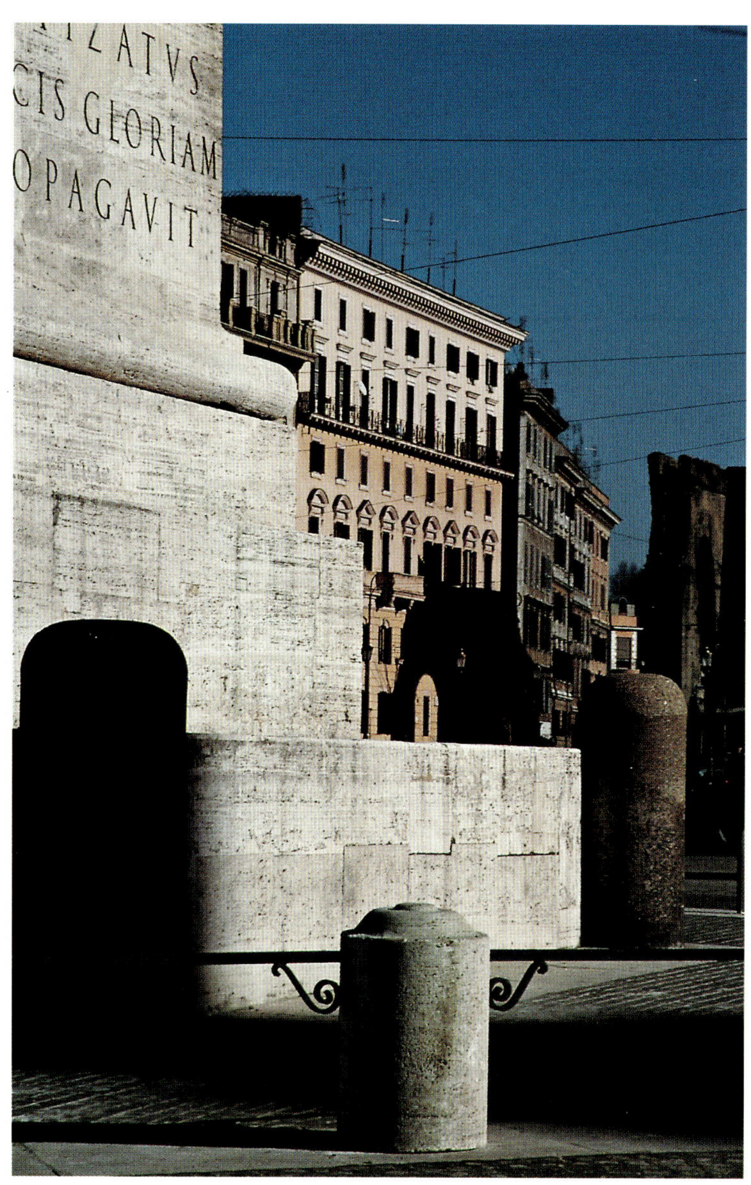

Piazza San Giovanni in Laterano

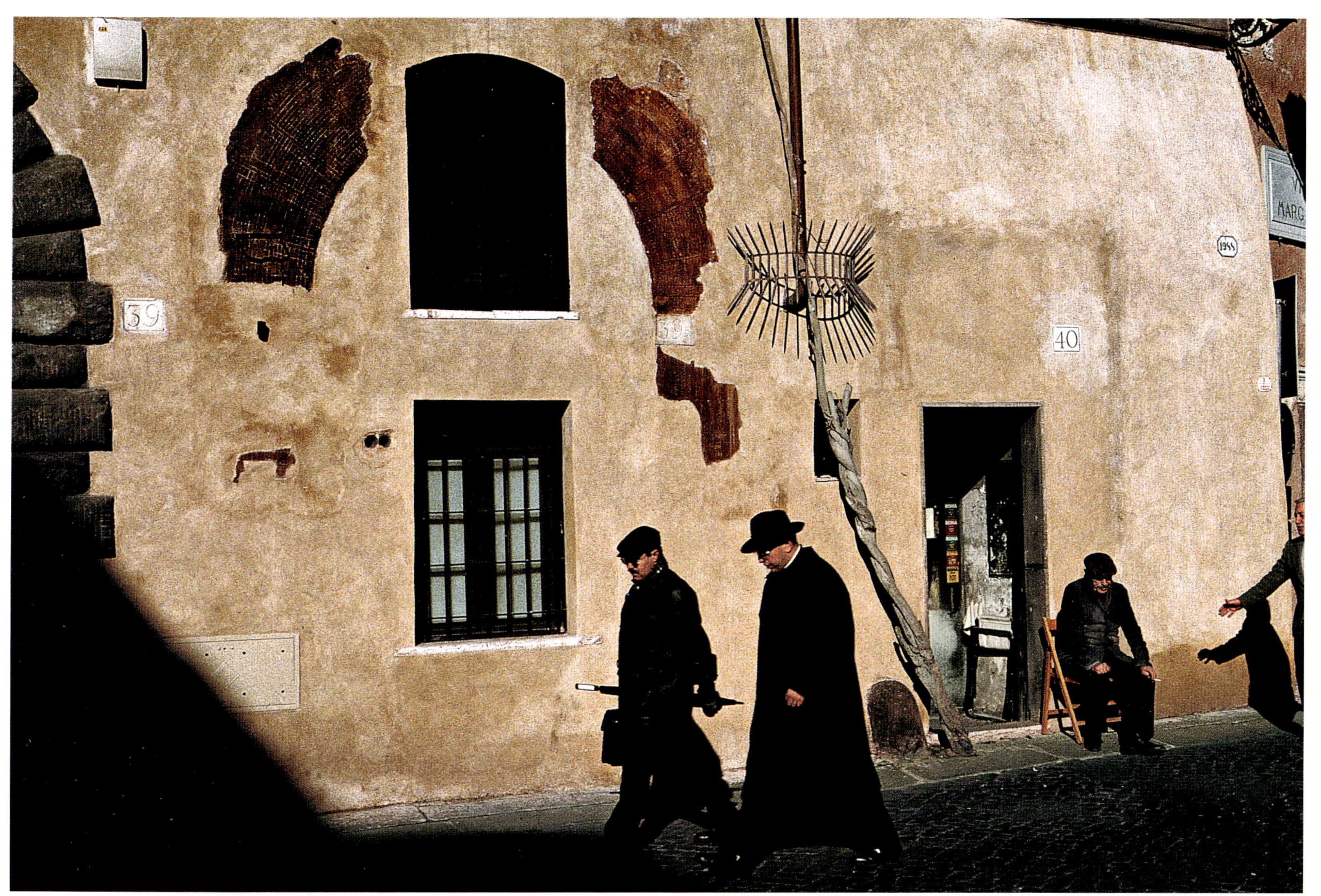

Via Margana

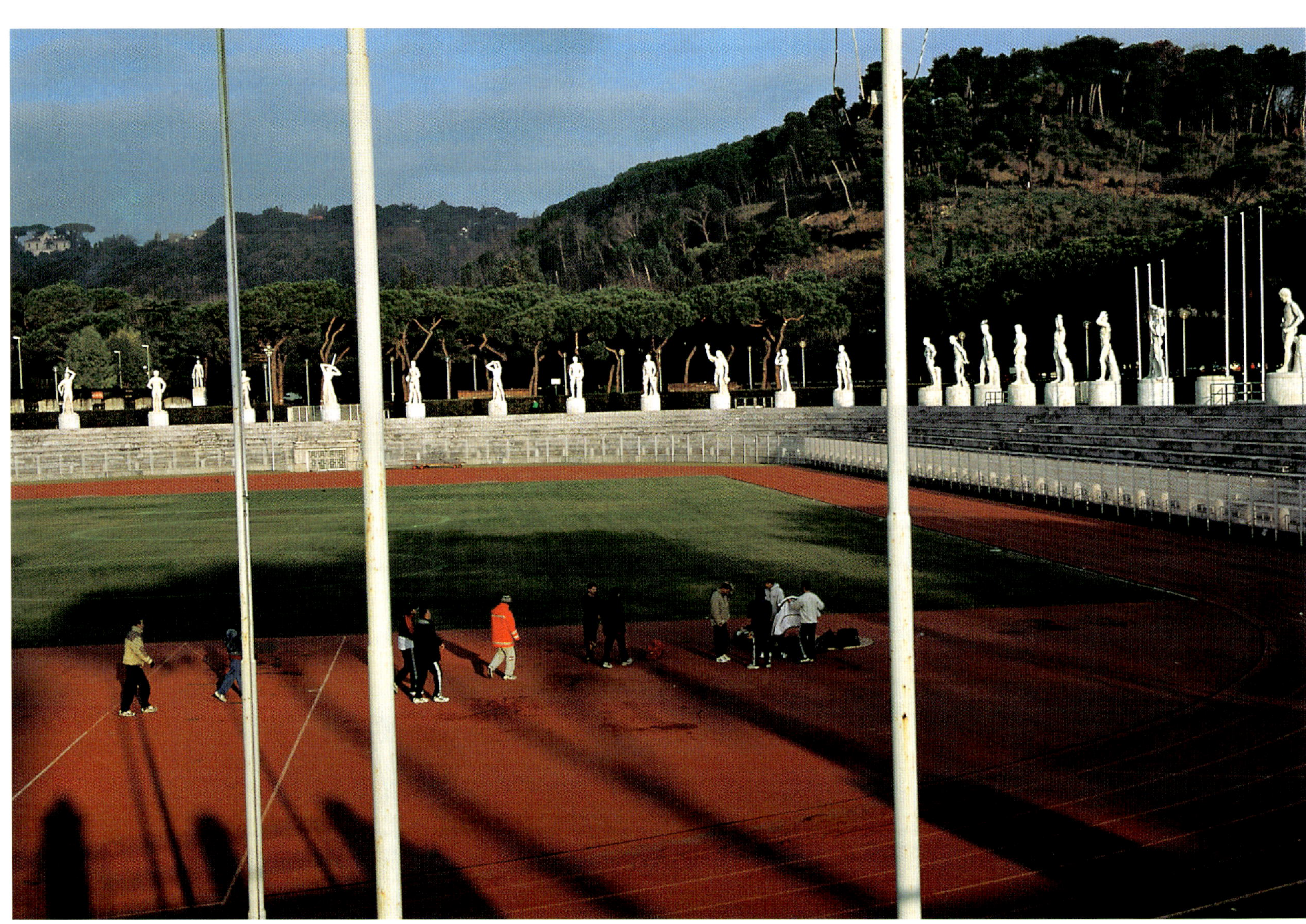

Foro Italico

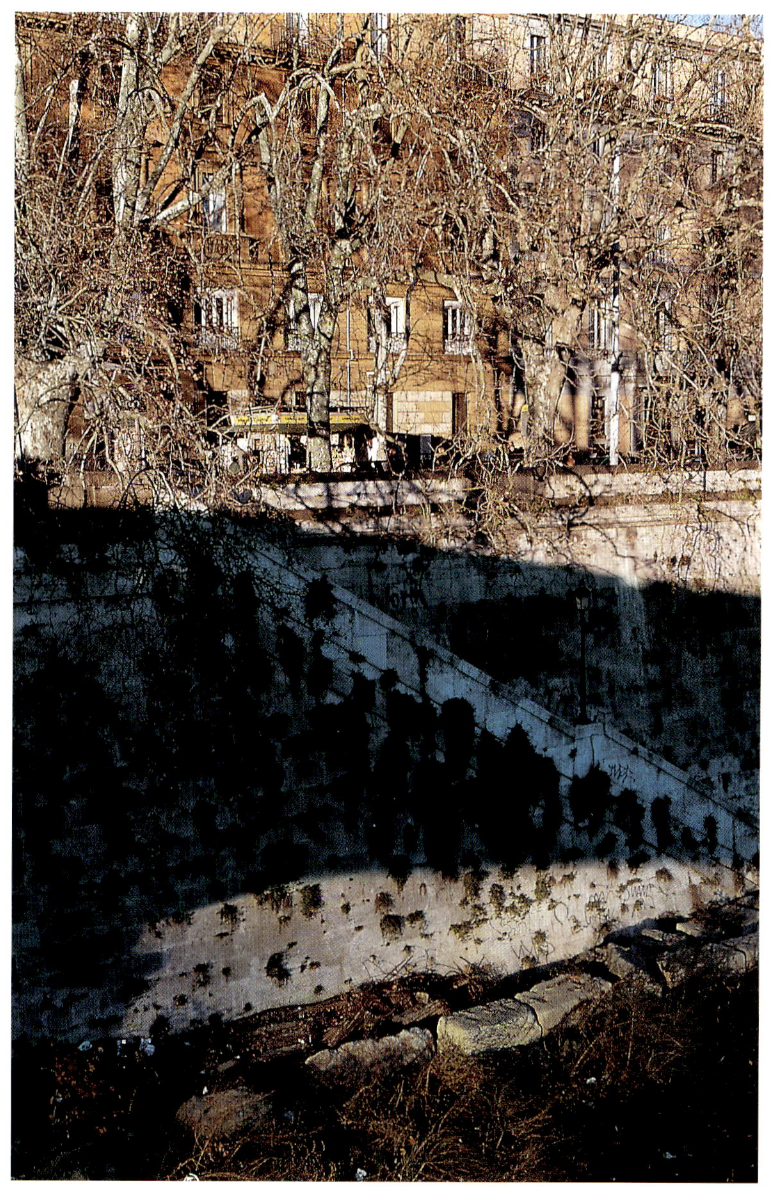

Lungotevere dei Pierleoni

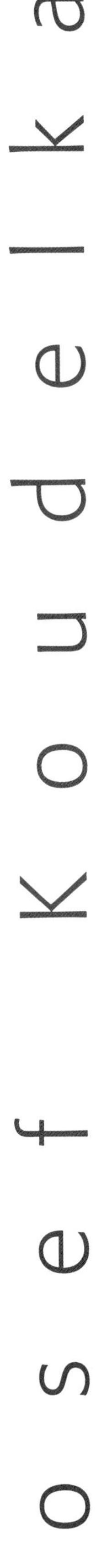
Josef Koudelka

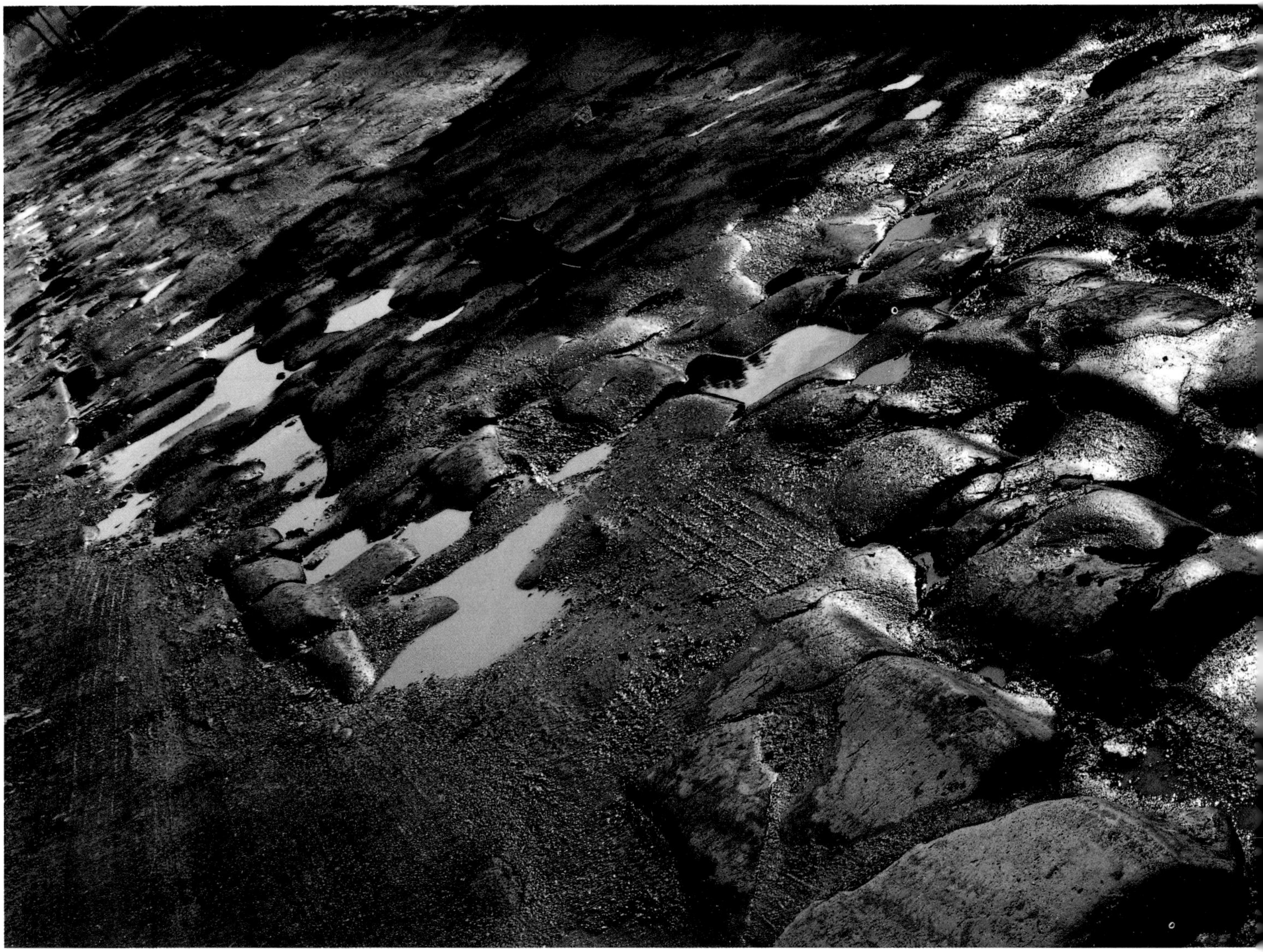

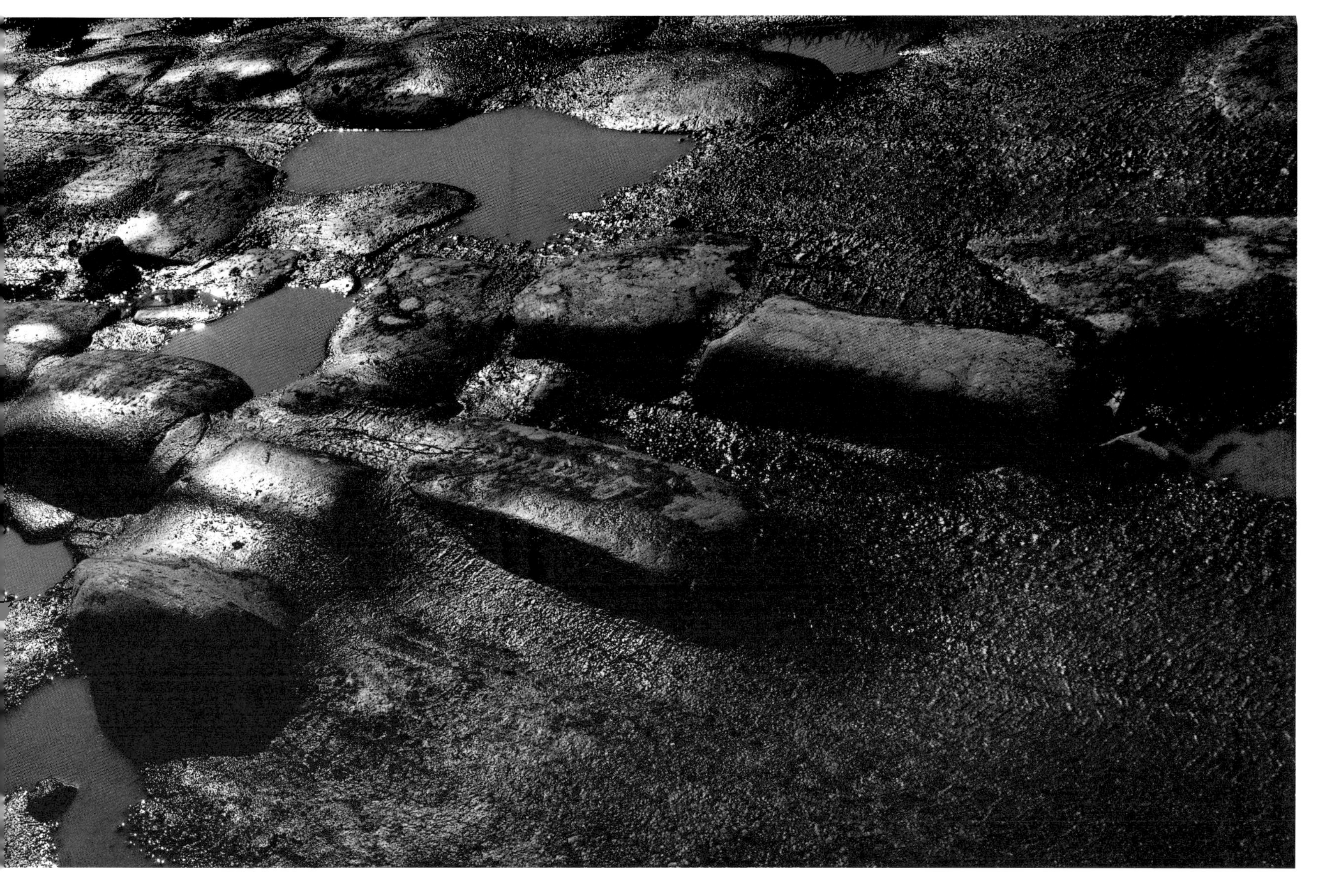

Via Appia Antica

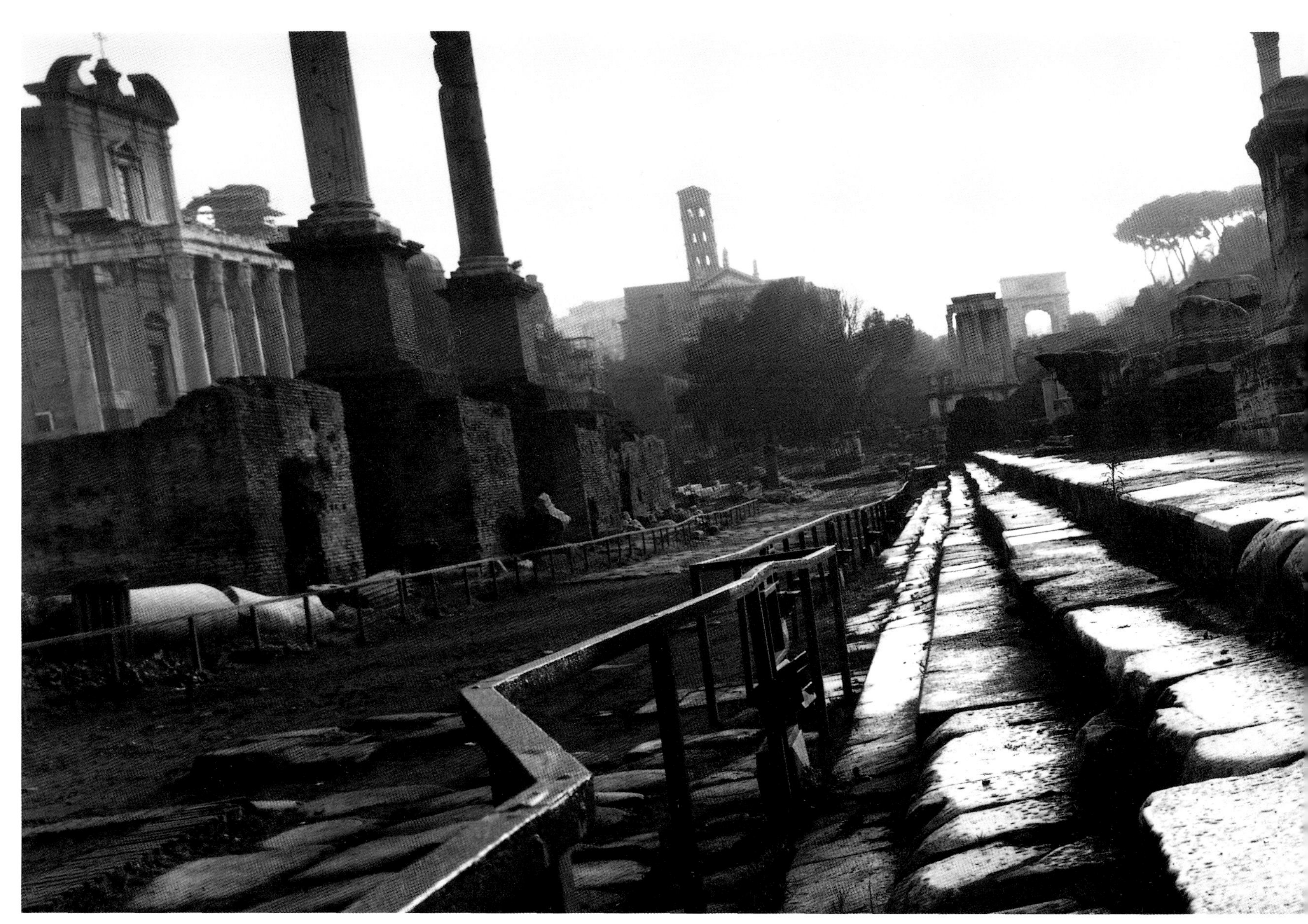

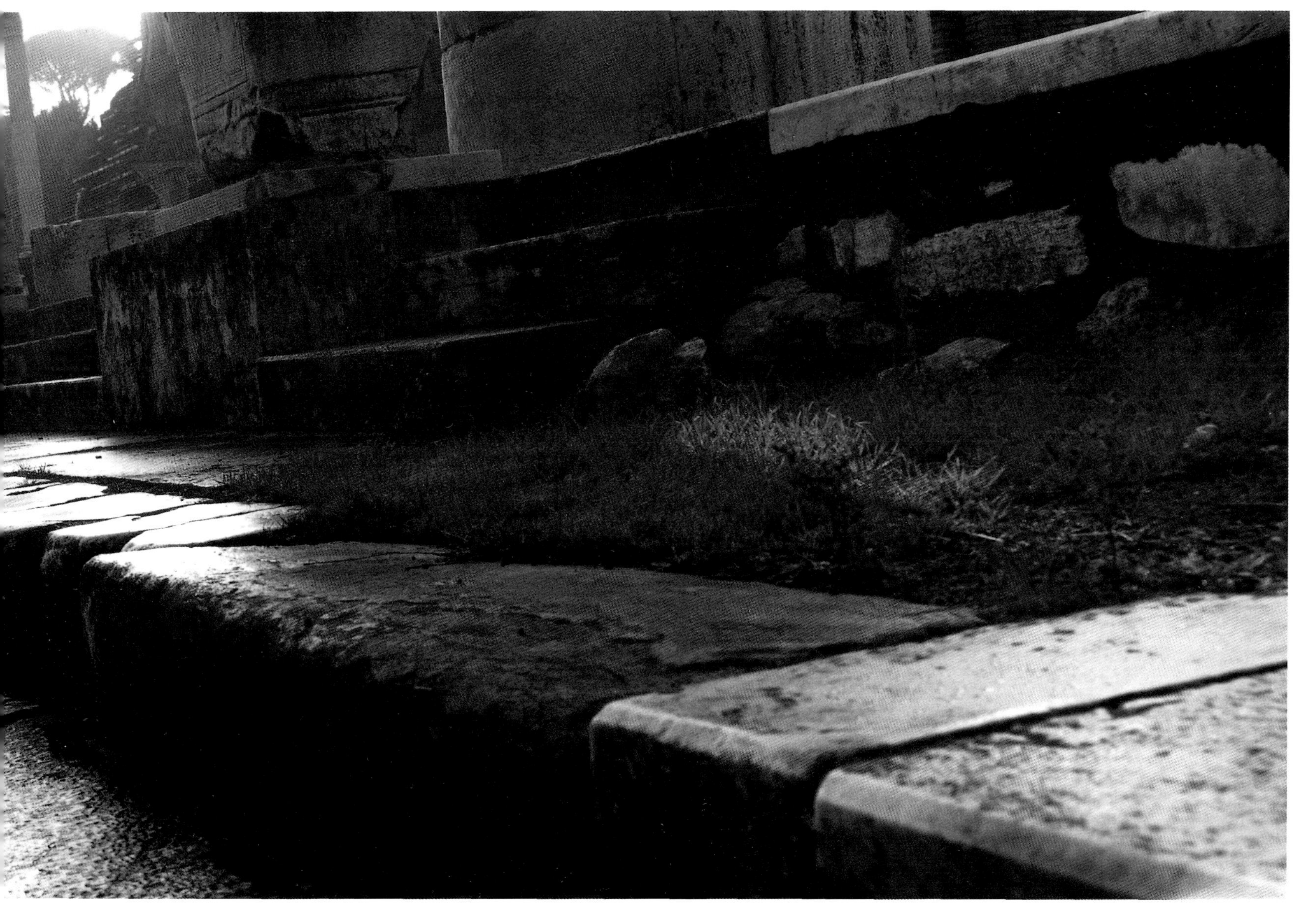

Foro Romano

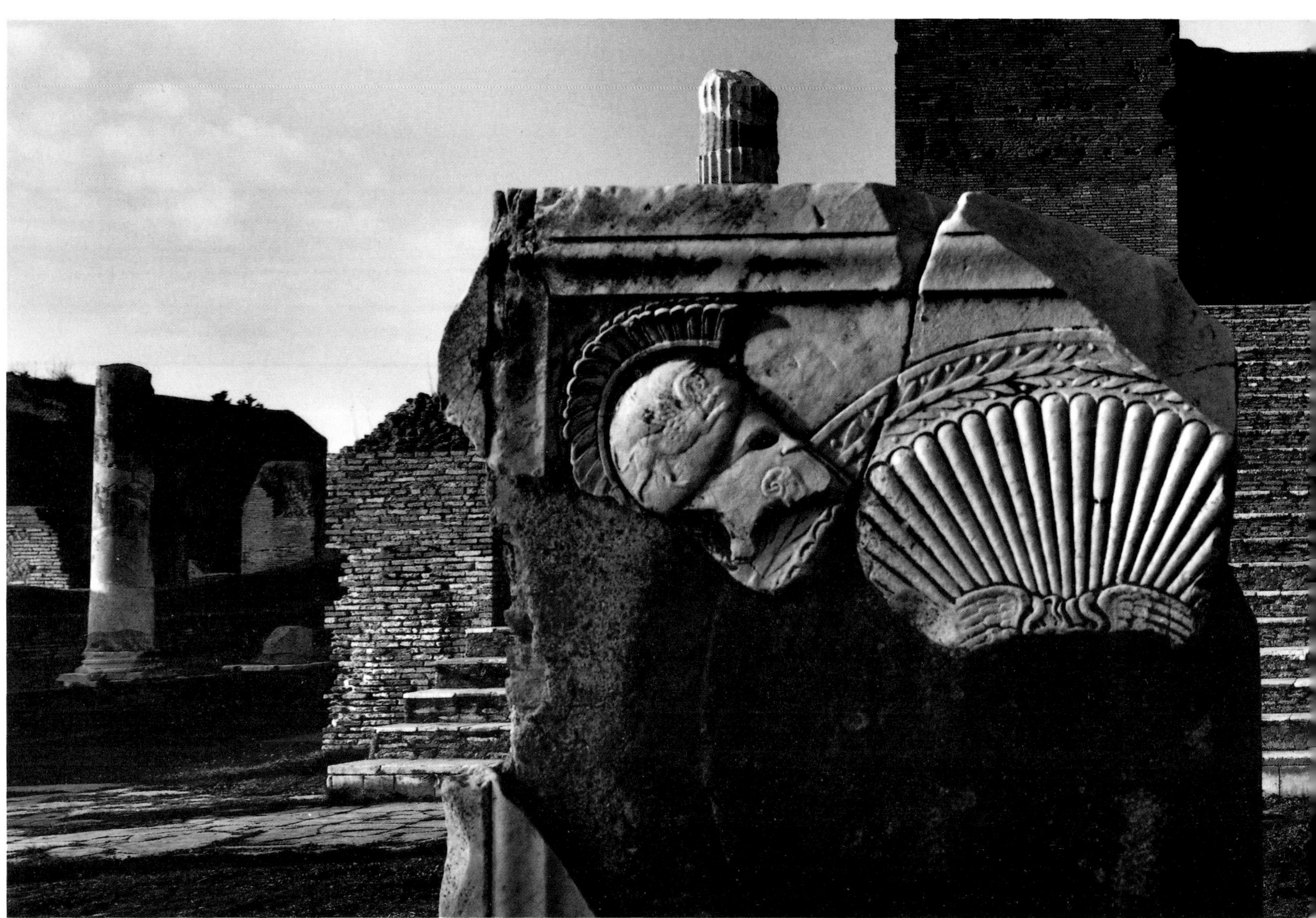

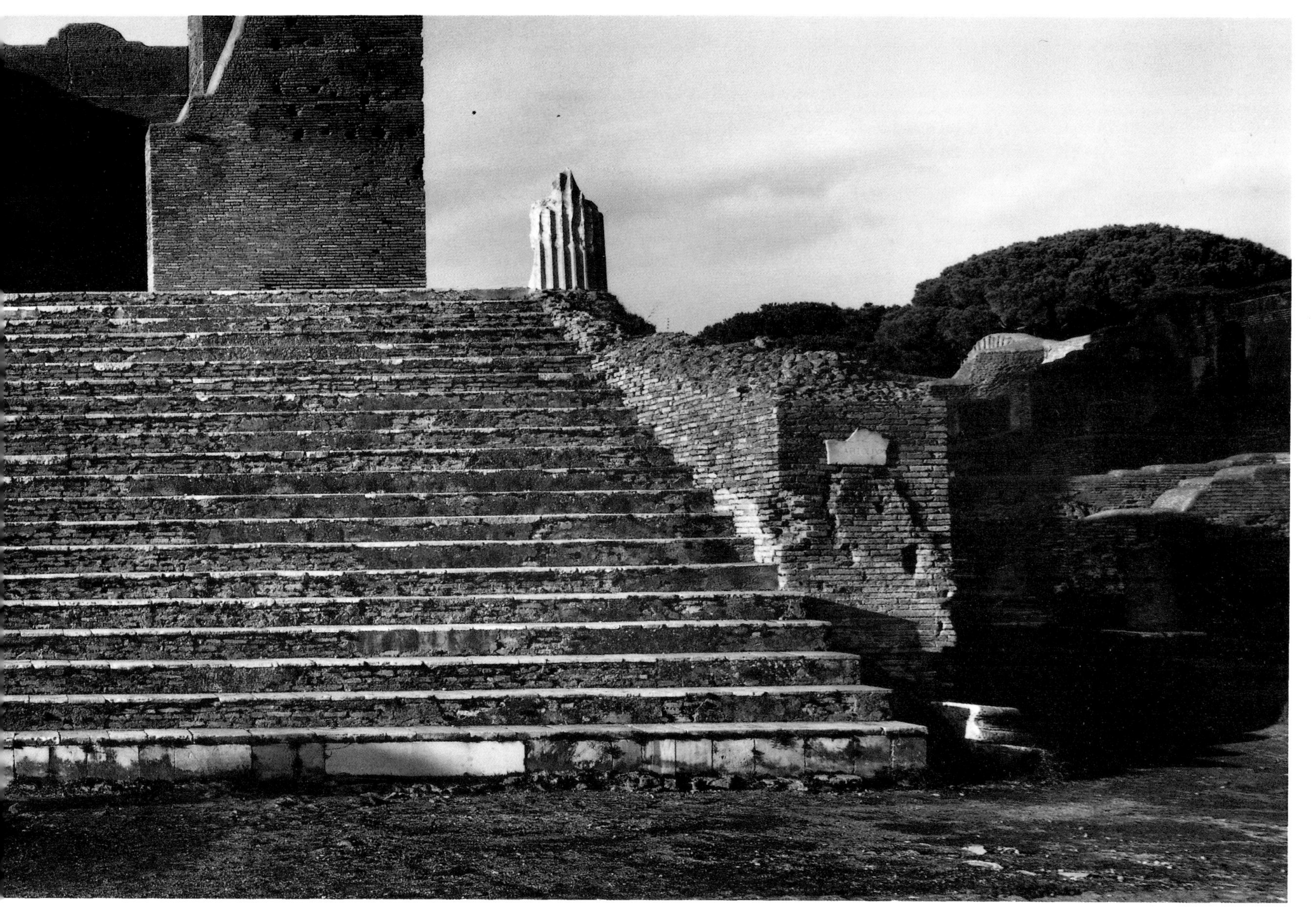

Ostia Antica

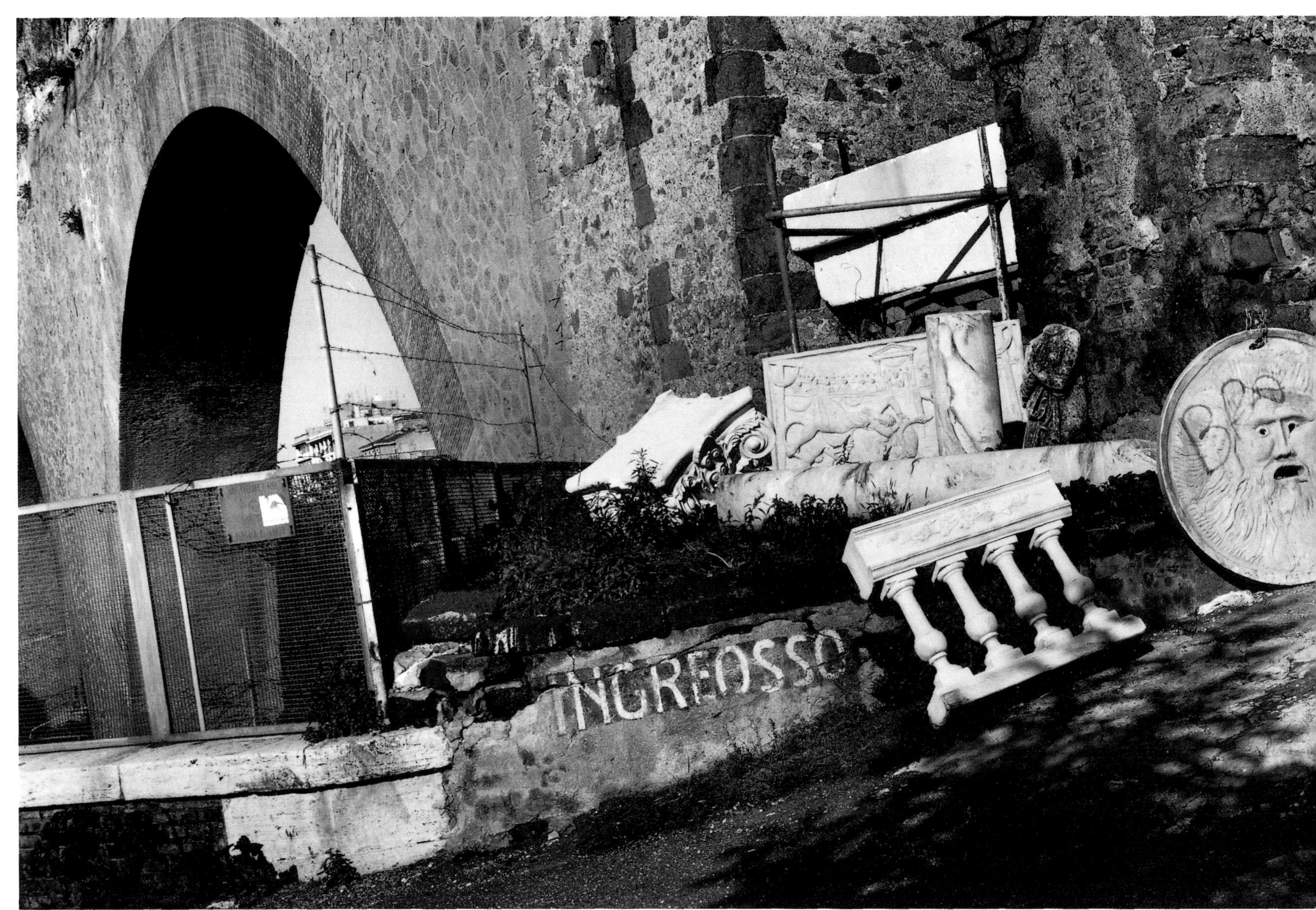

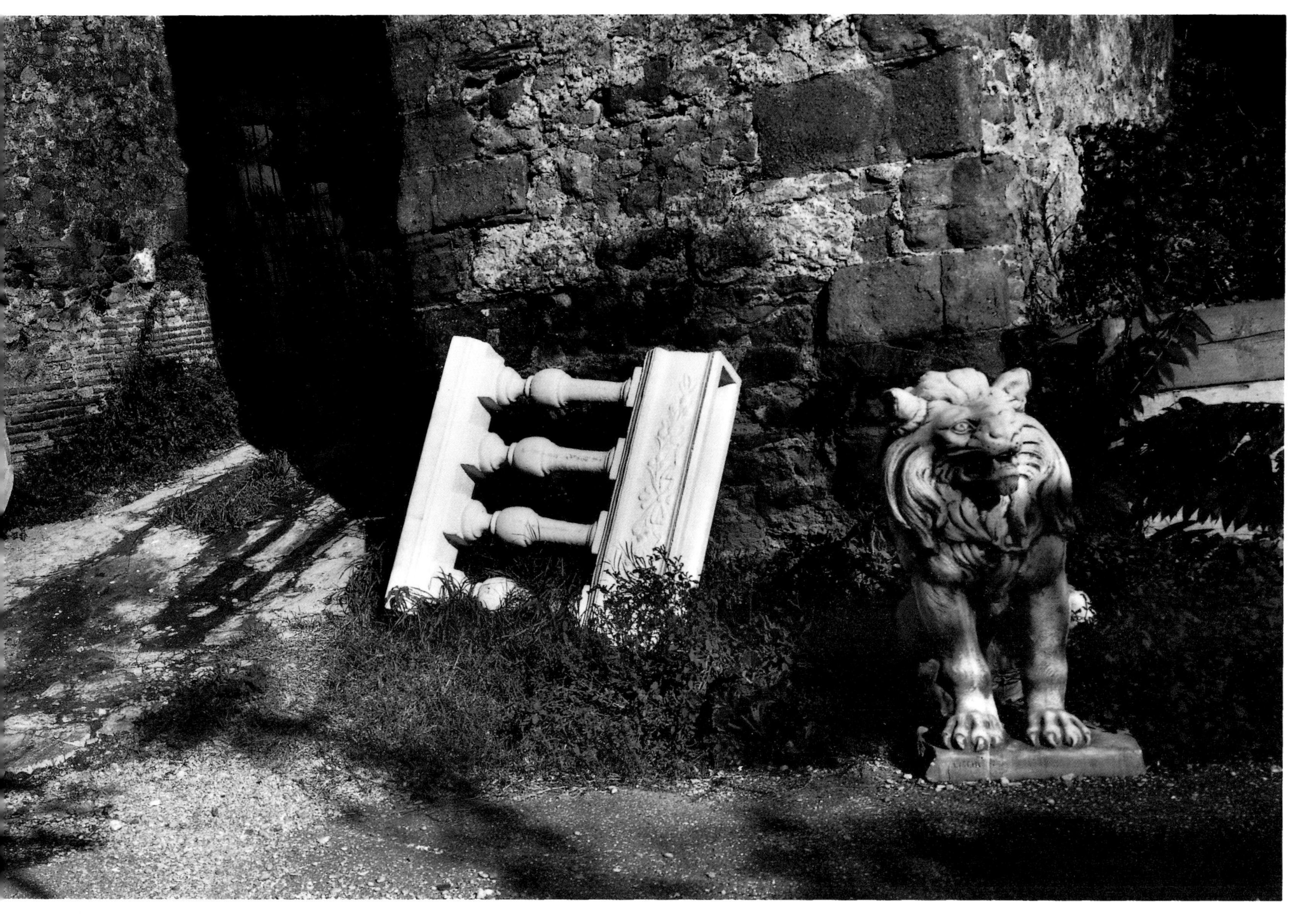

Via del Mandrione

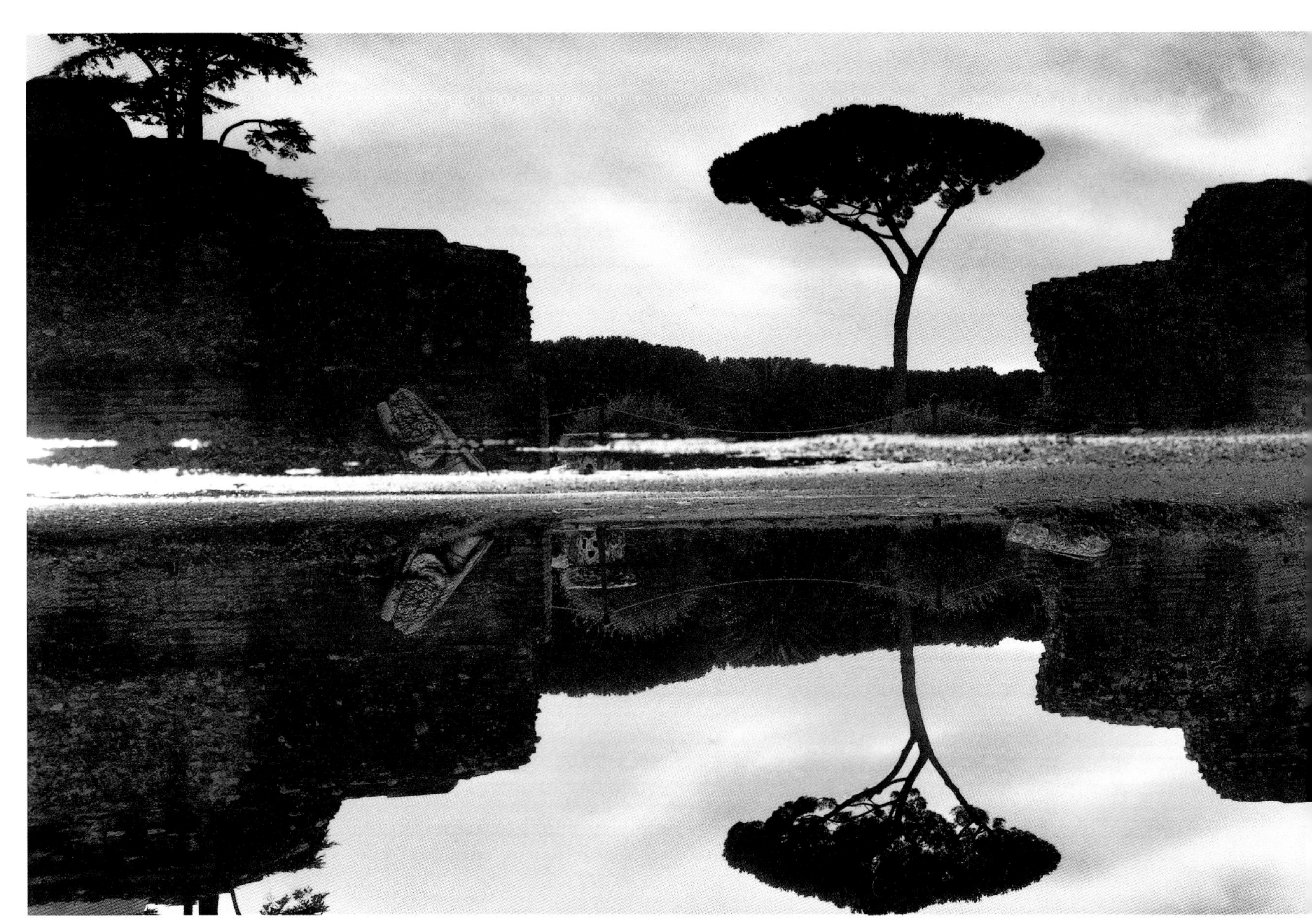

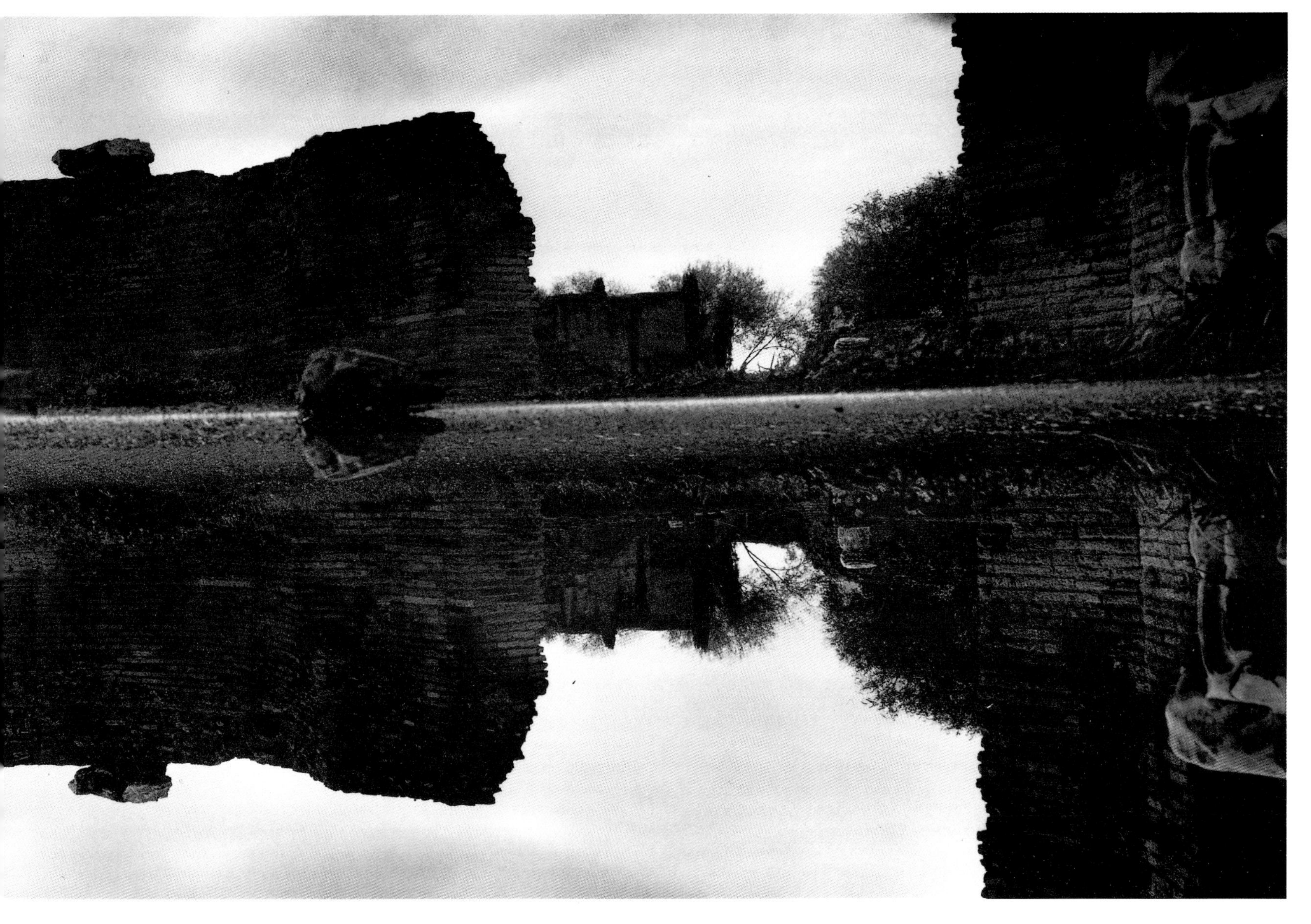

Palatino

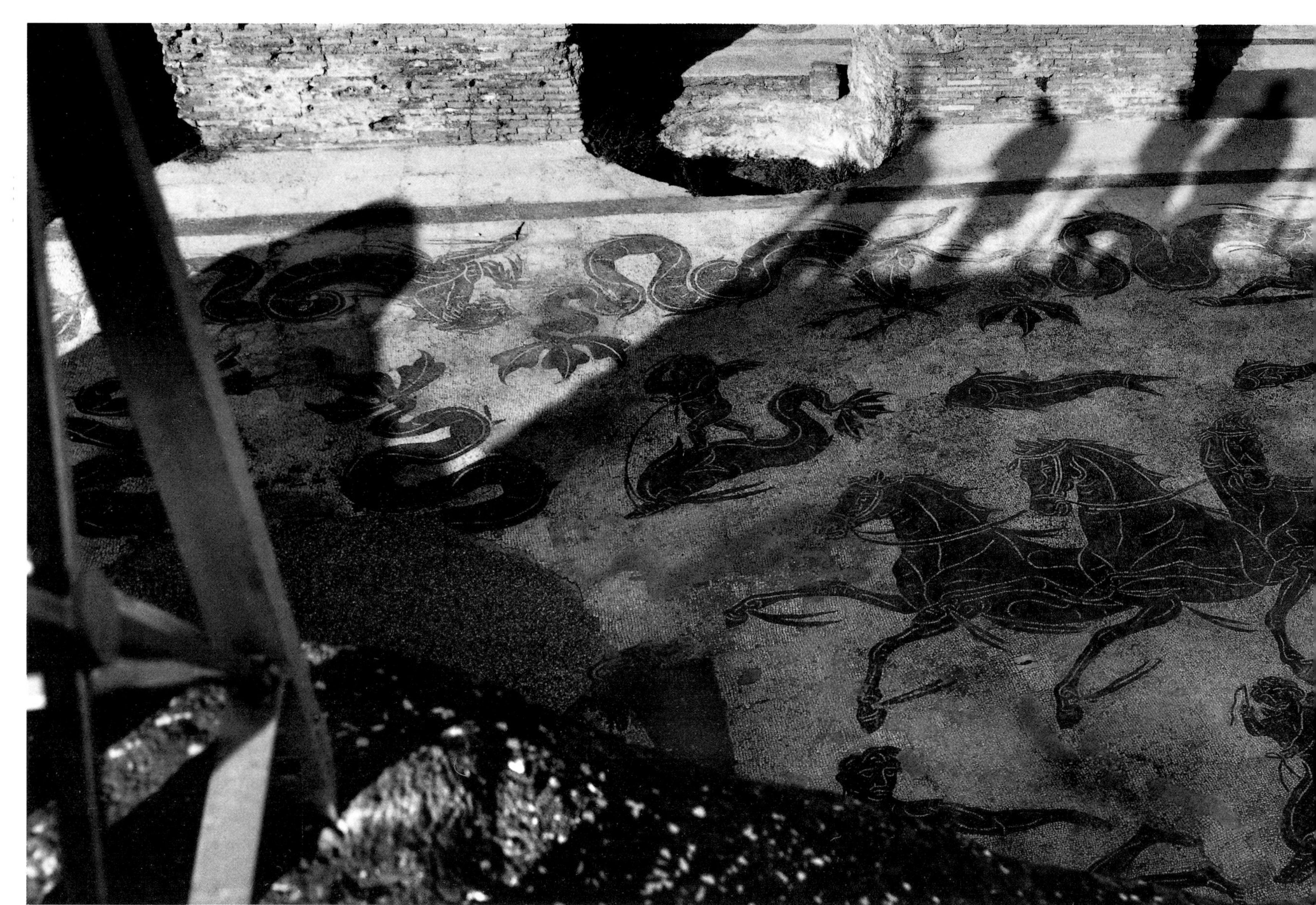

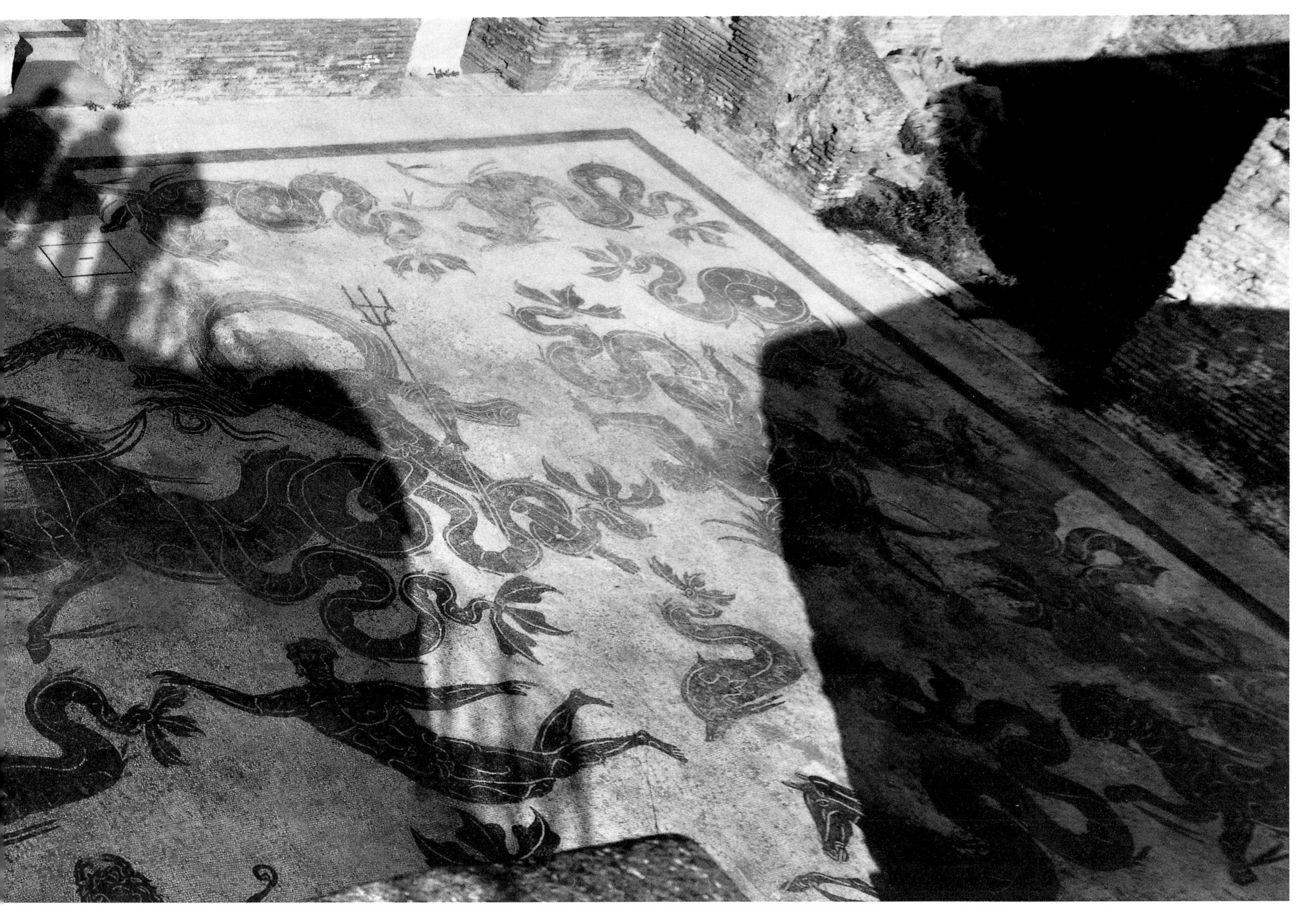

Ostia Antica

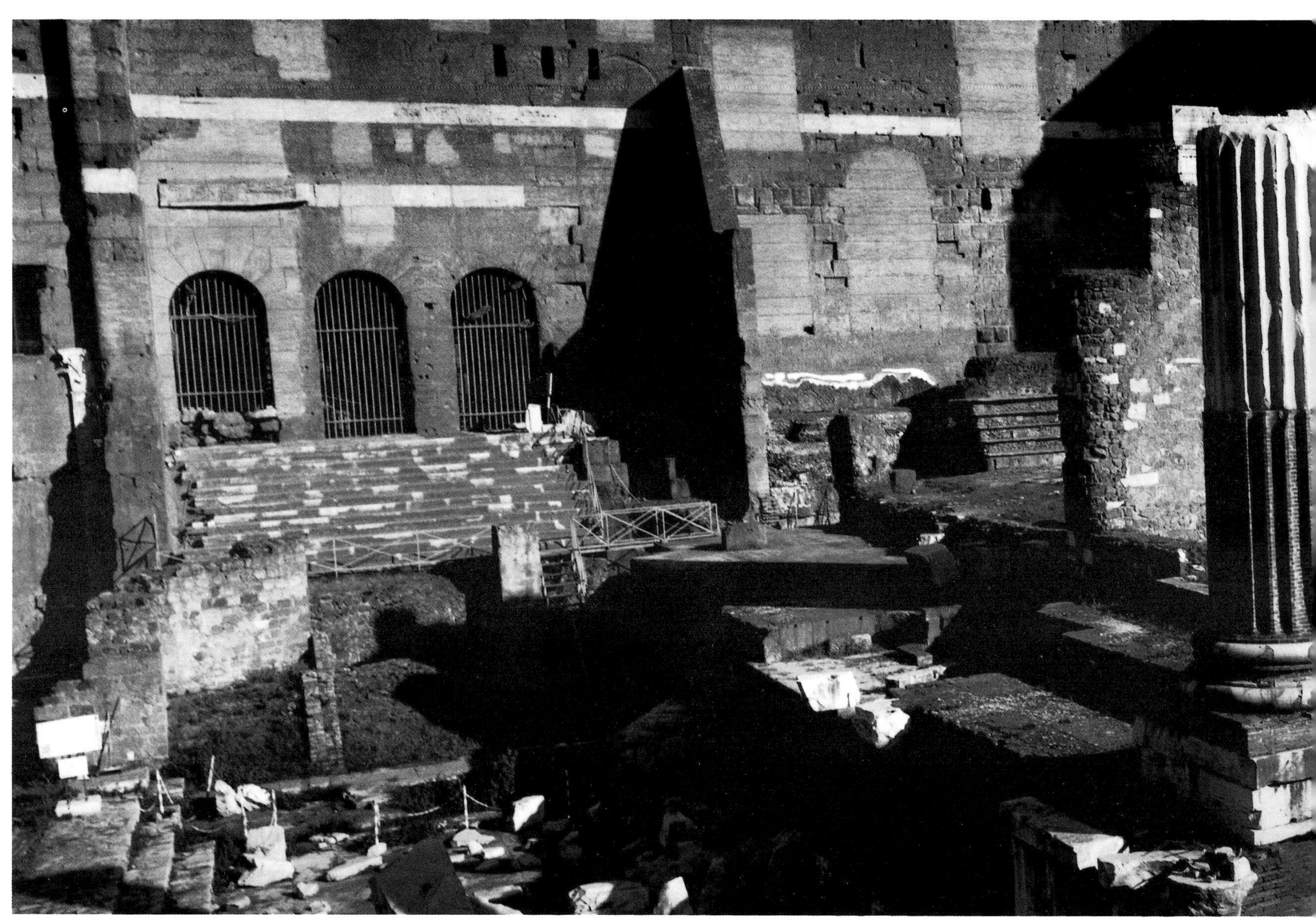

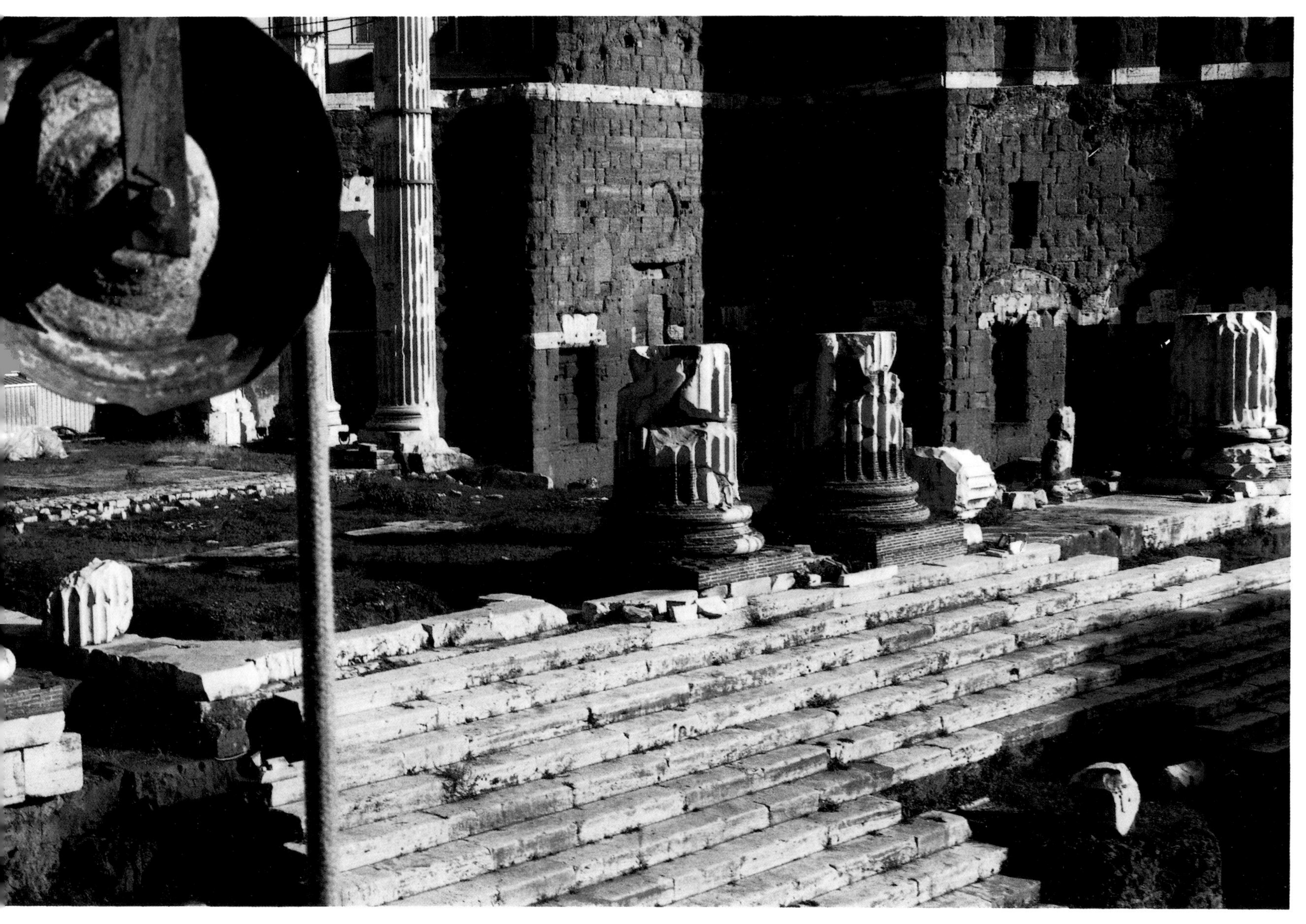

Foro di Augusto

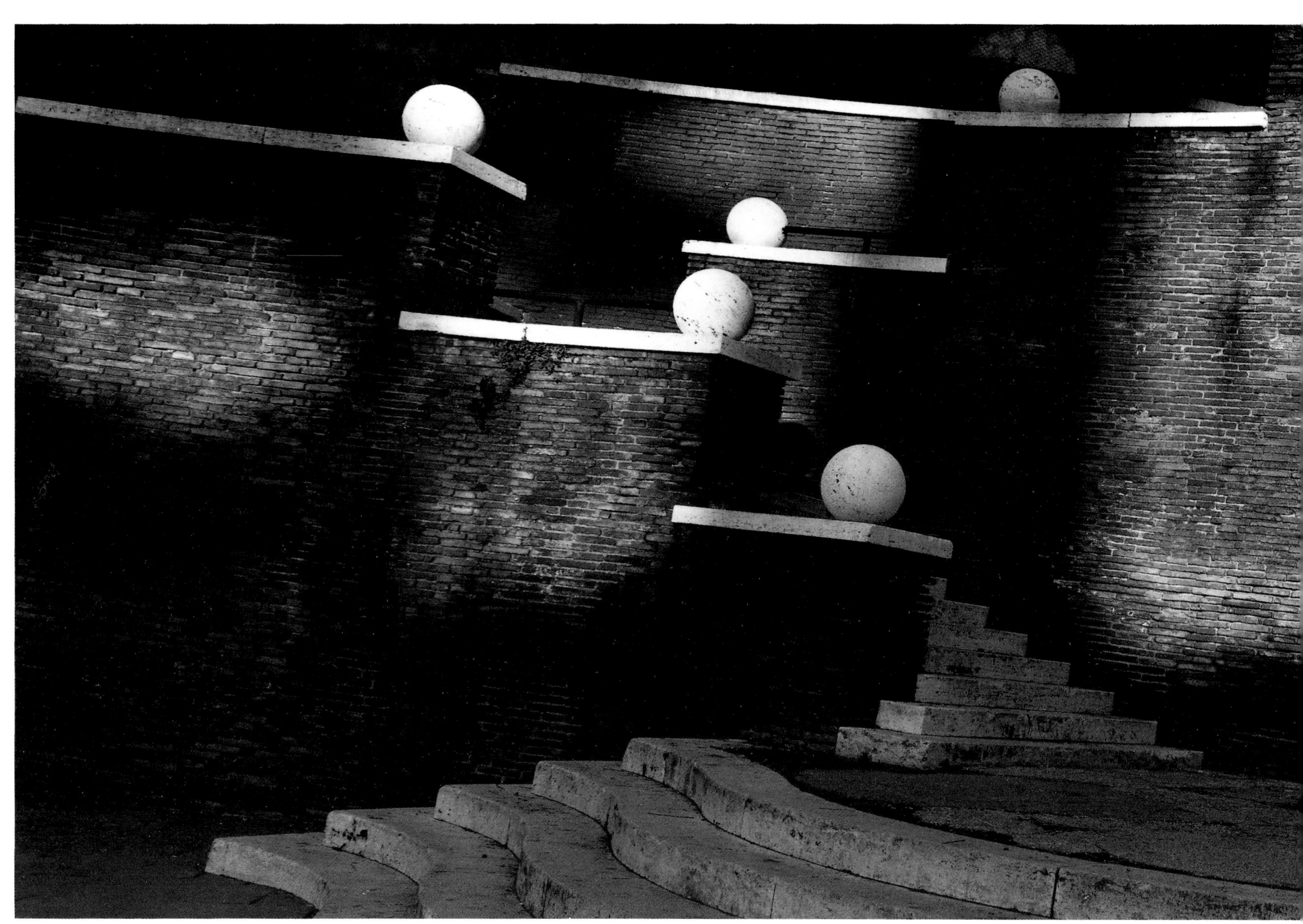

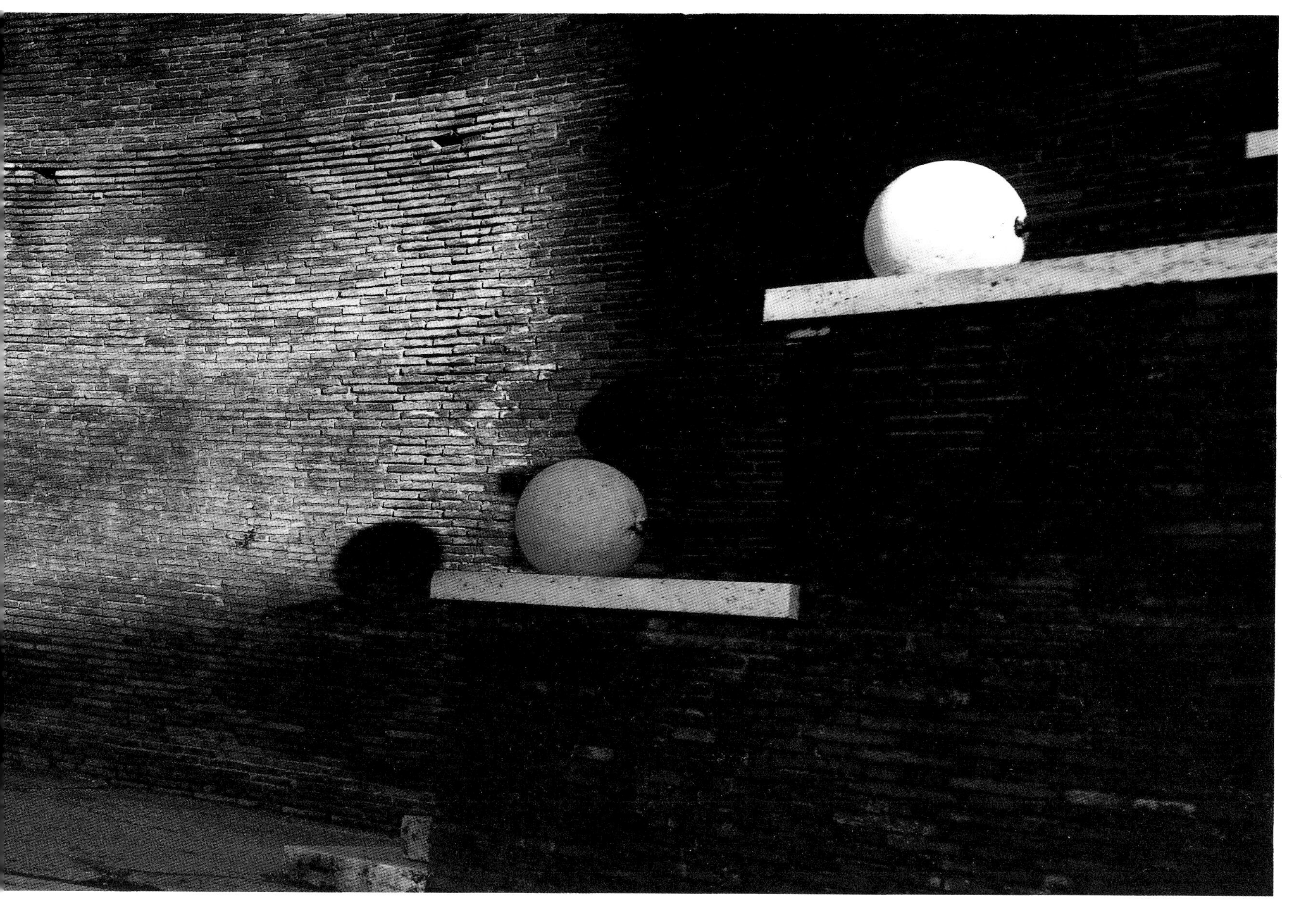

Via dei Fori Imperiali

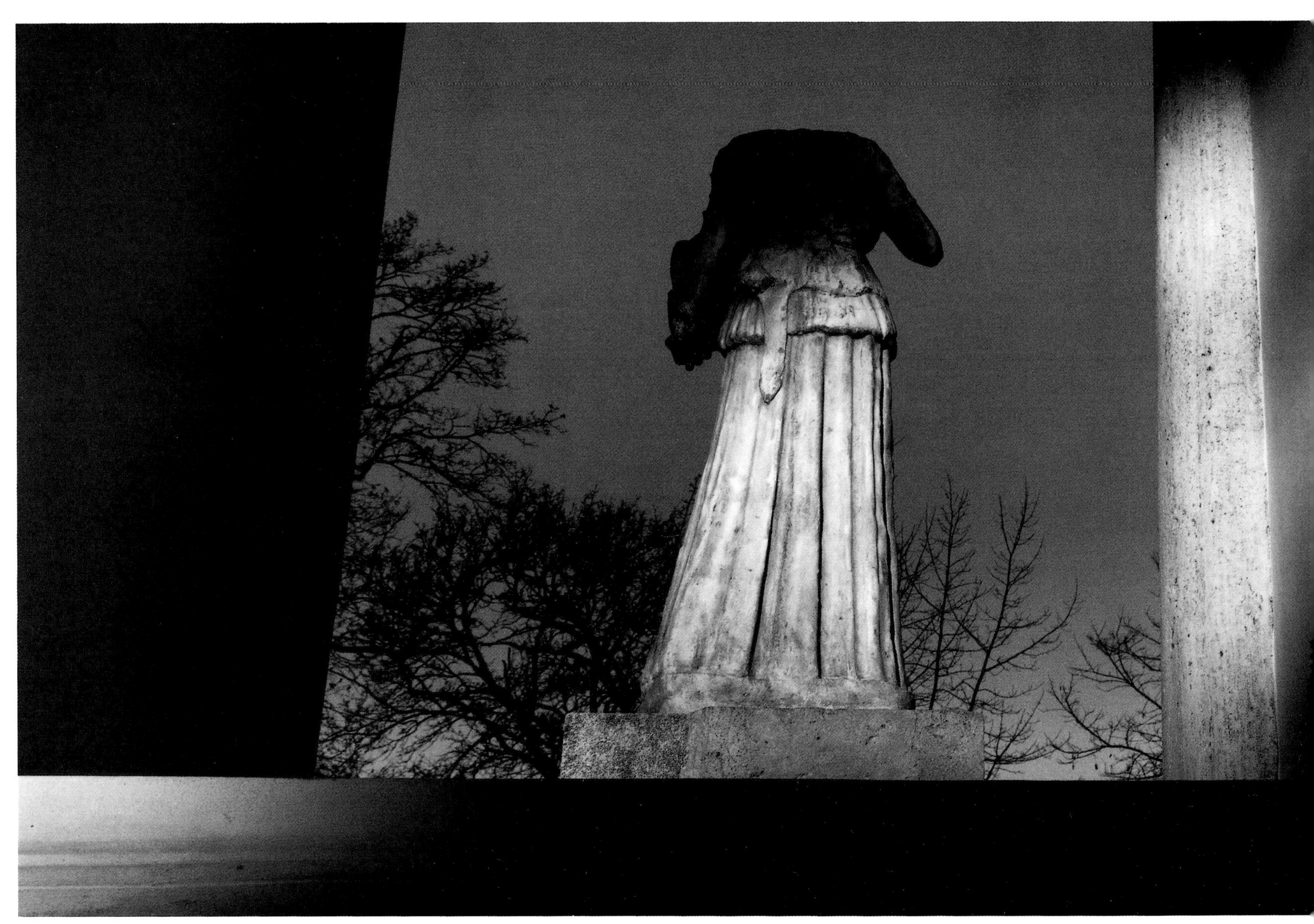

Viale del Museo Borghese

Paulo Nozolino

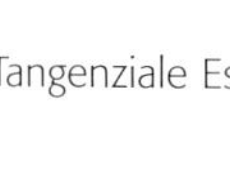

Tangenziale Est

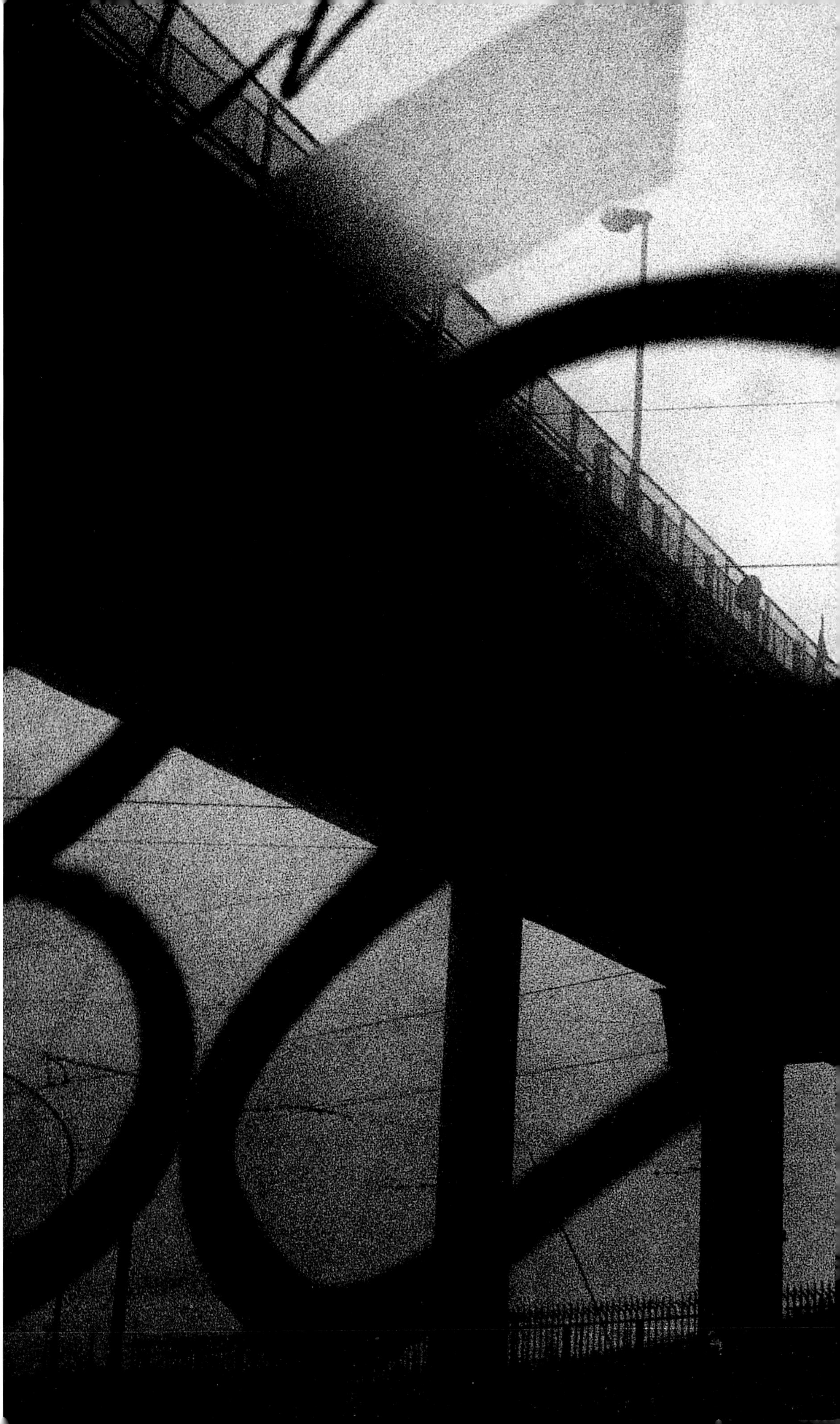

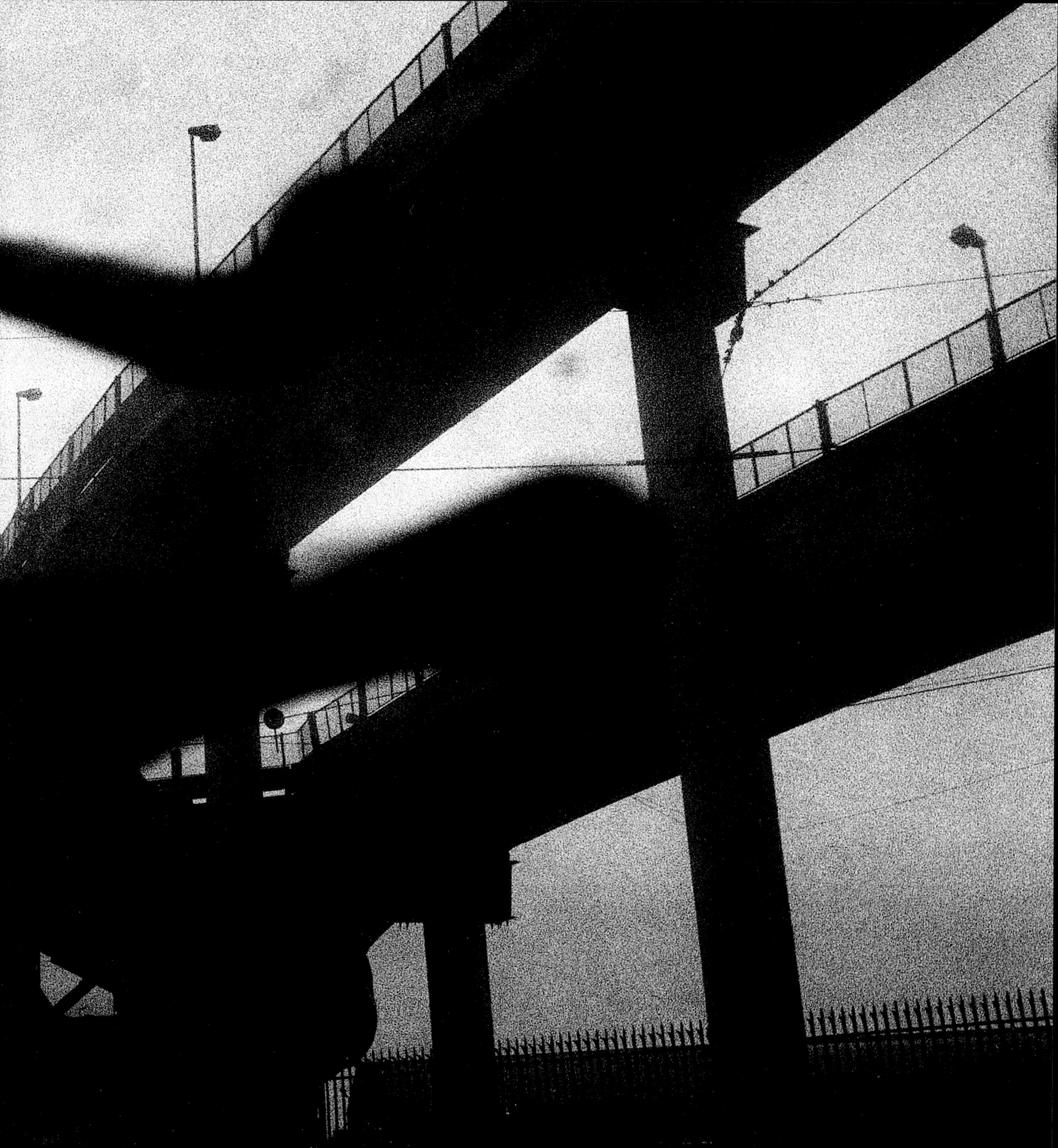

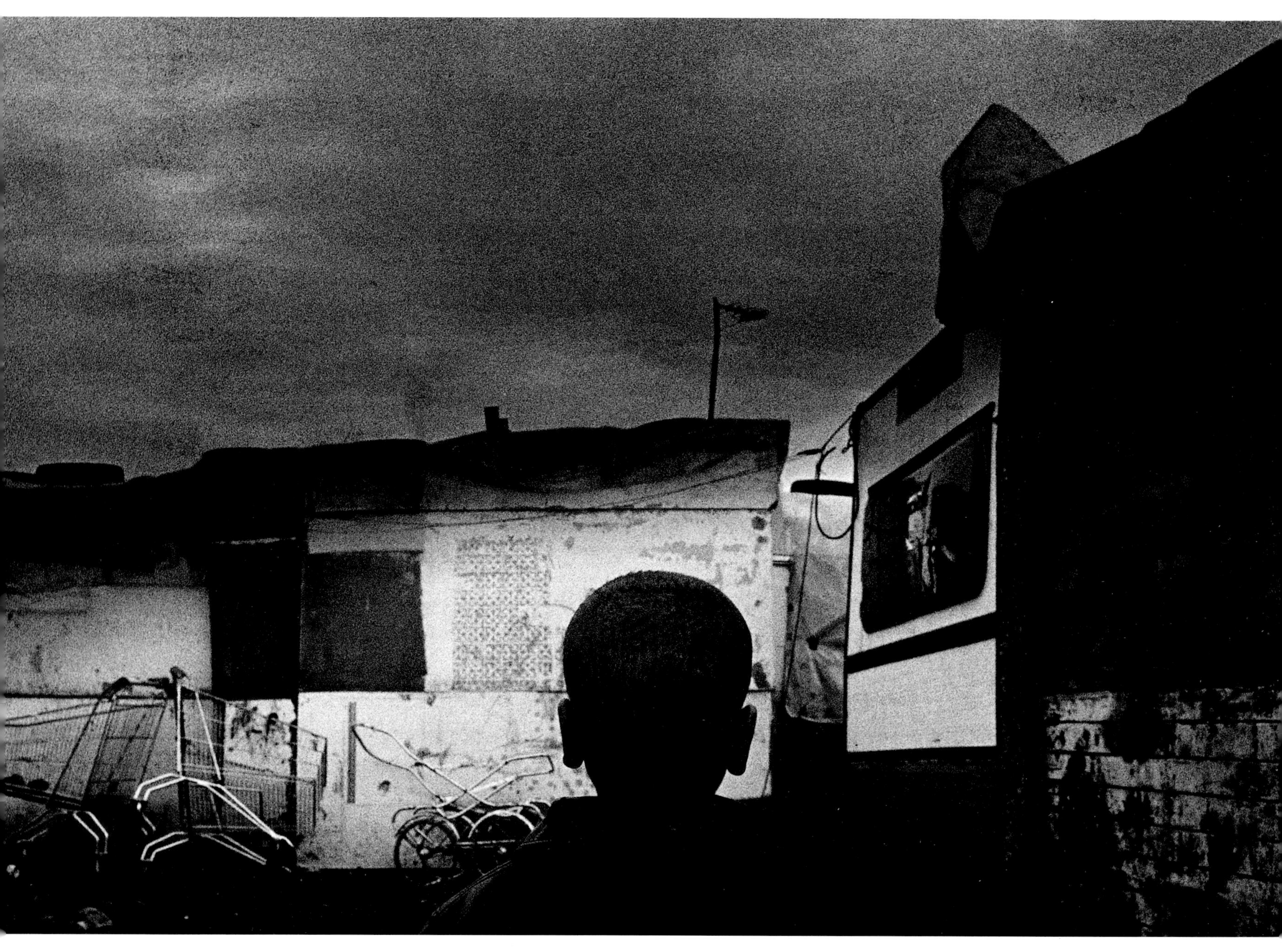

Centocelle

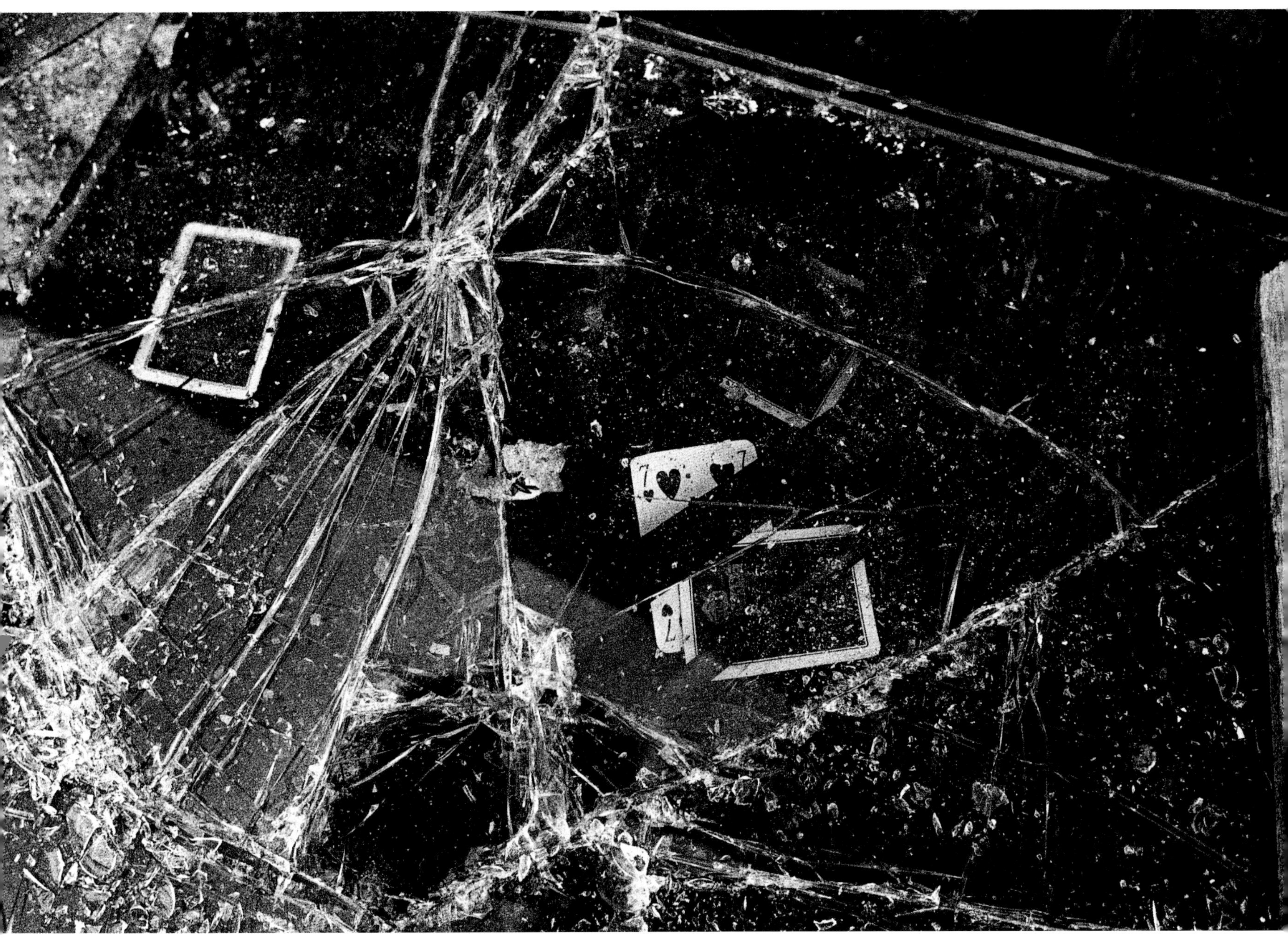

Centocelle

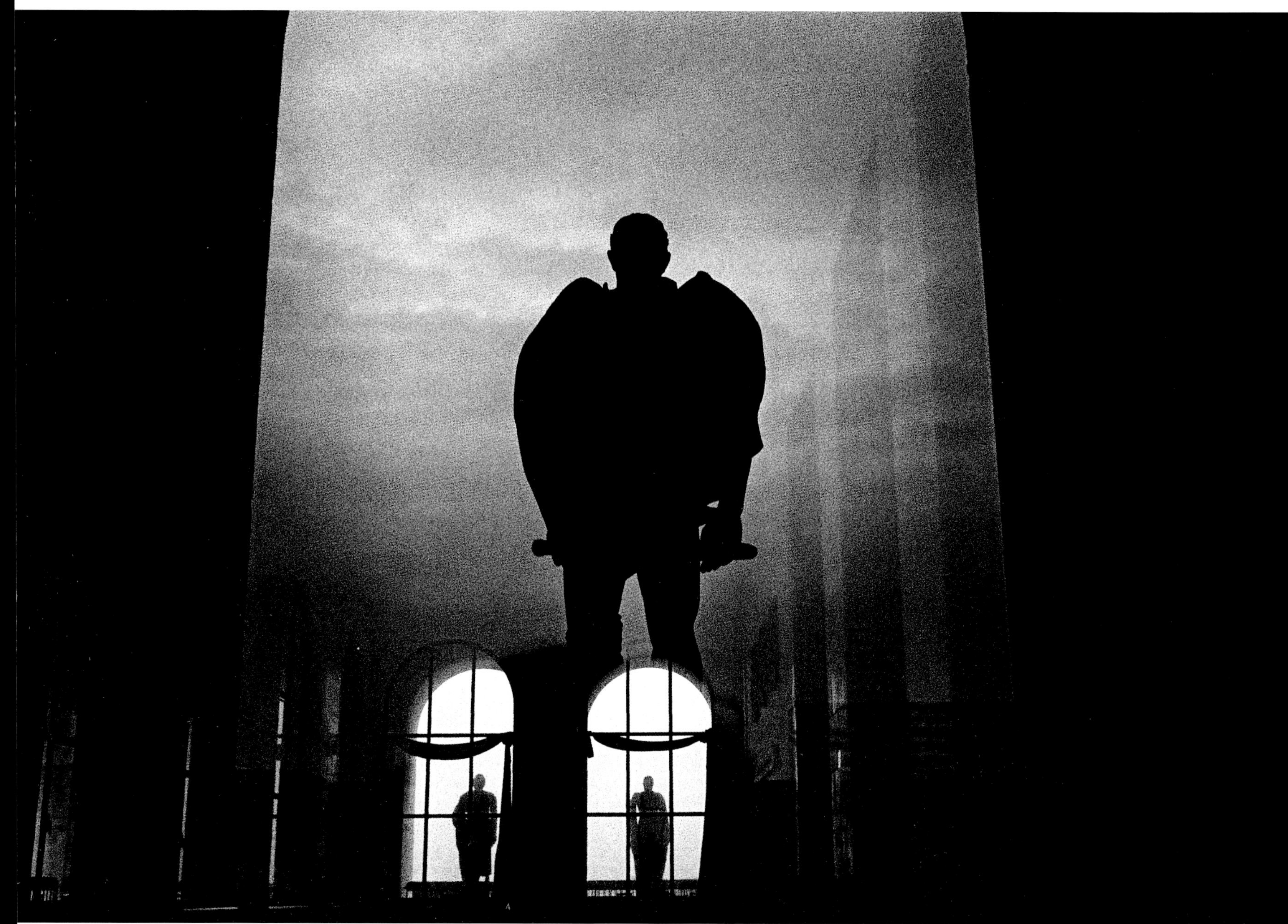

Palazzo della Civiltà del Lavoro

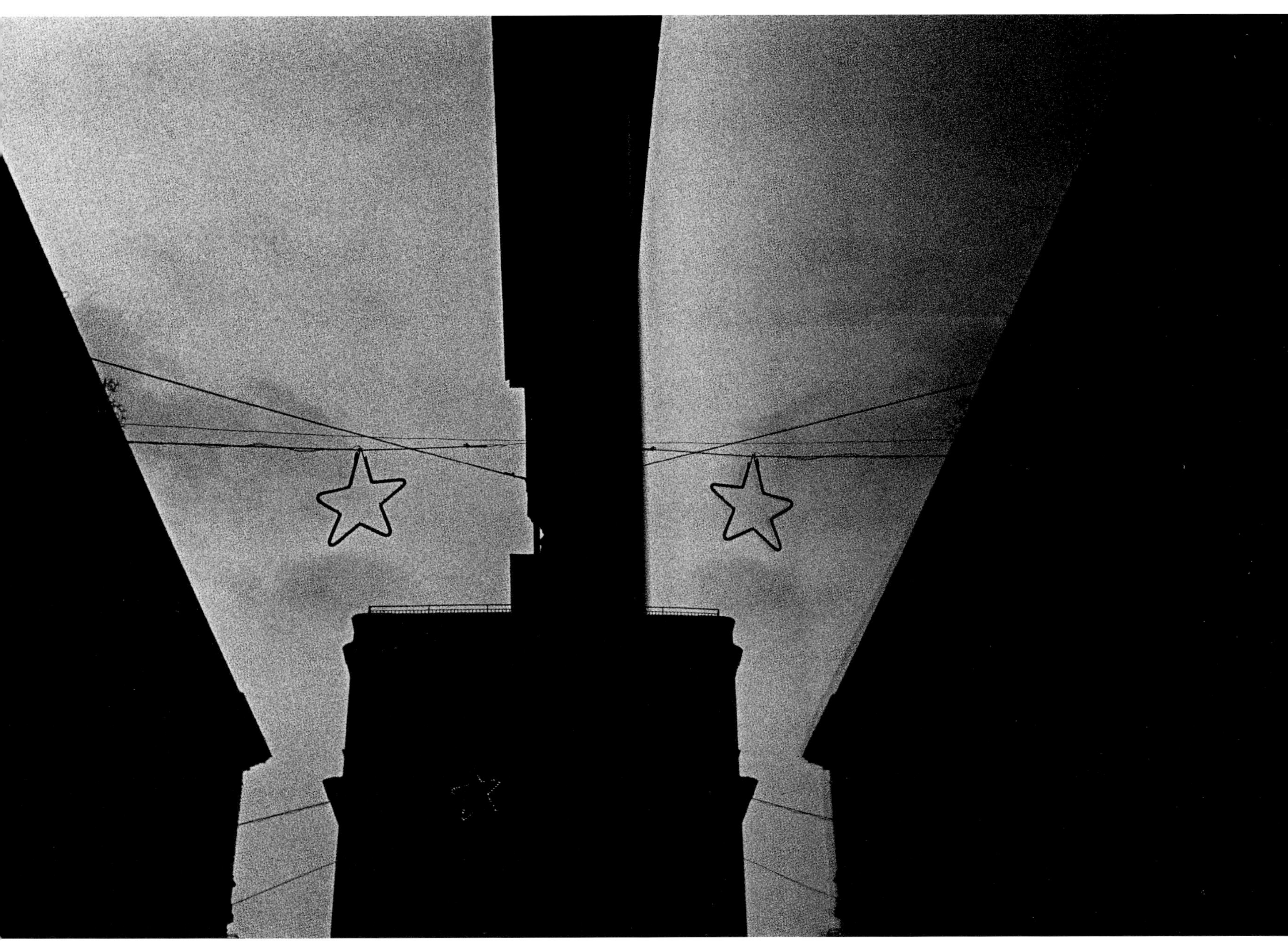

Via San Claudio

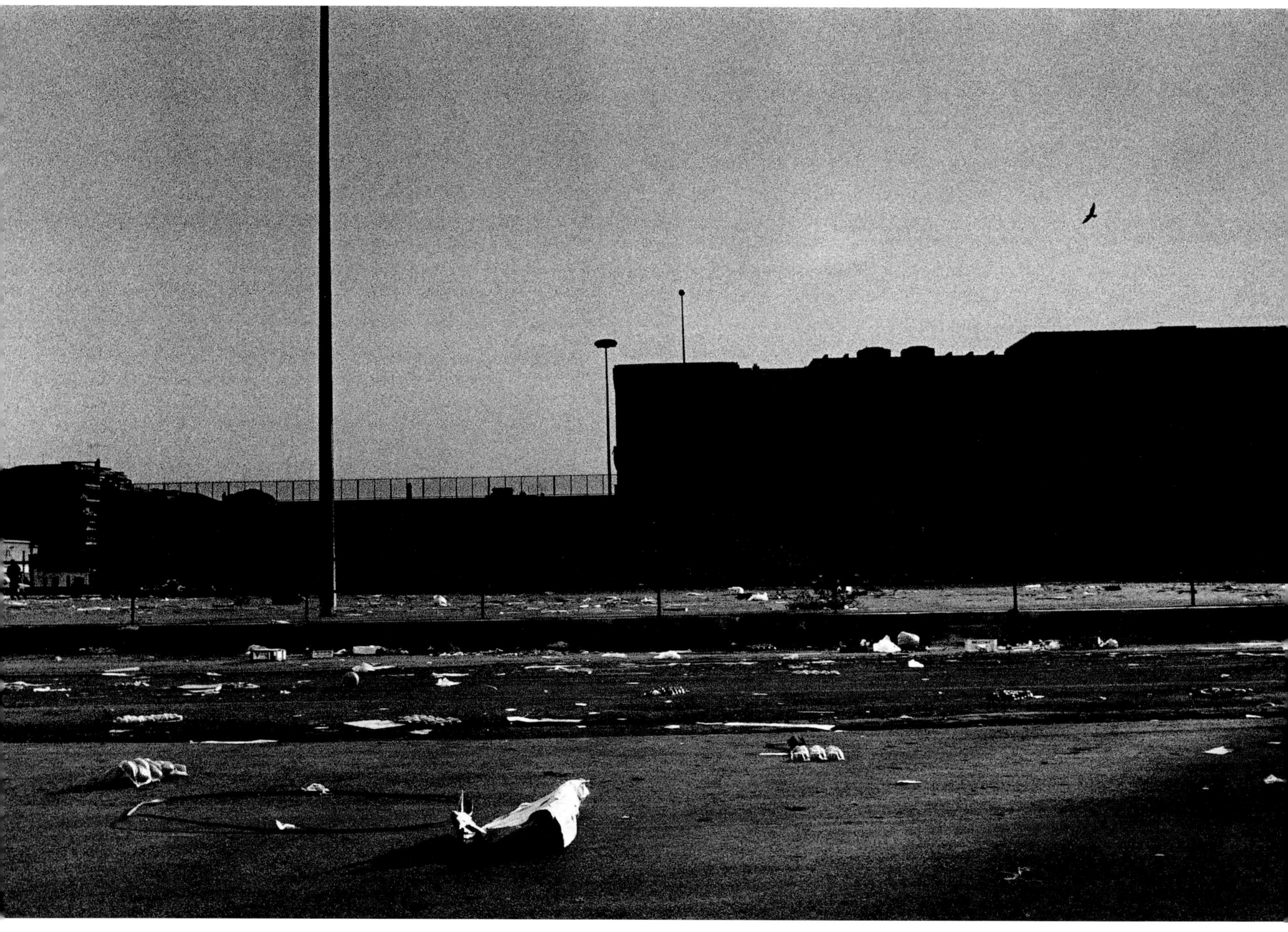

Centocelle

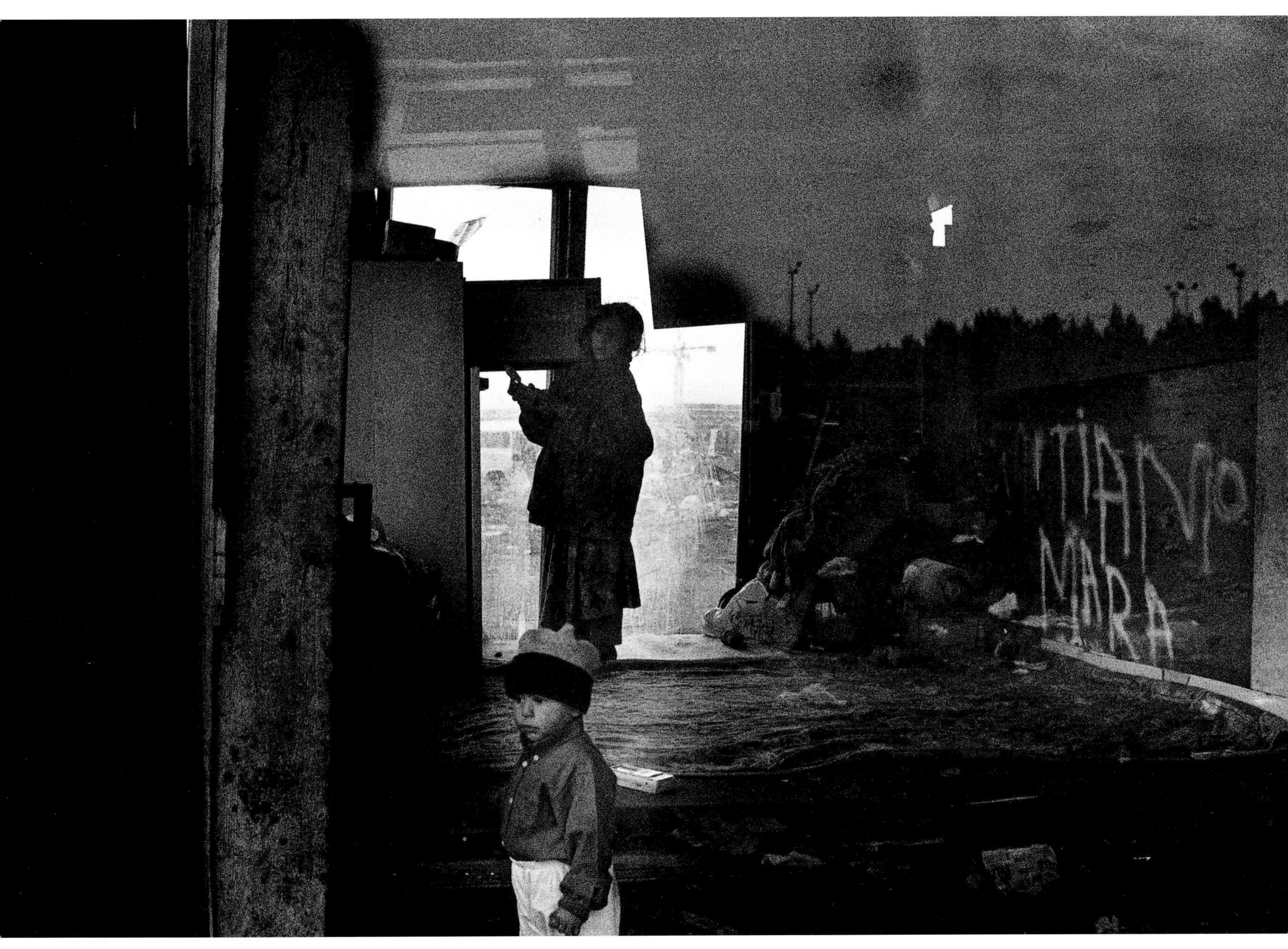

Centocelle

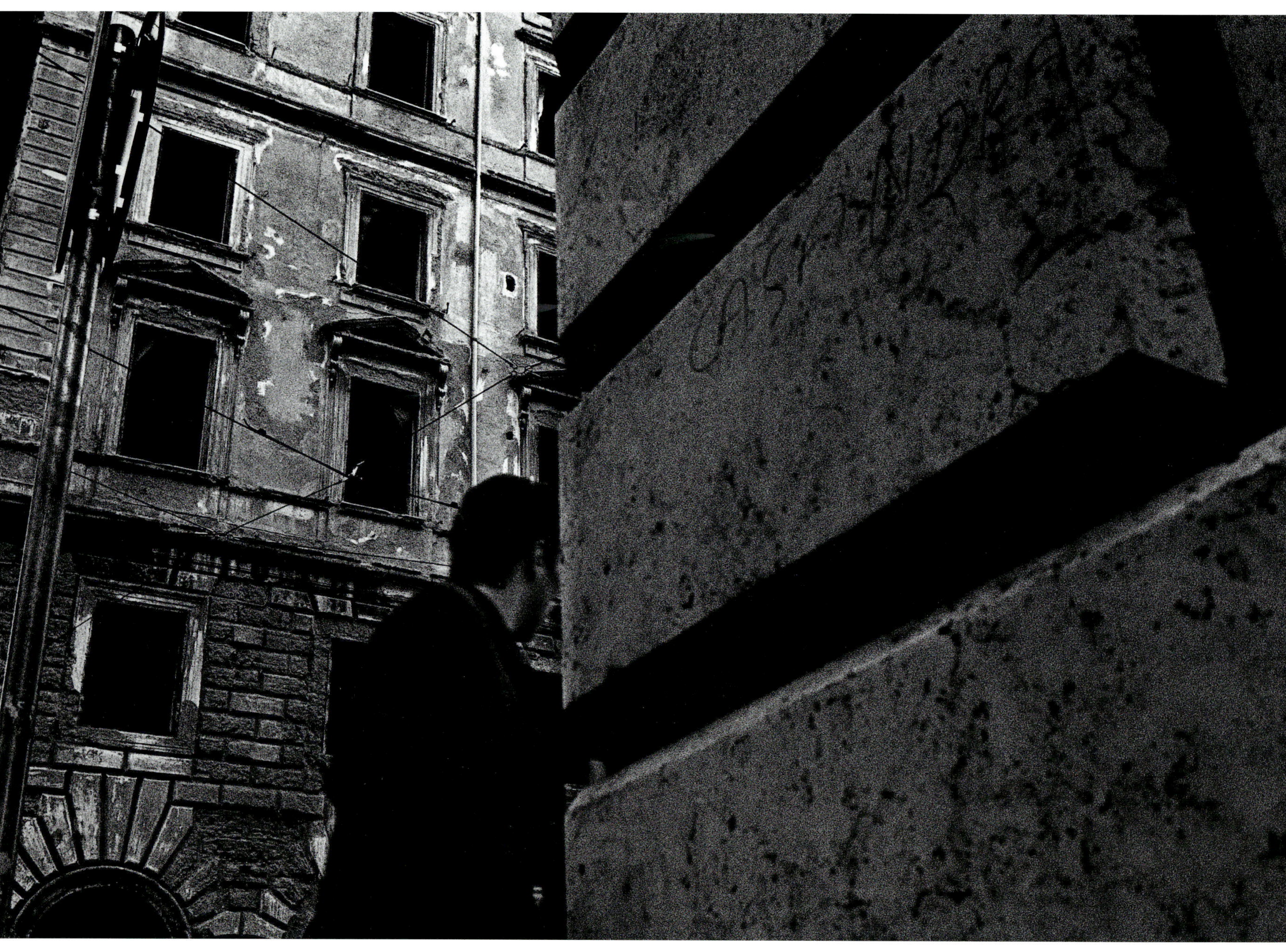

Via Principe Amedeo

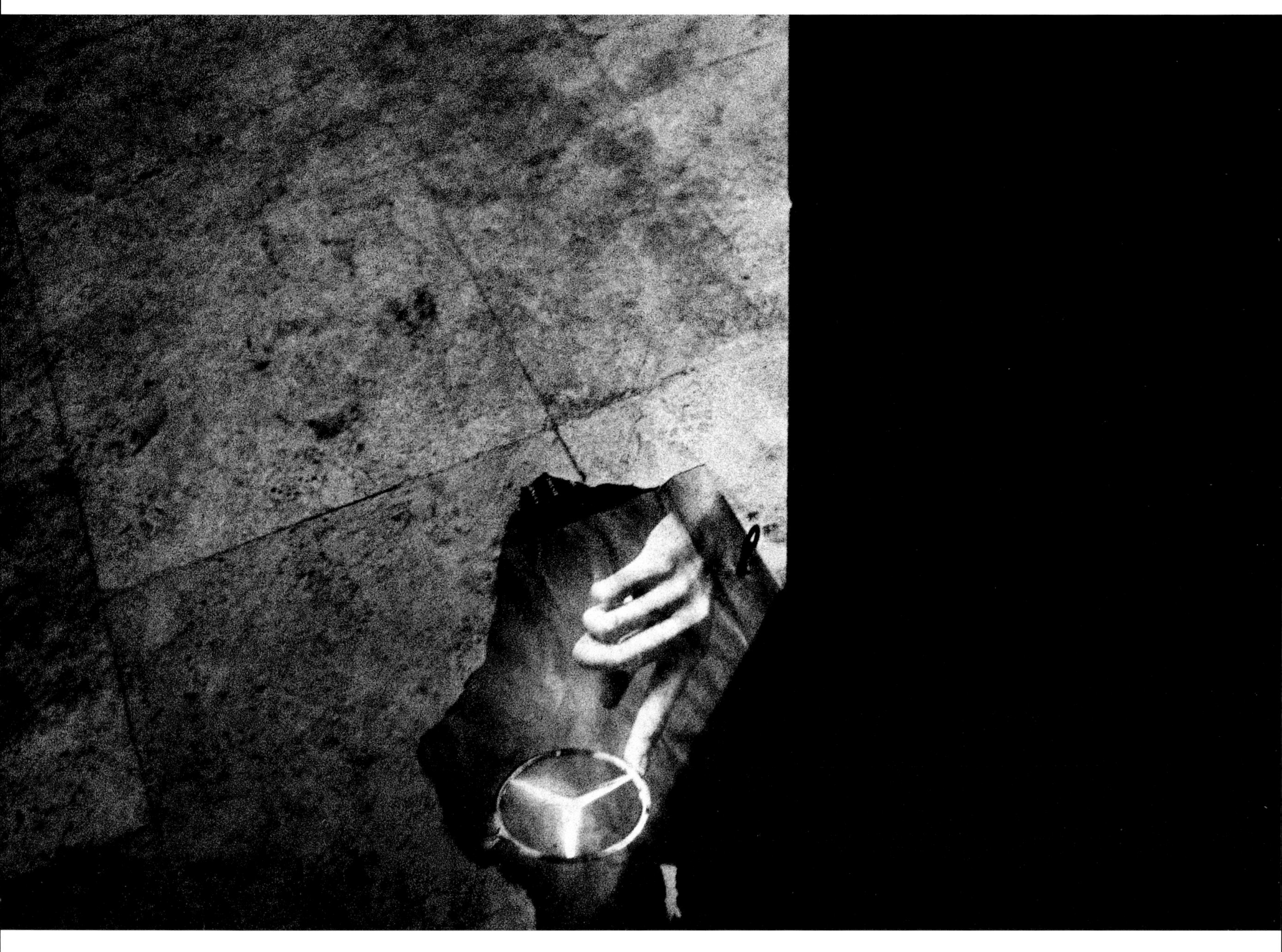

Piazza Augusto Imperatore

Cristina Garcia Rodero

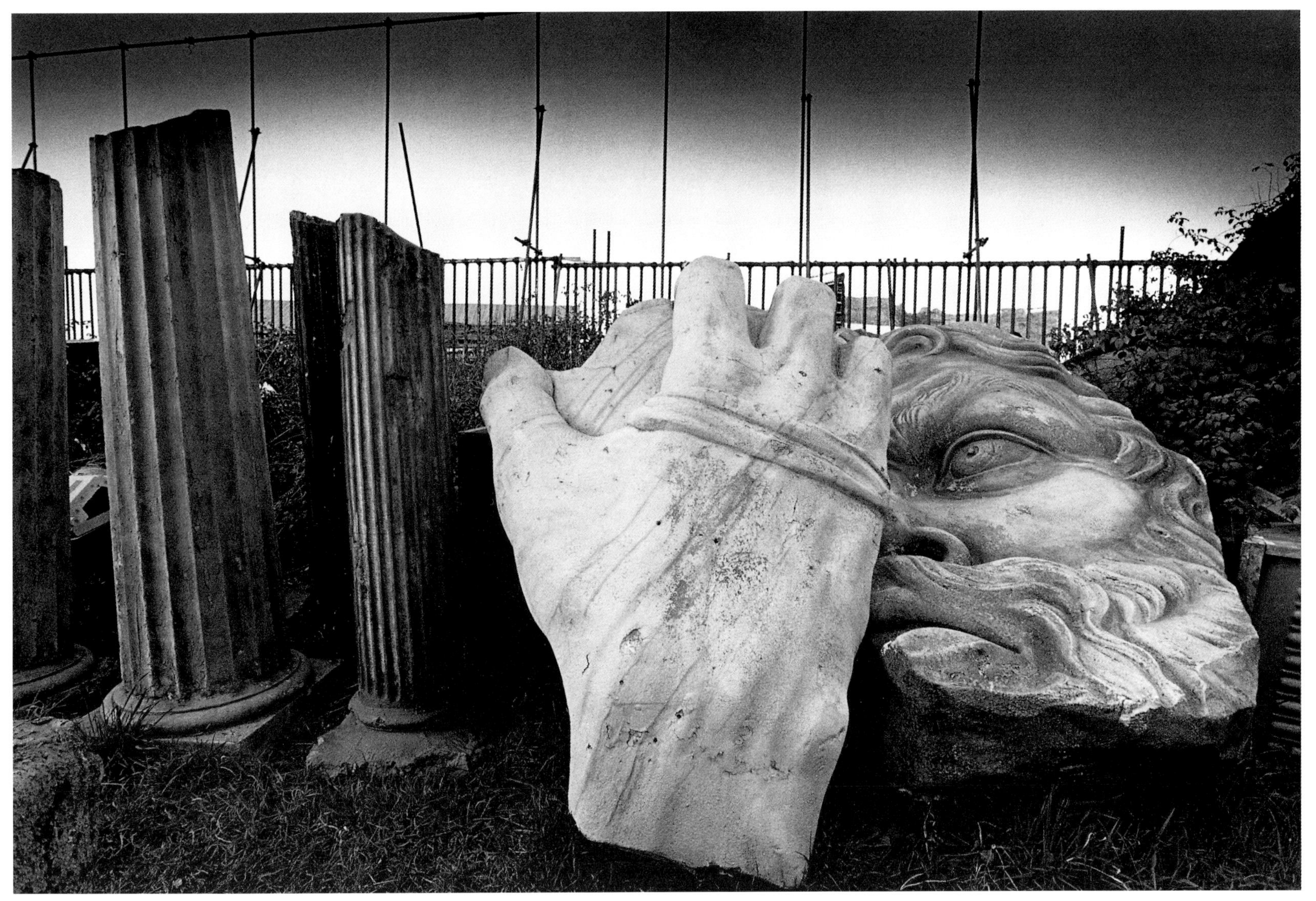

Cinecittà

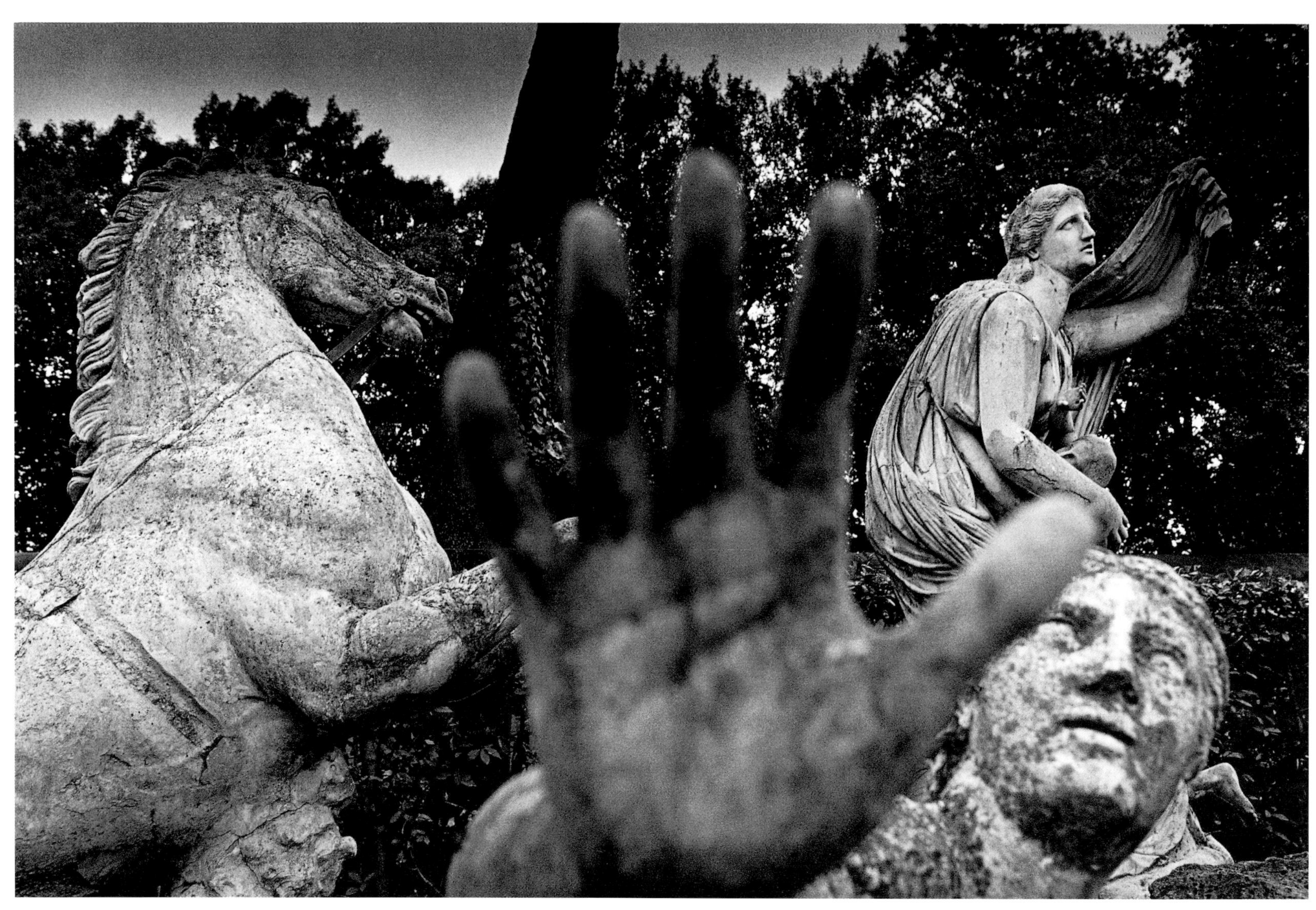

Villa Medici

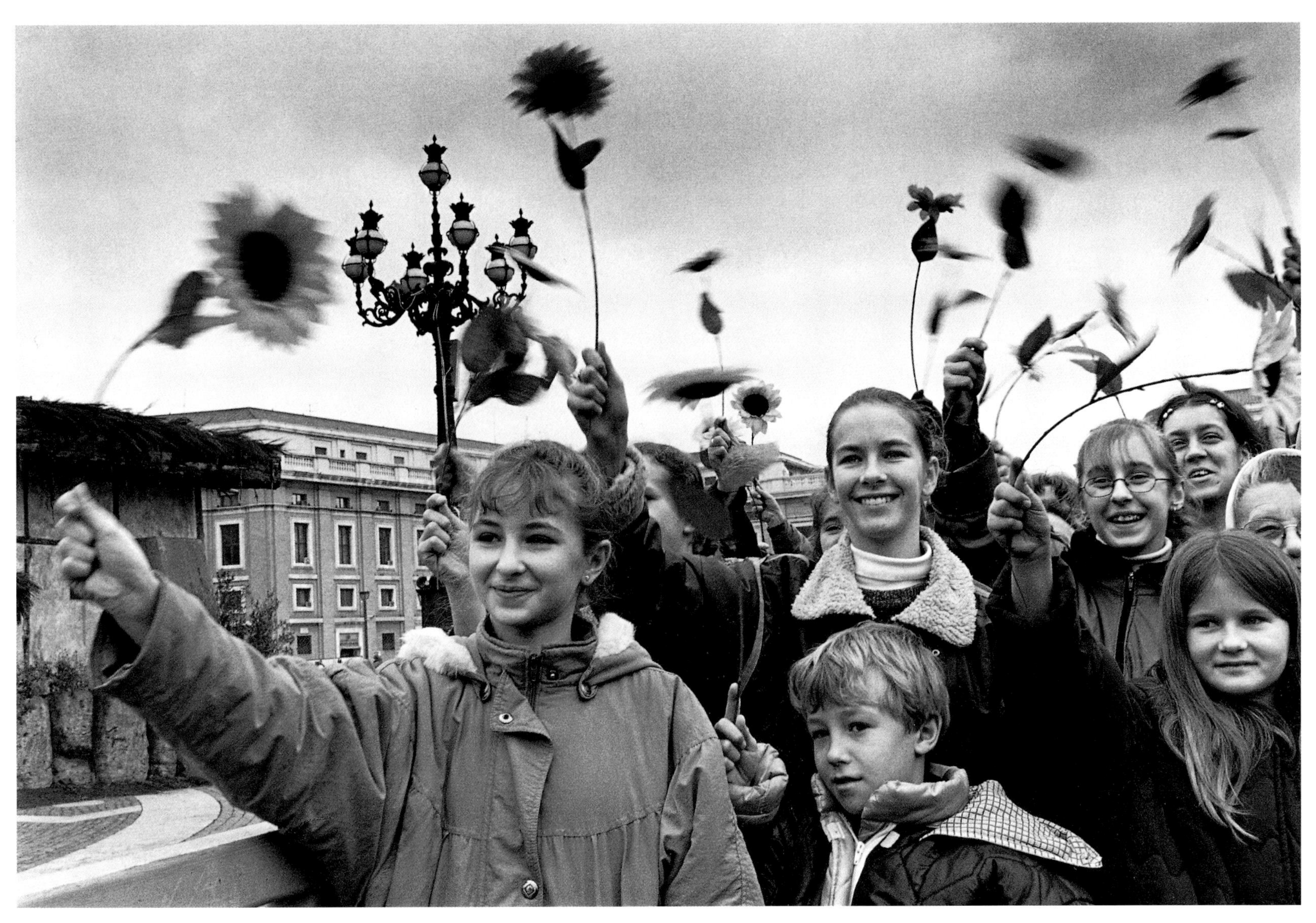

Piazza San Pietro

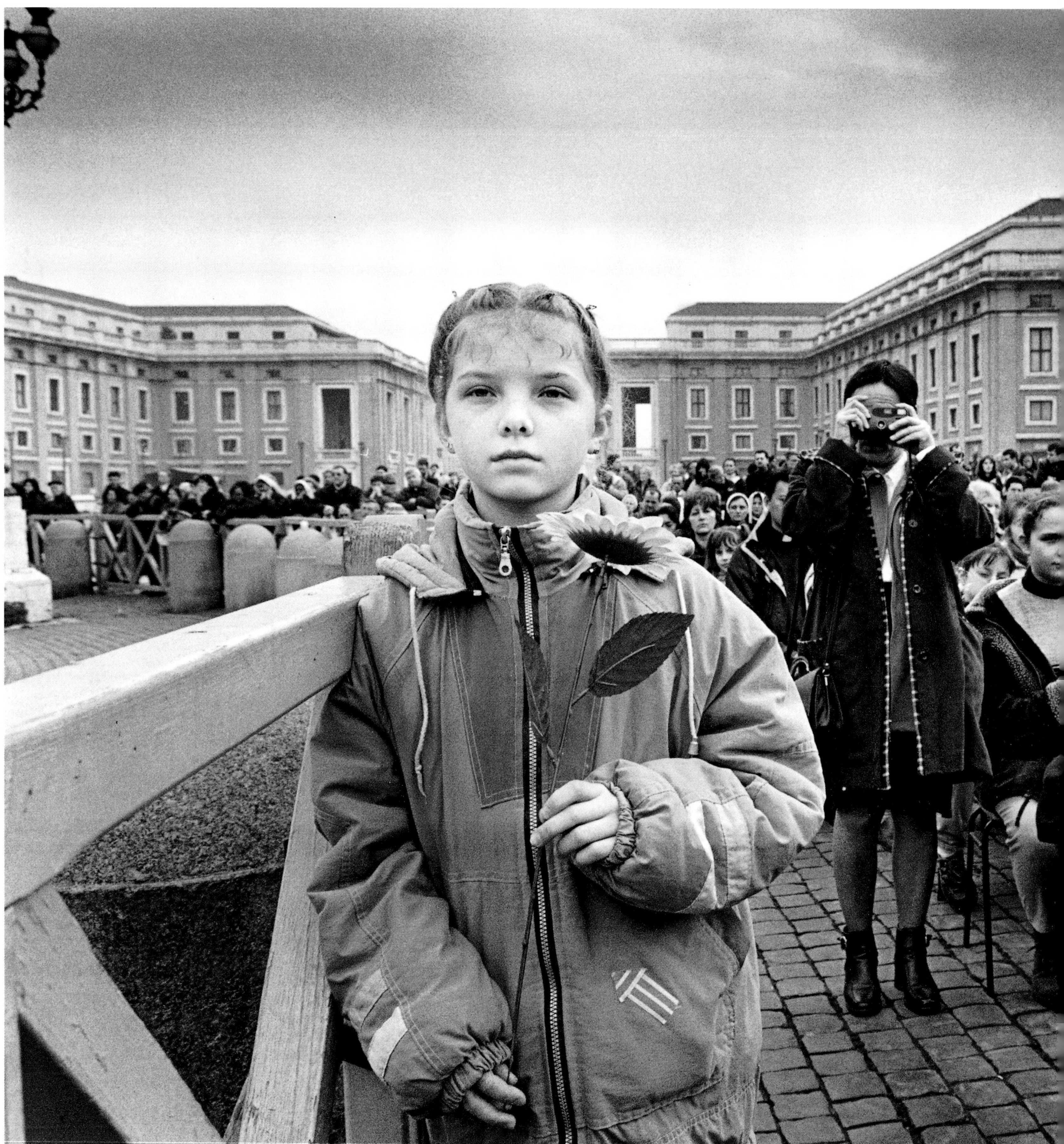

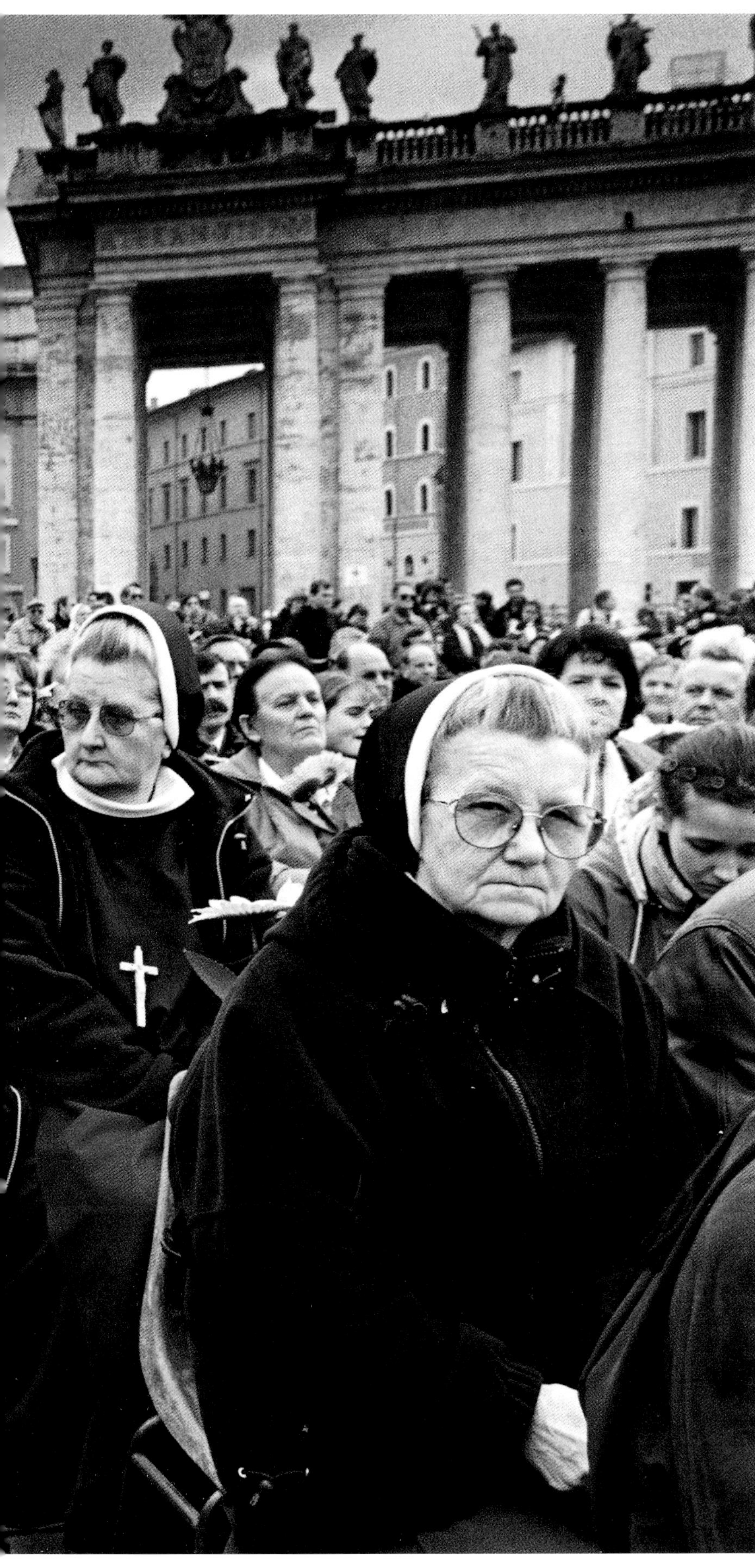

Piazza San Pietro

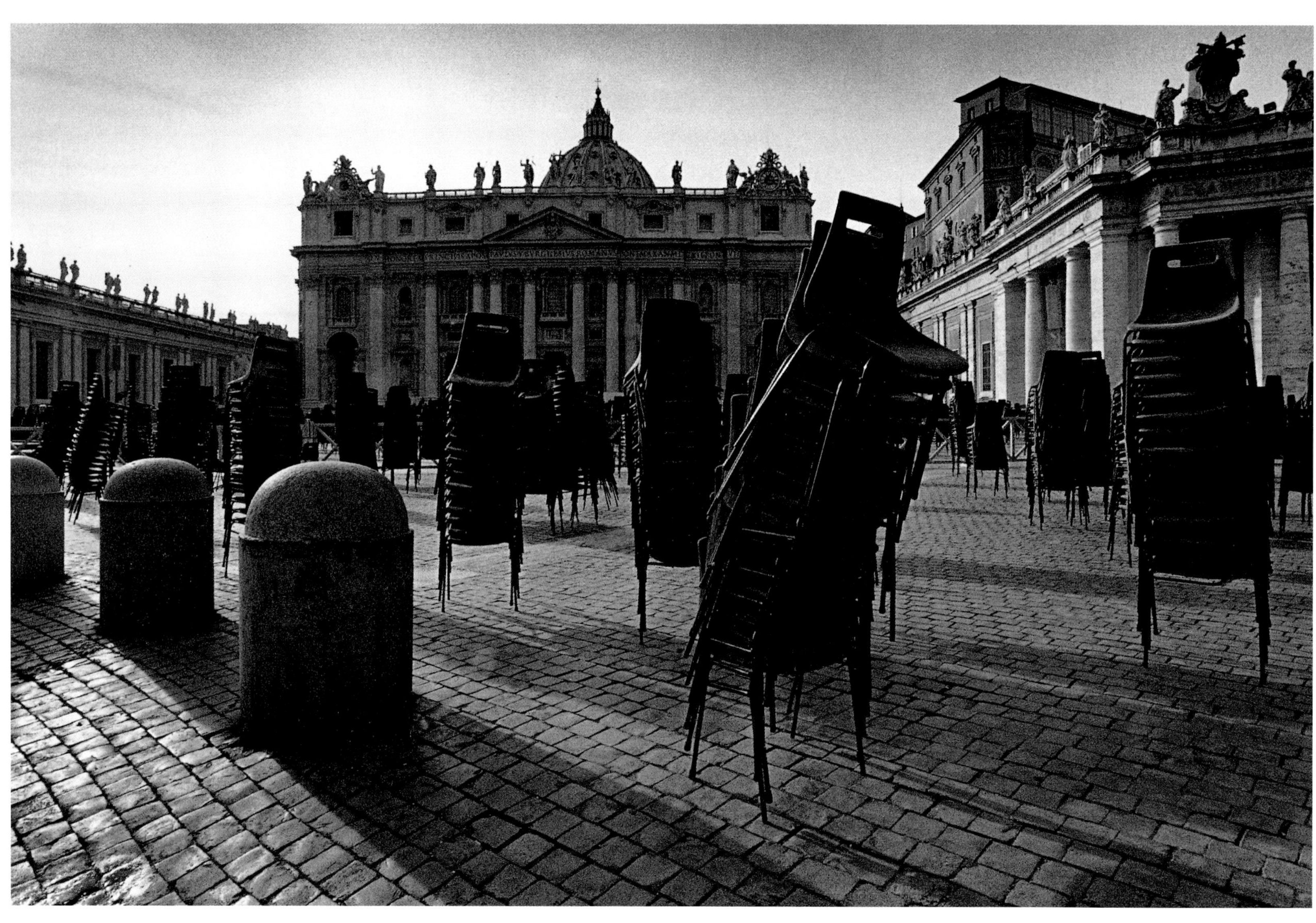

Piazza San Pietro

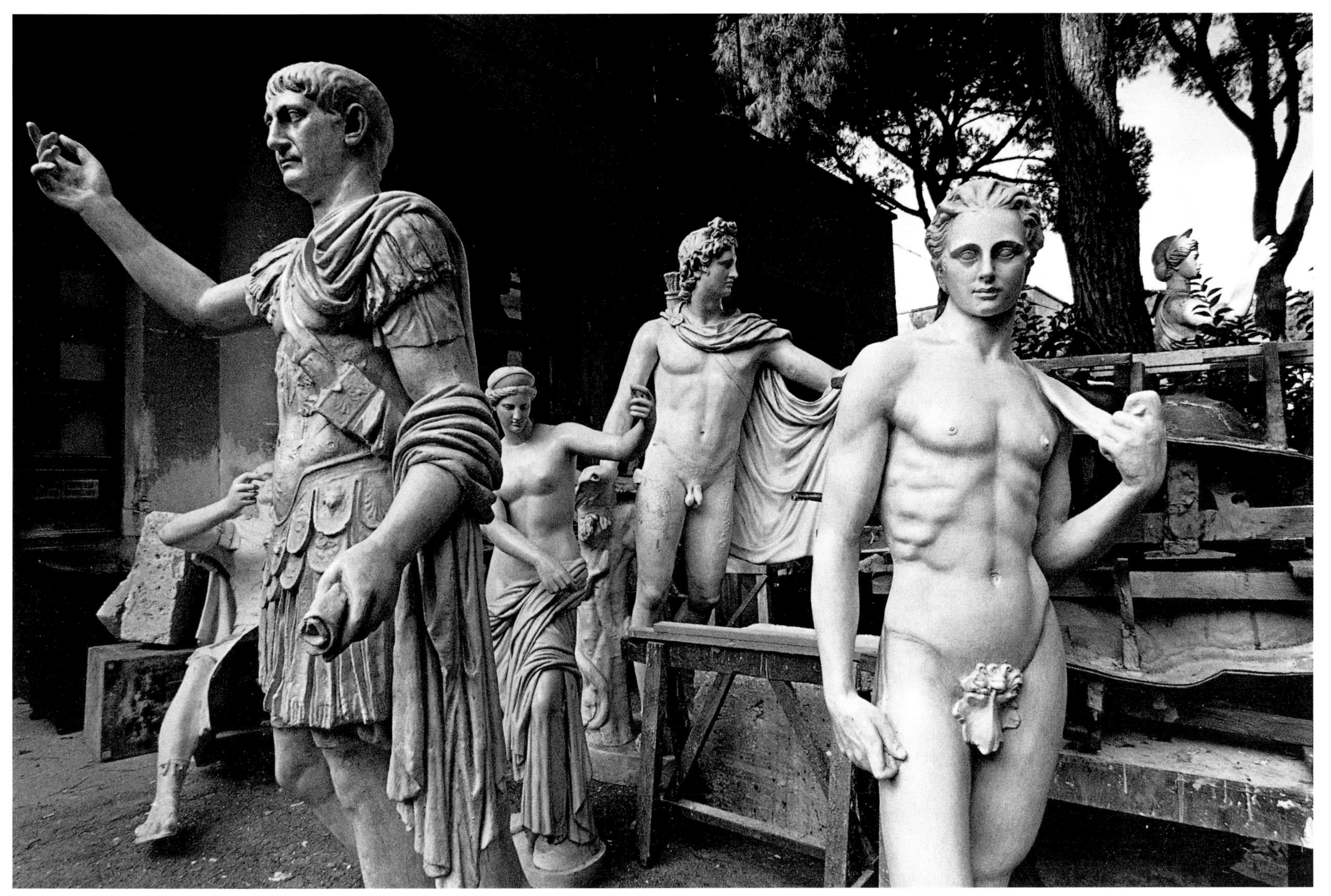

Cinecittà

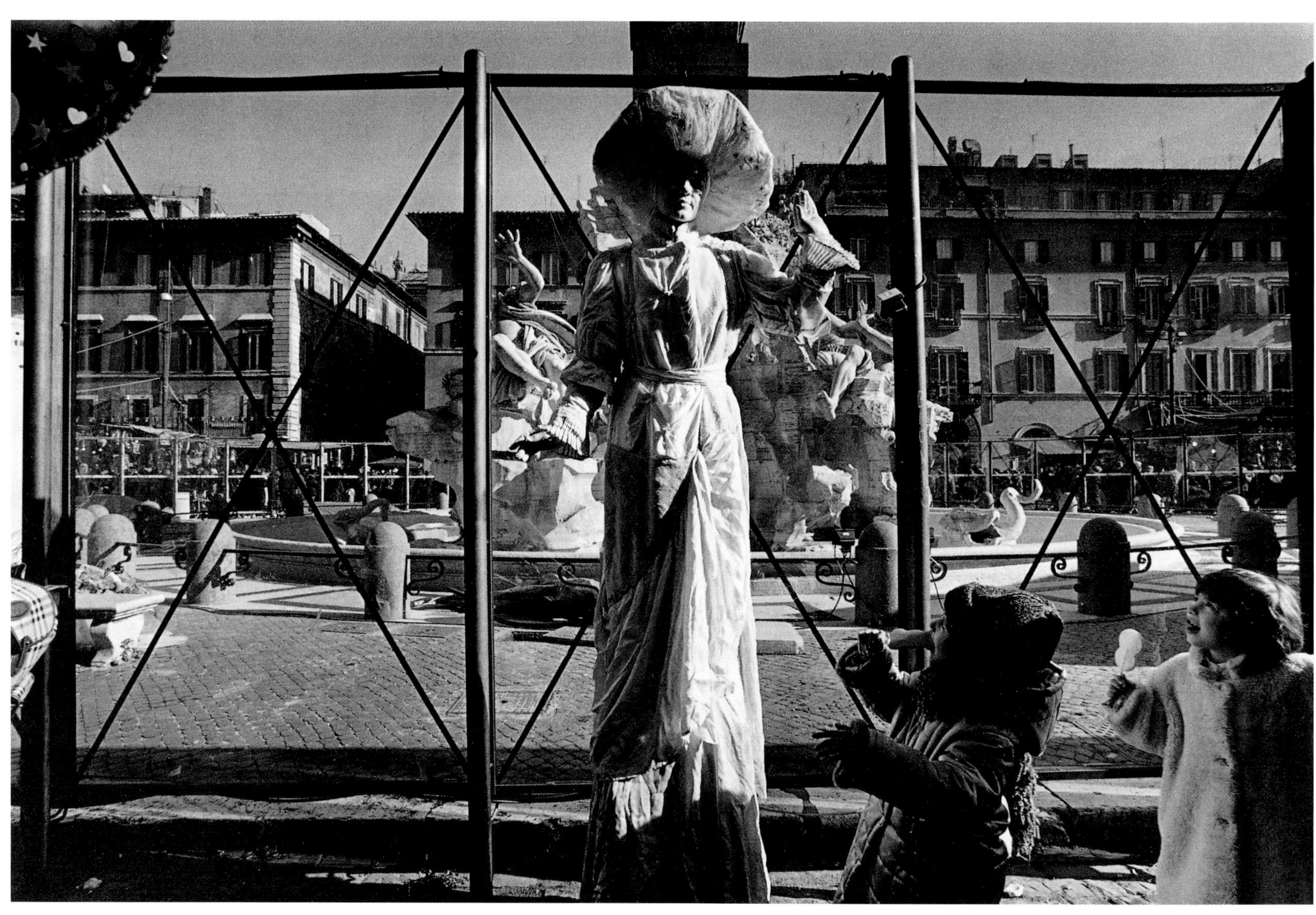

Piazza Navona

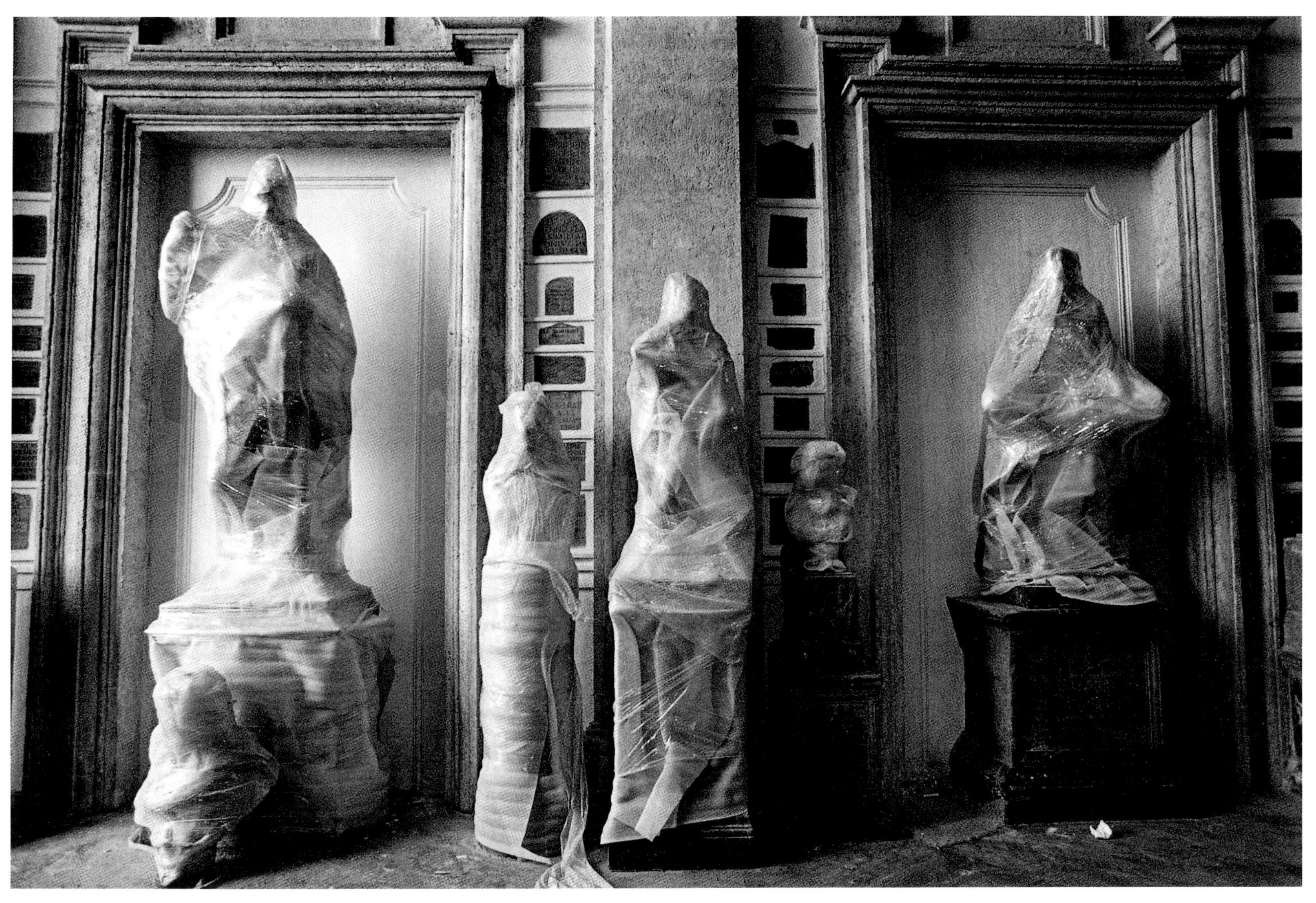

Palazzo dei Conservatori

Ferdinando Scianna

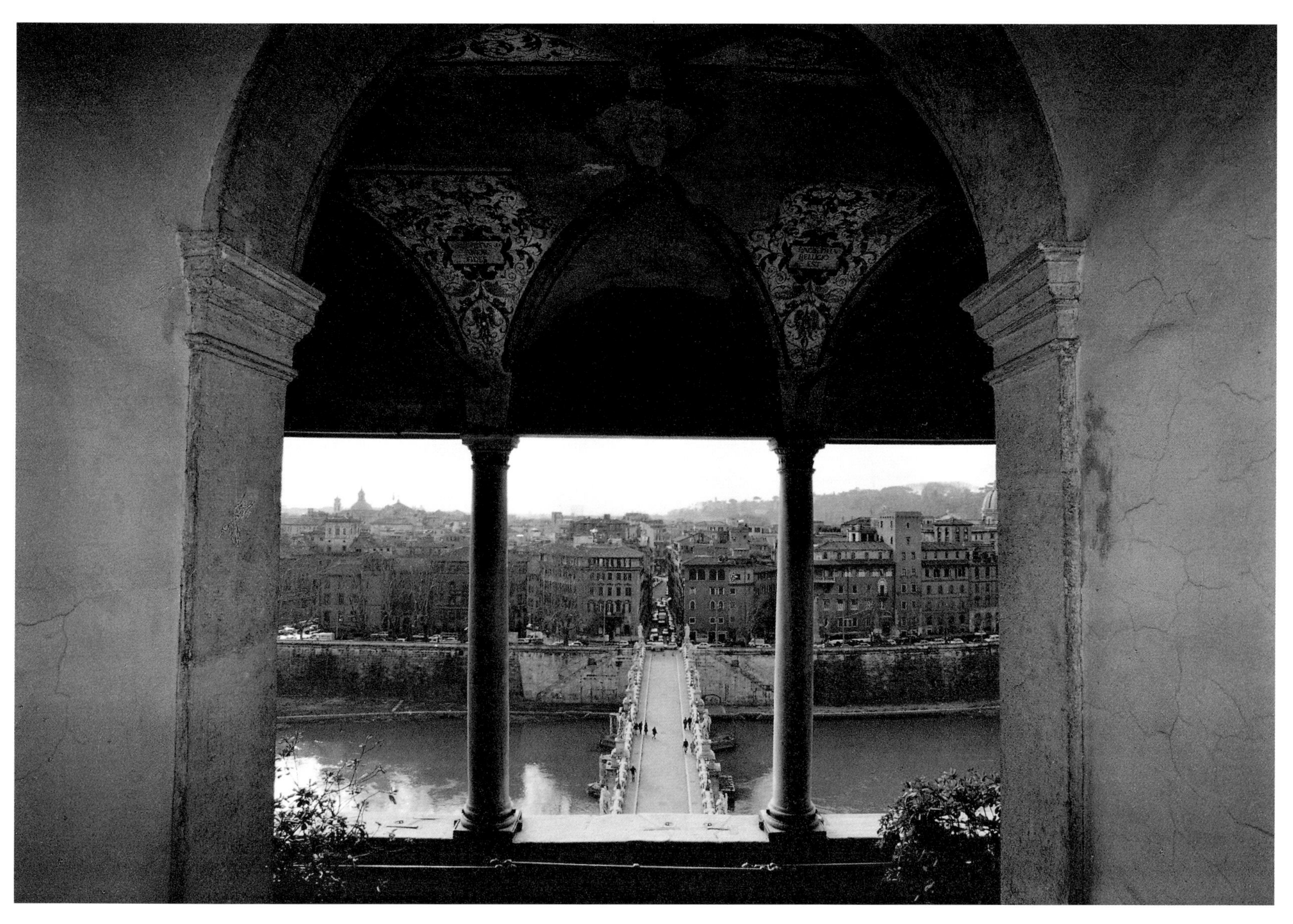

Castel Sant'Angelo

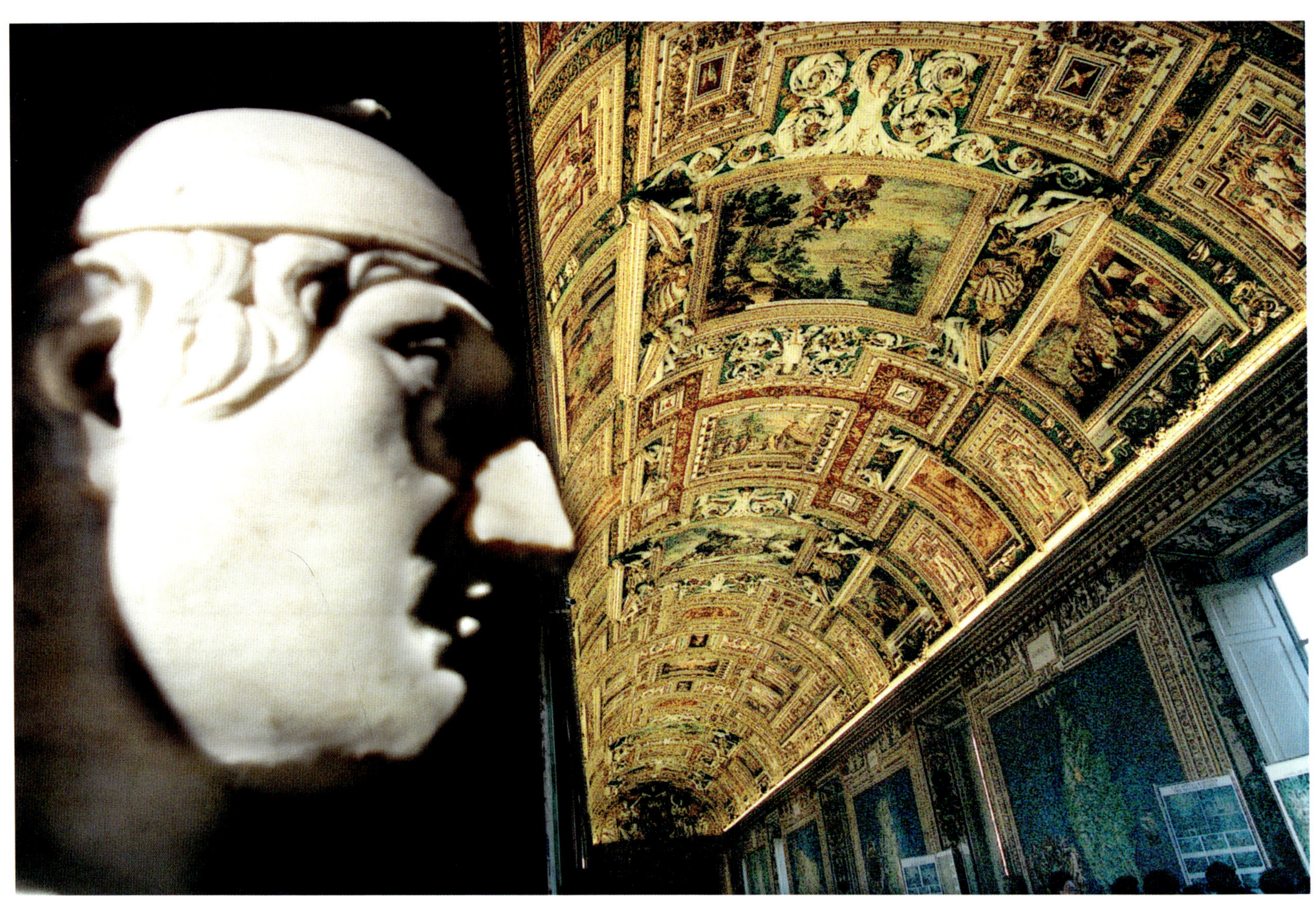

Musei Vaticani

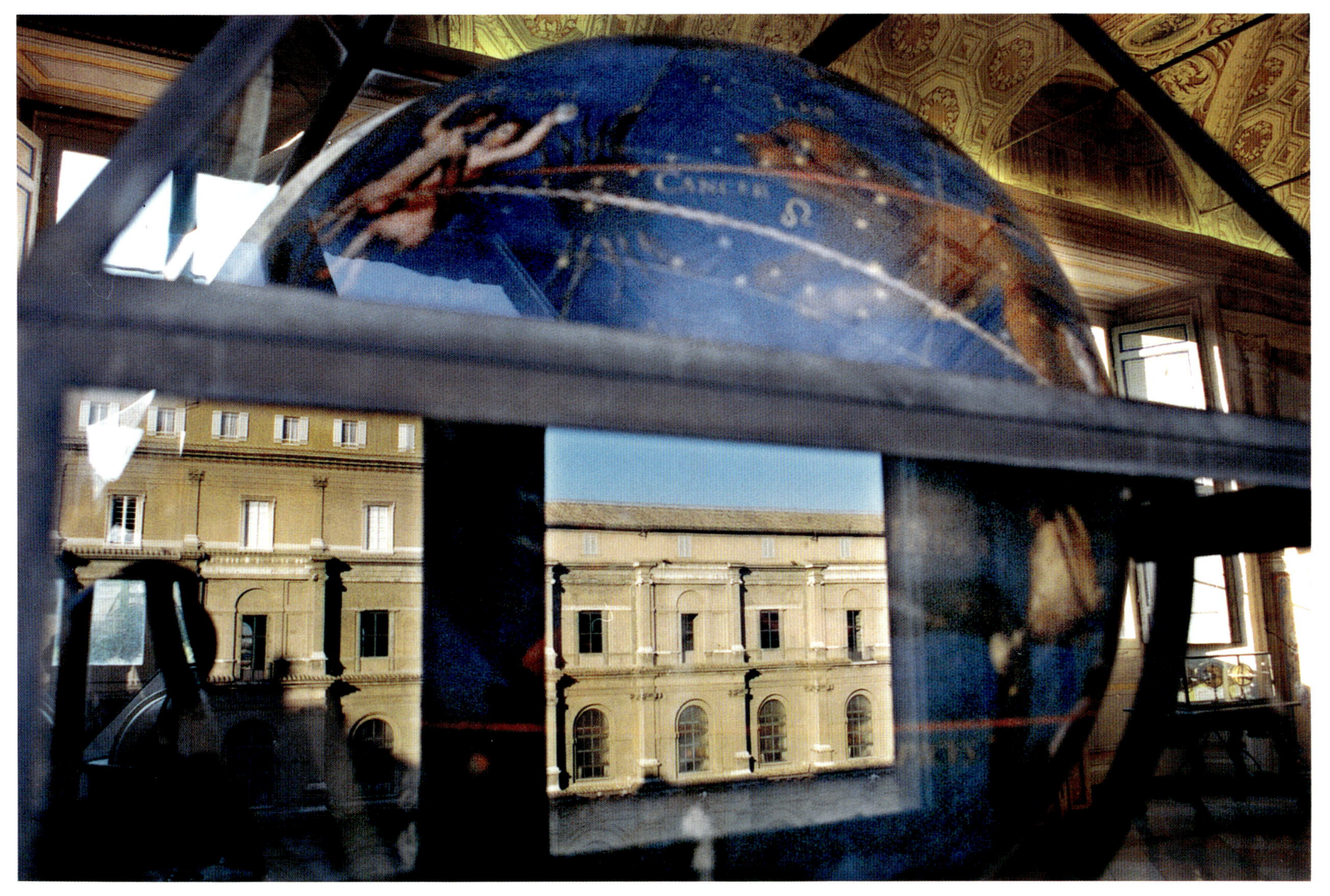

Musei Vaticani

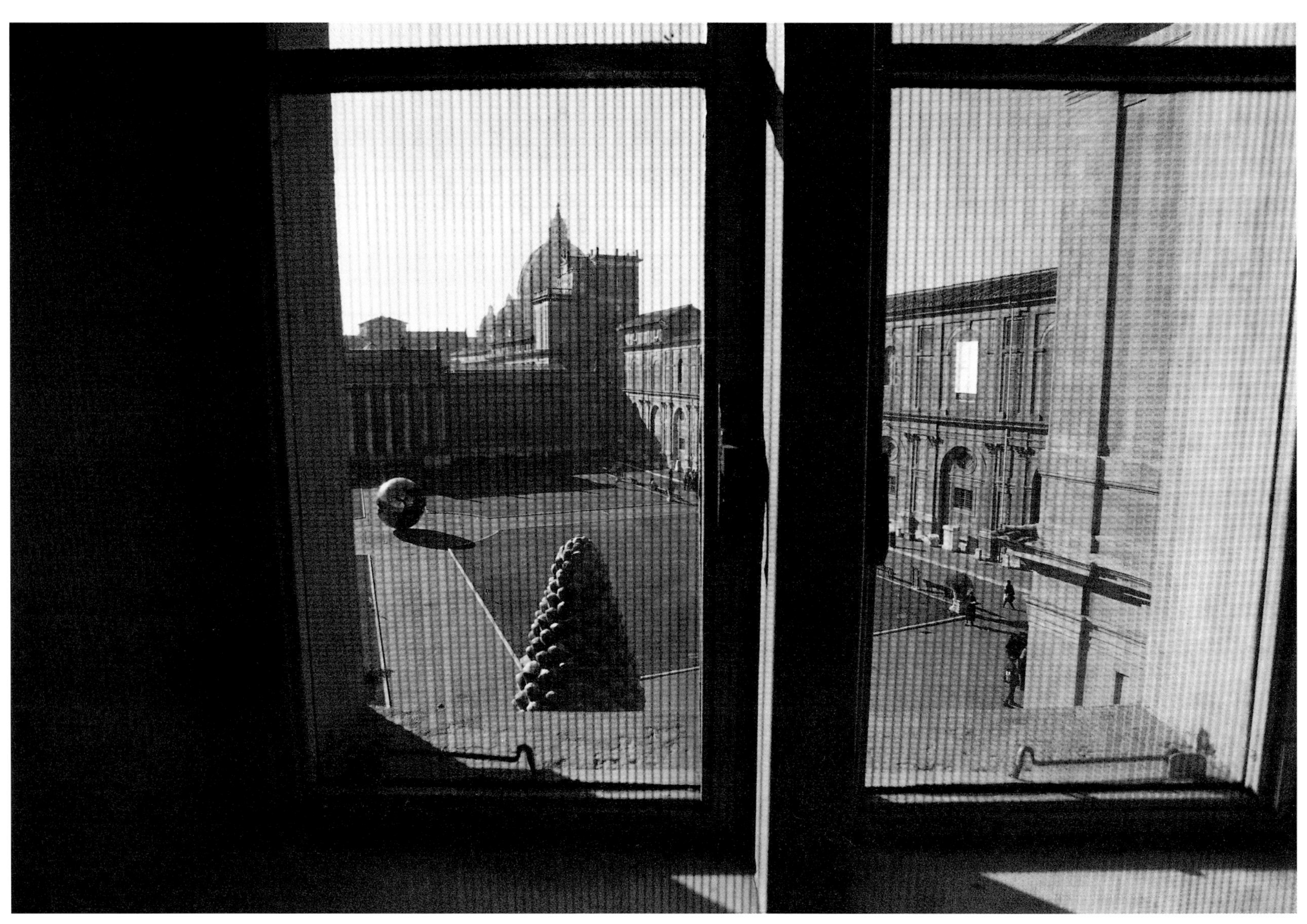

Musei Vaticani

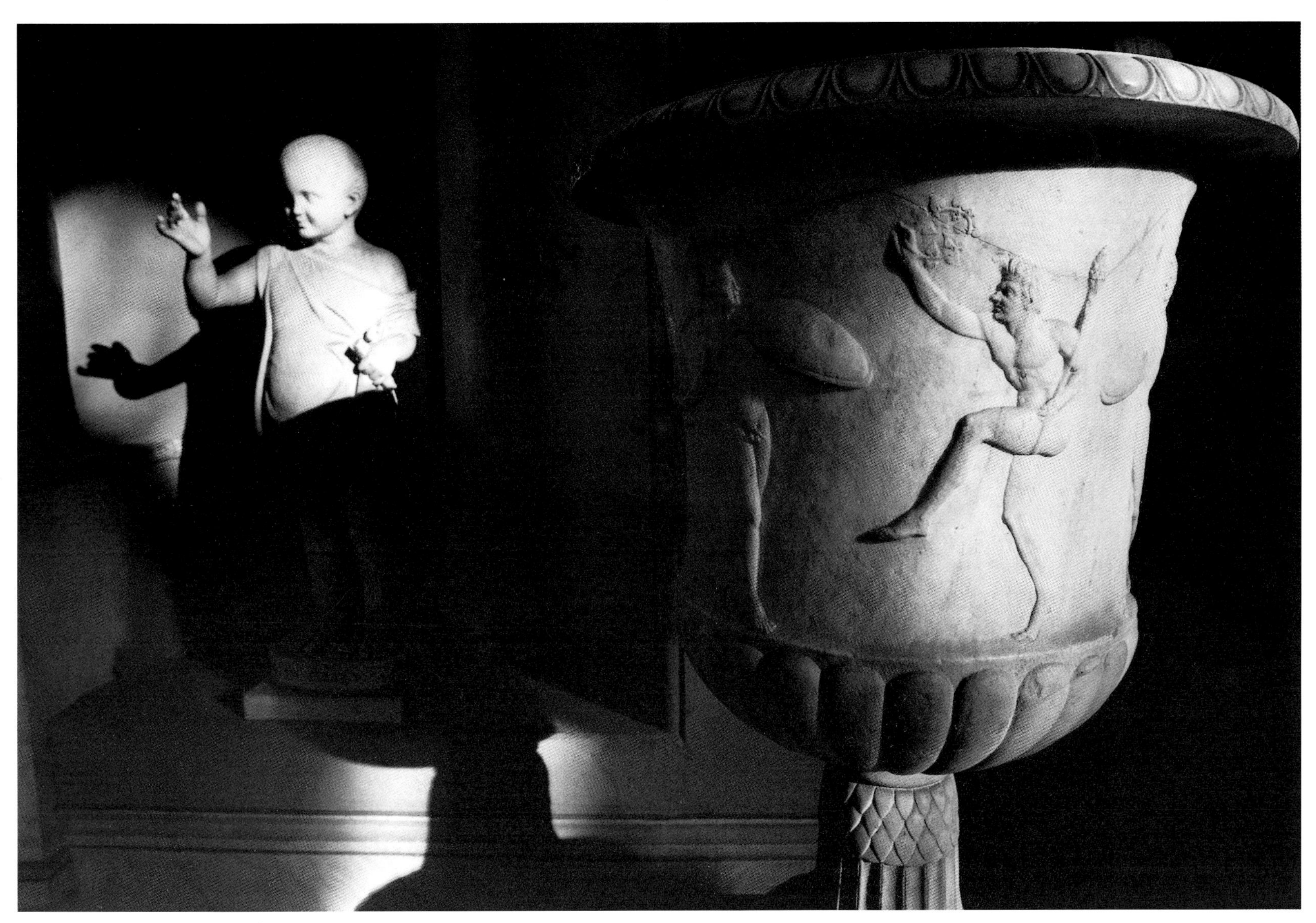

Musei Vaticani

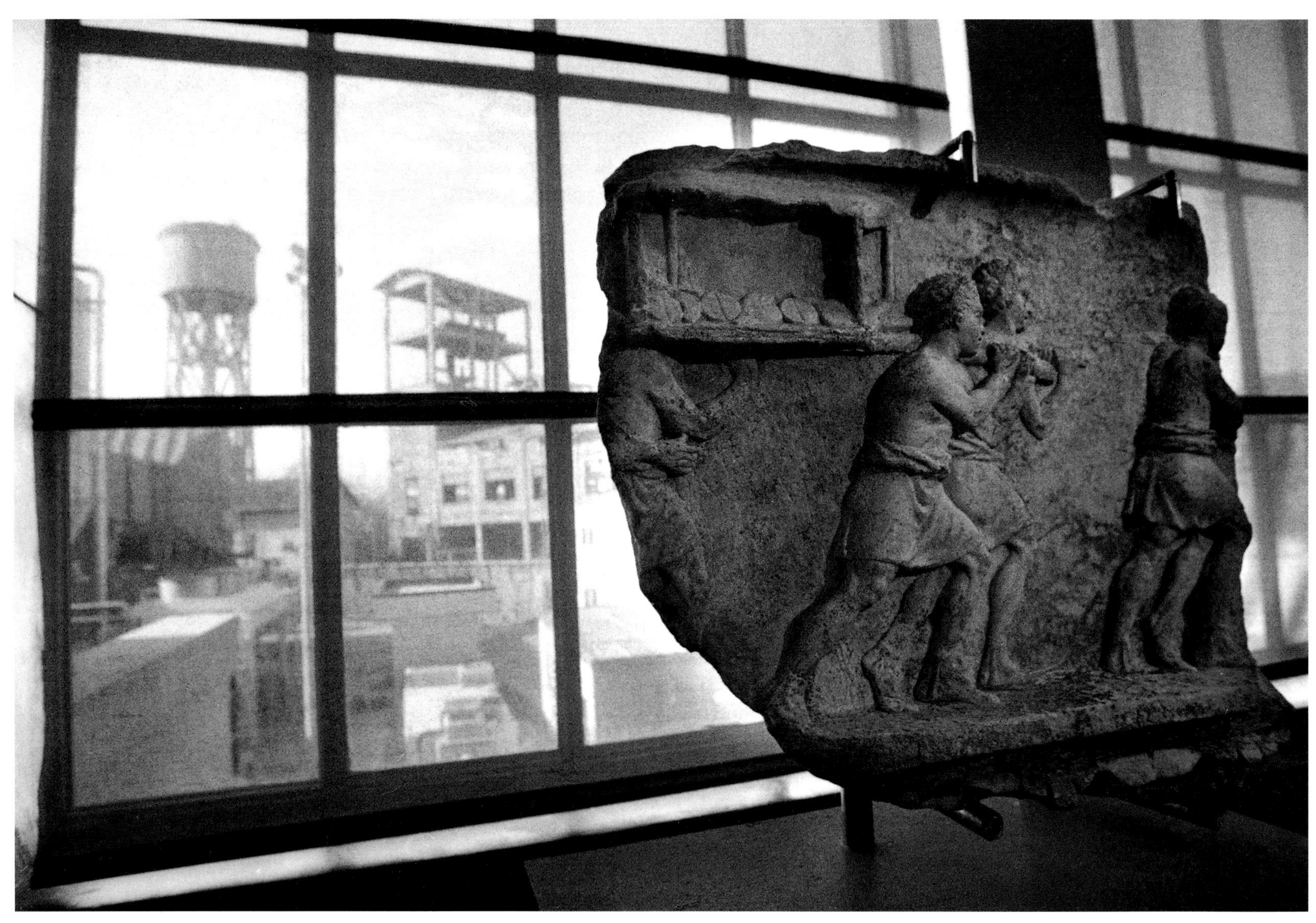

Museo della Centrale Montemartini

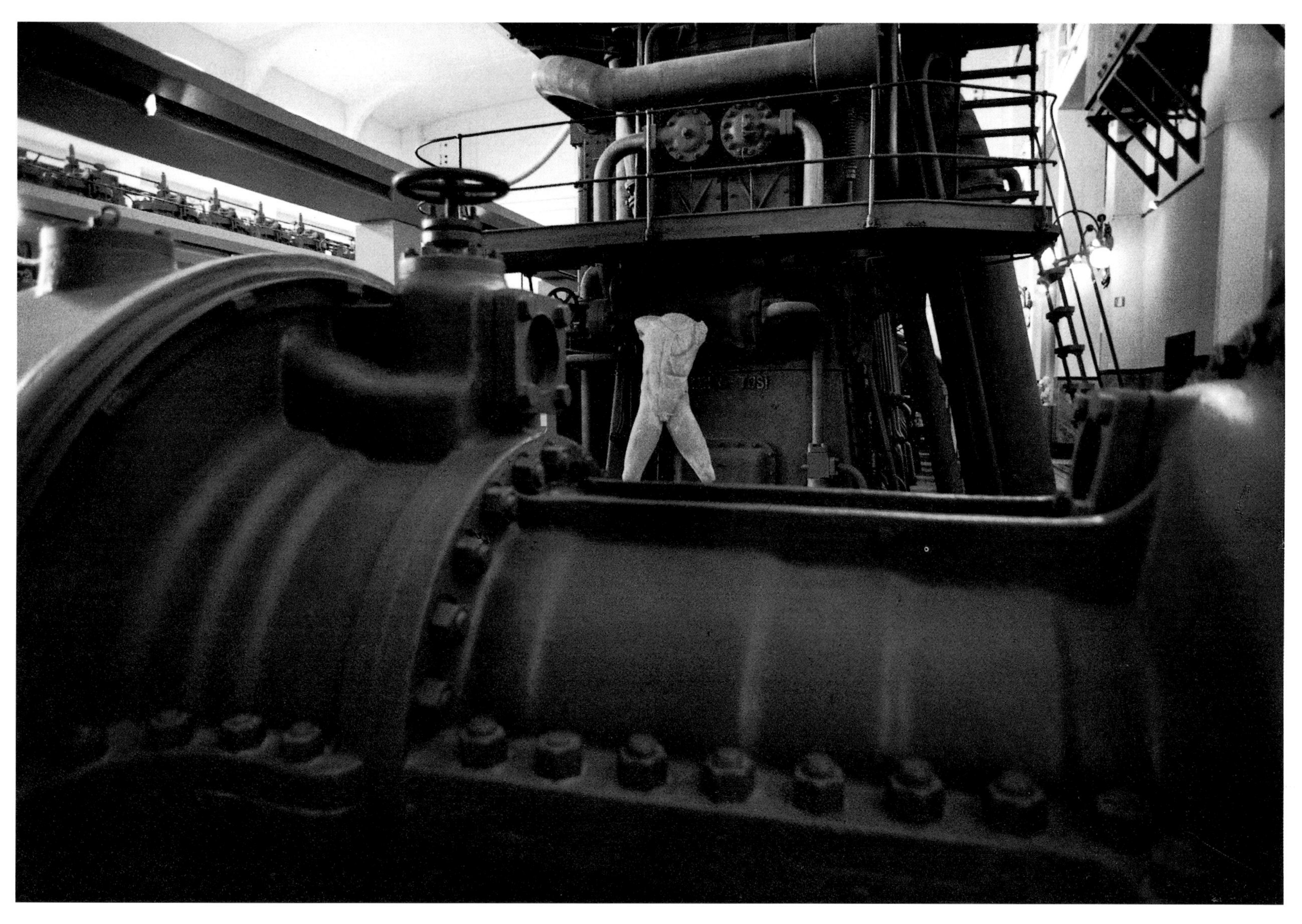

Museo della Centrale Montemartini

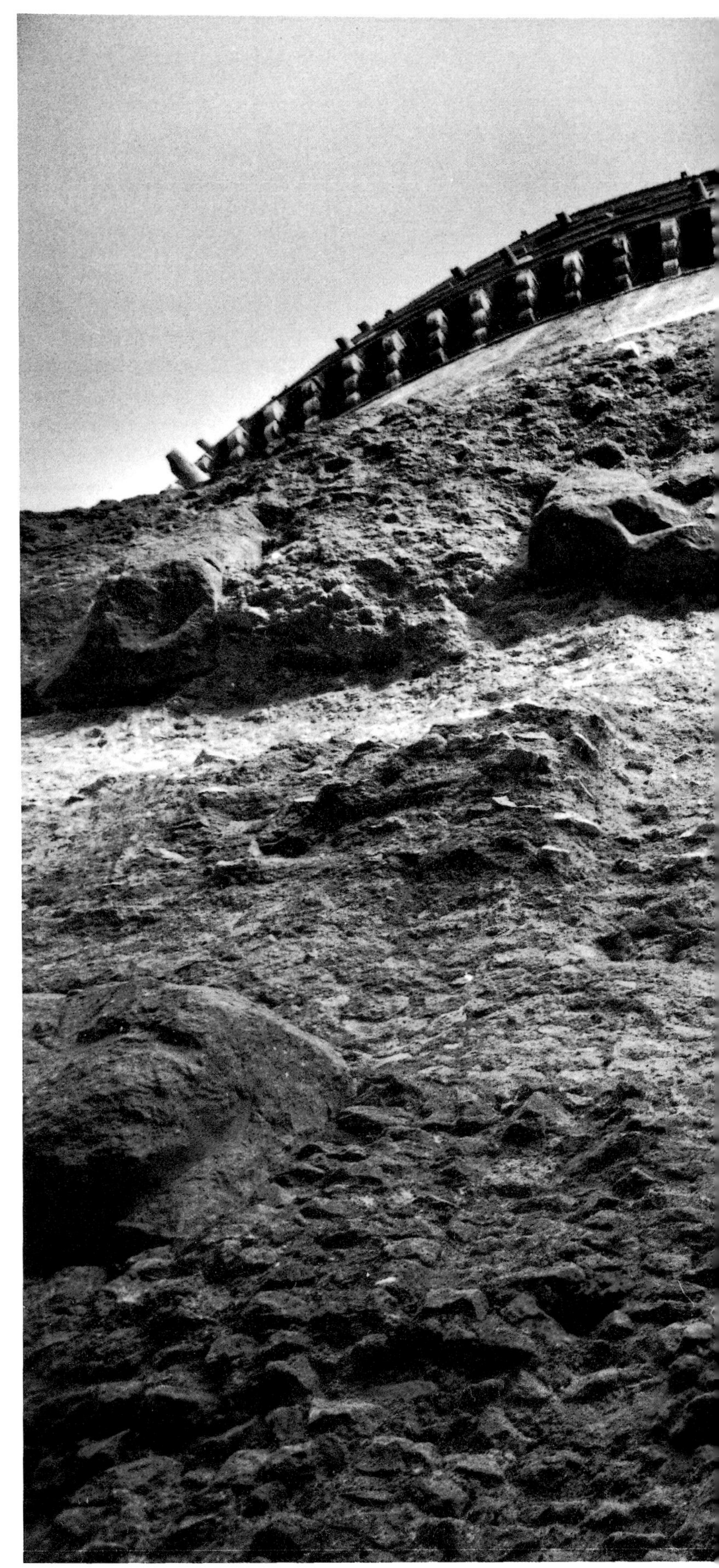

Castel Sant'Angelo

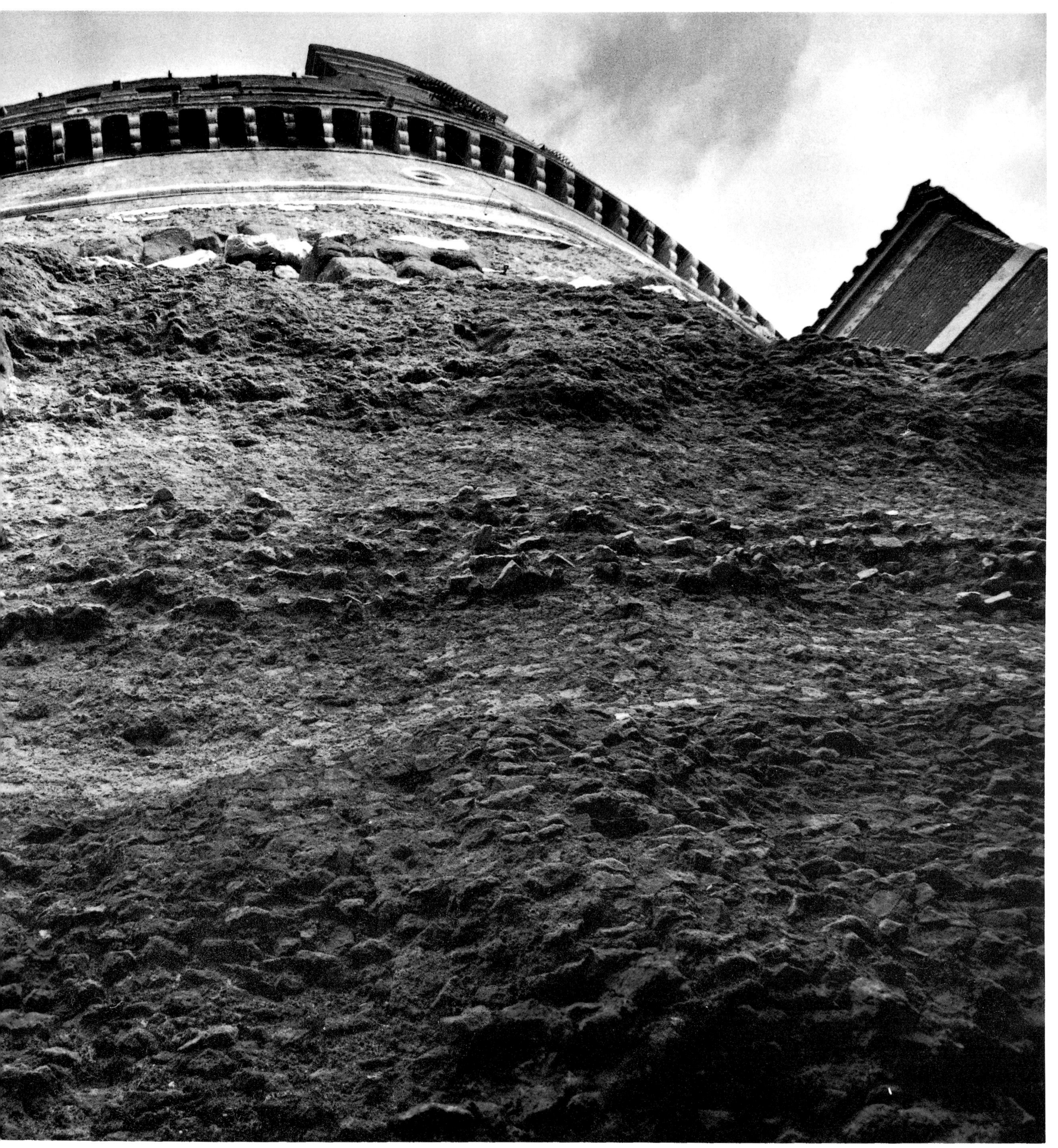

Keiichi Tahara

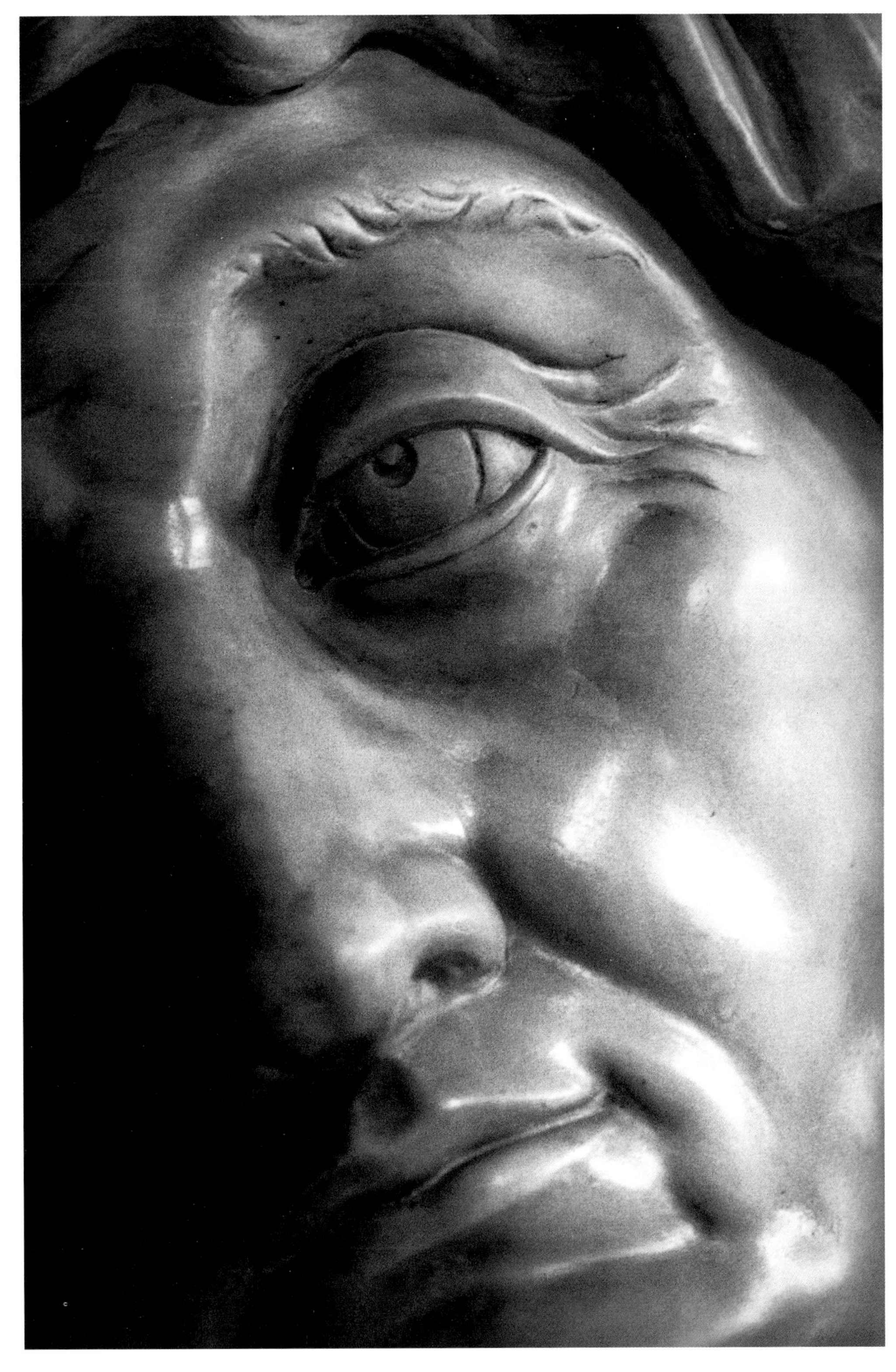

Palazzo Farnese

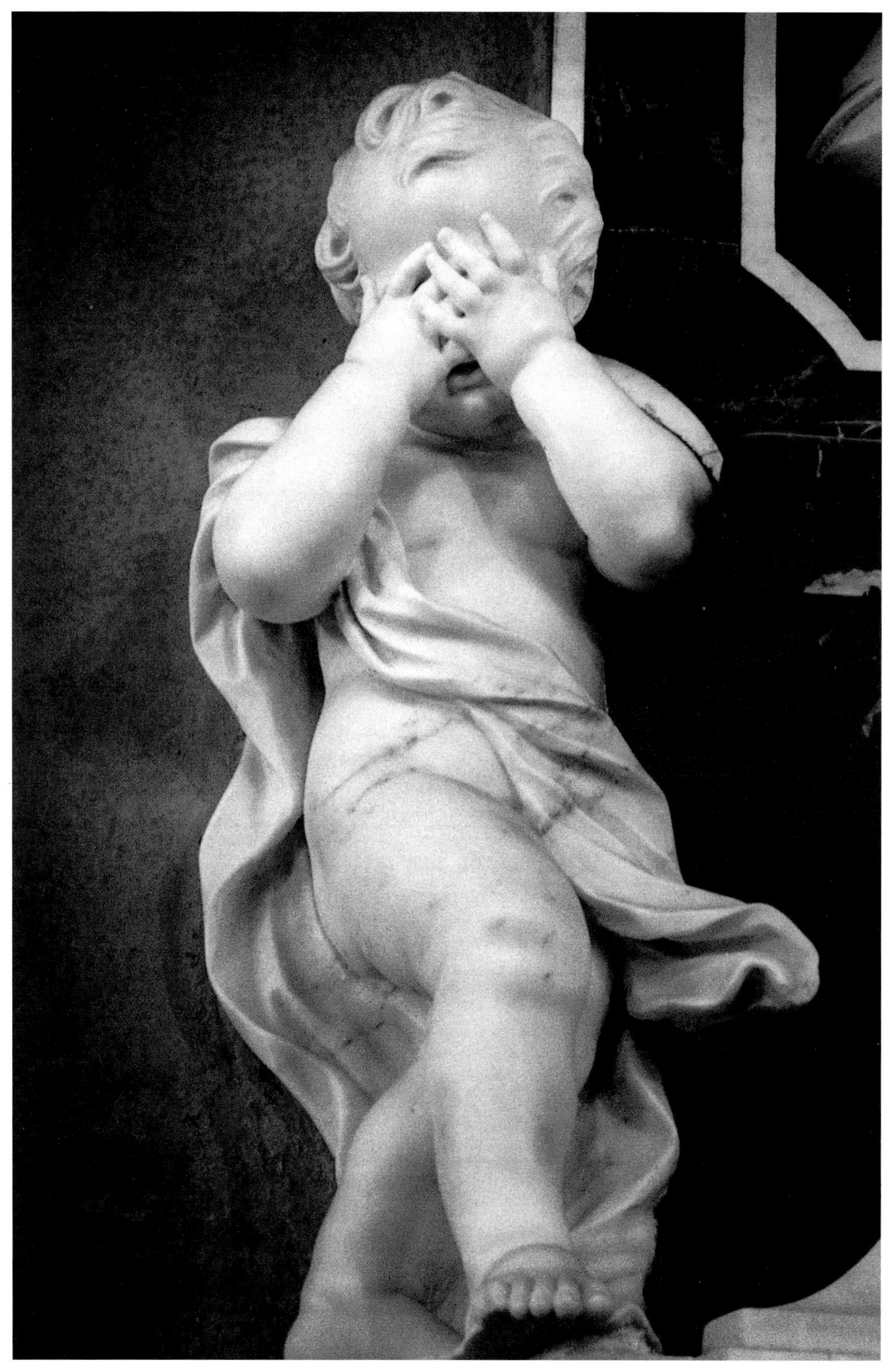

San Francesco a Ripa

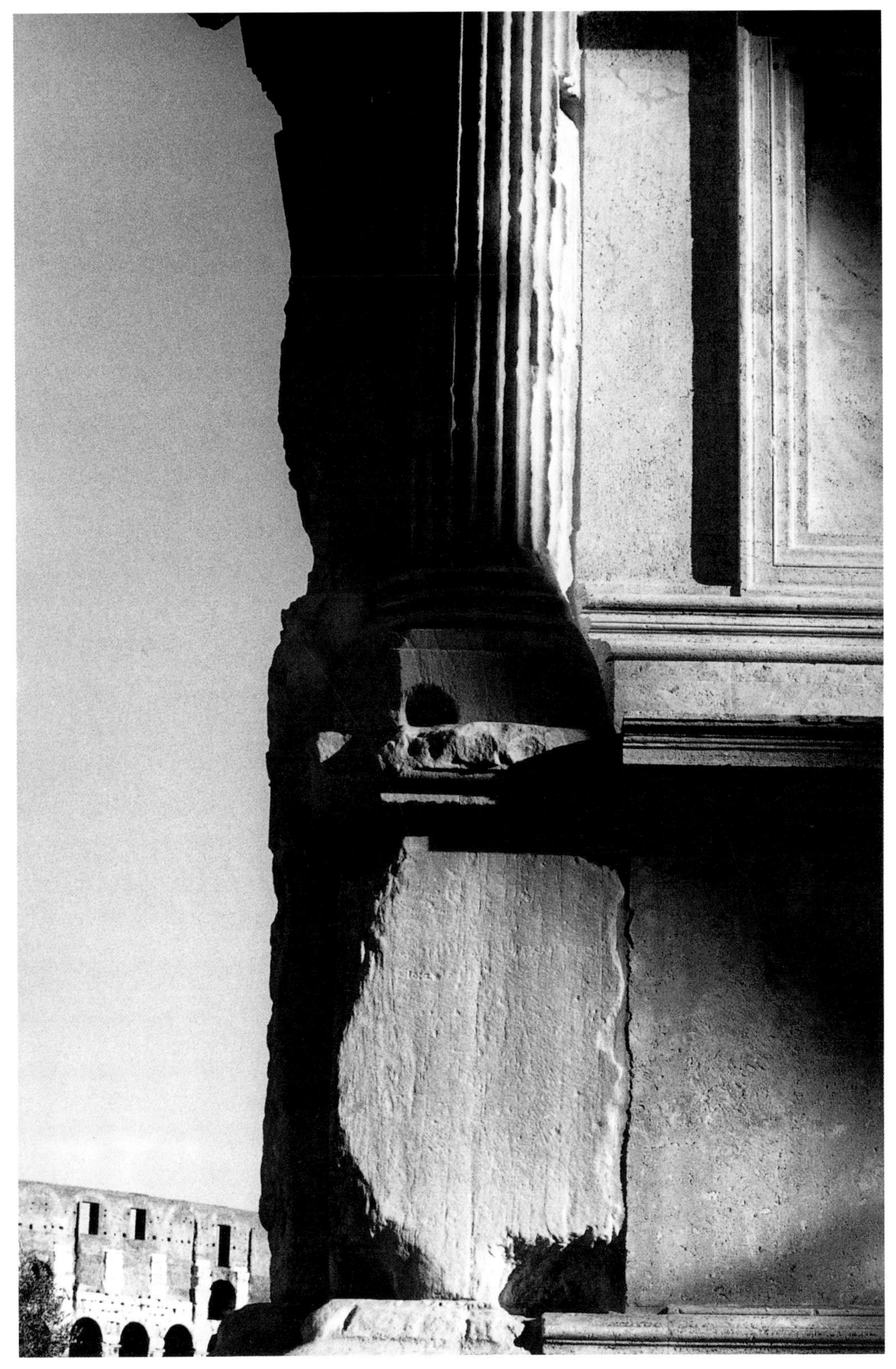

Foro Romano

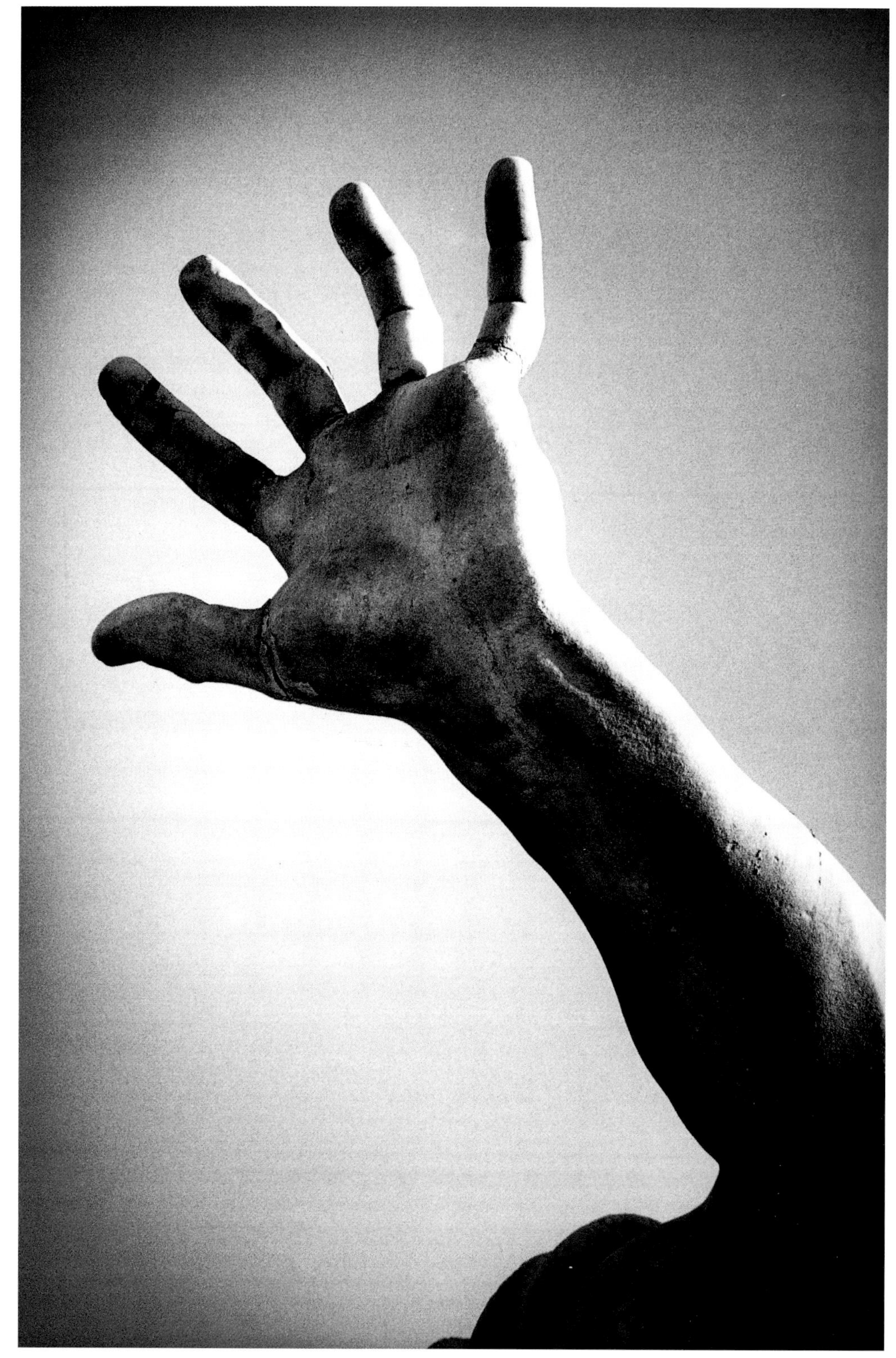

Piazza Navona

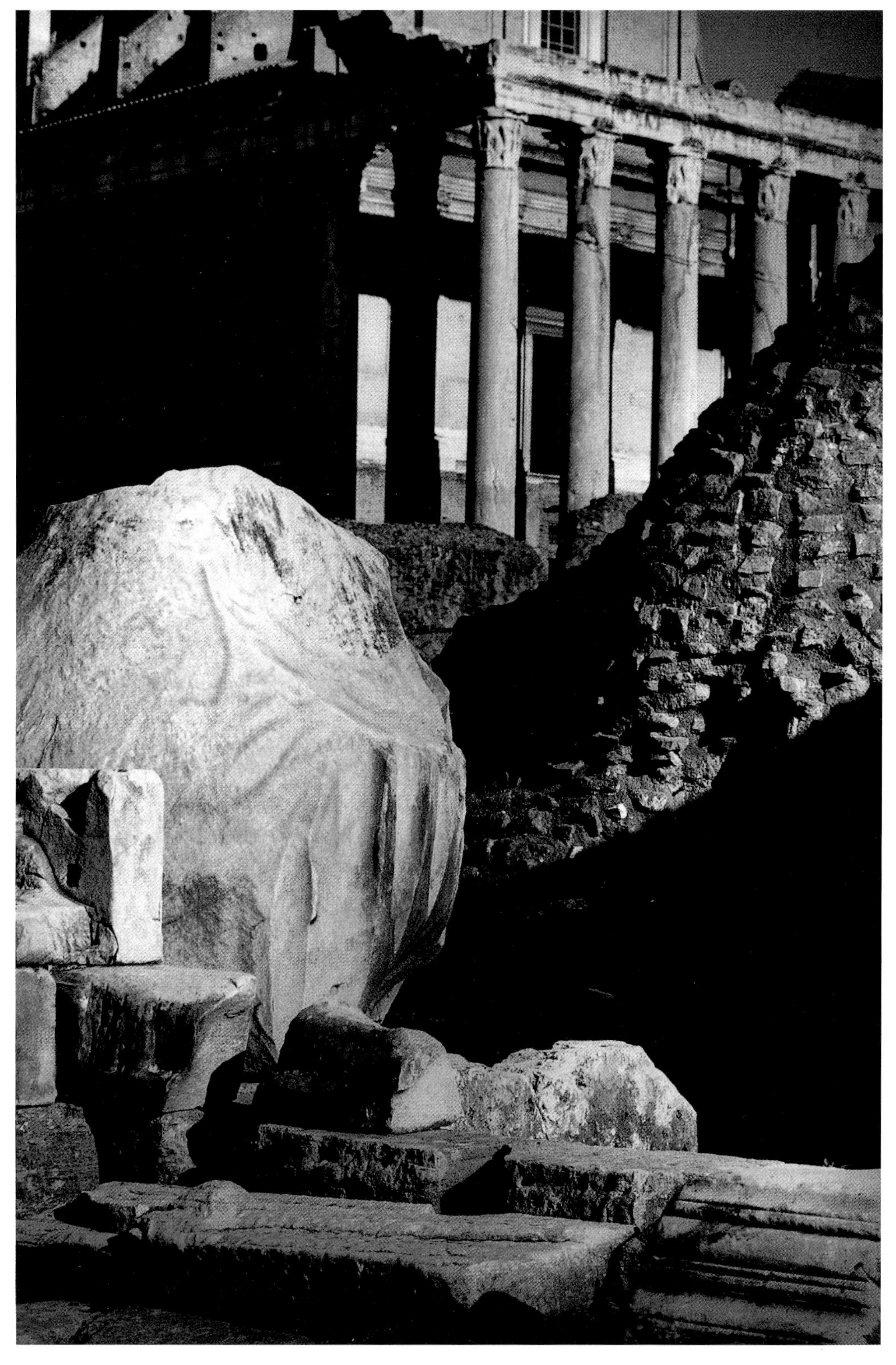

Foro Romano

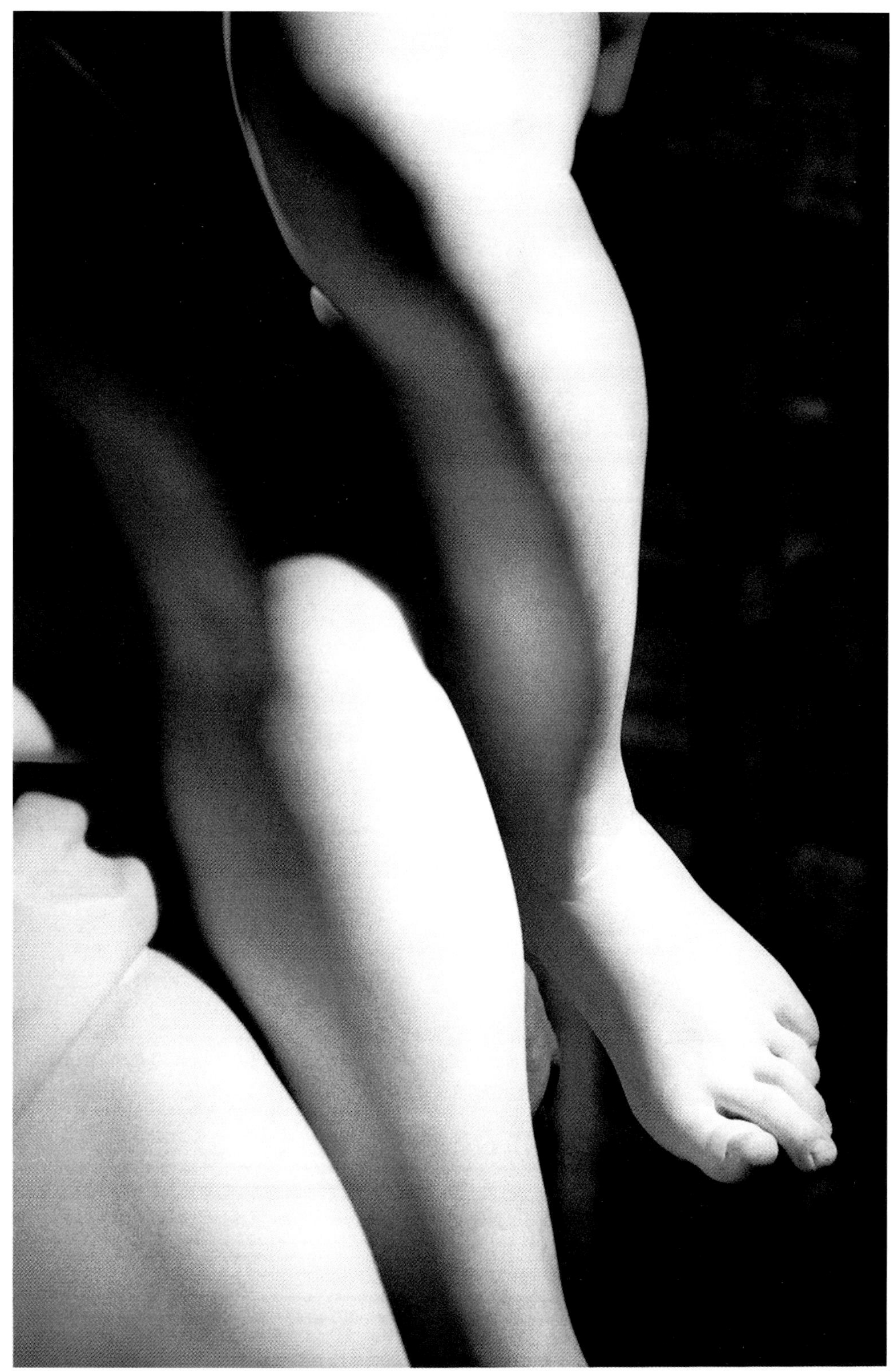

Galleria Borghese

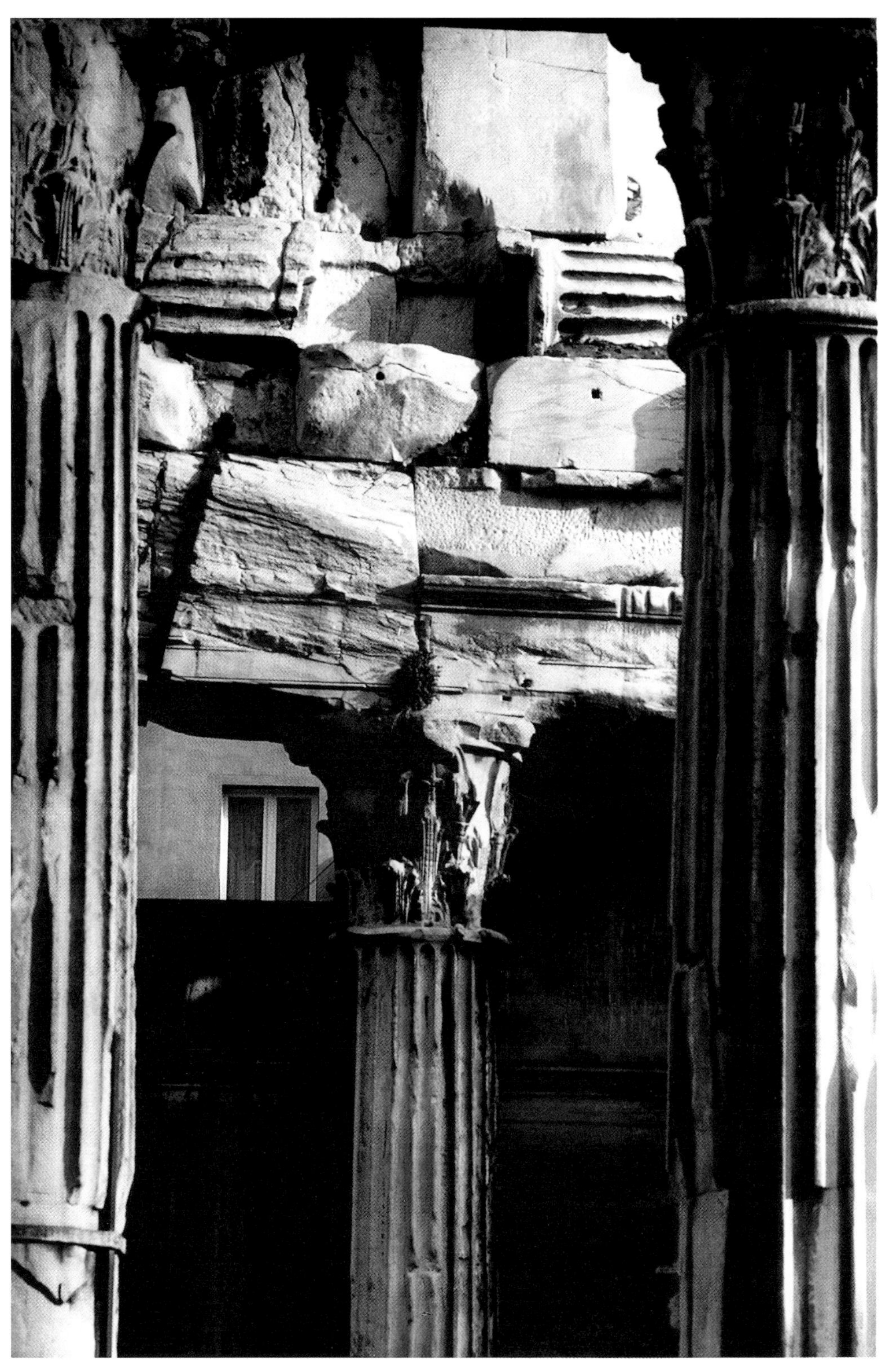

Portico d'Ottavia

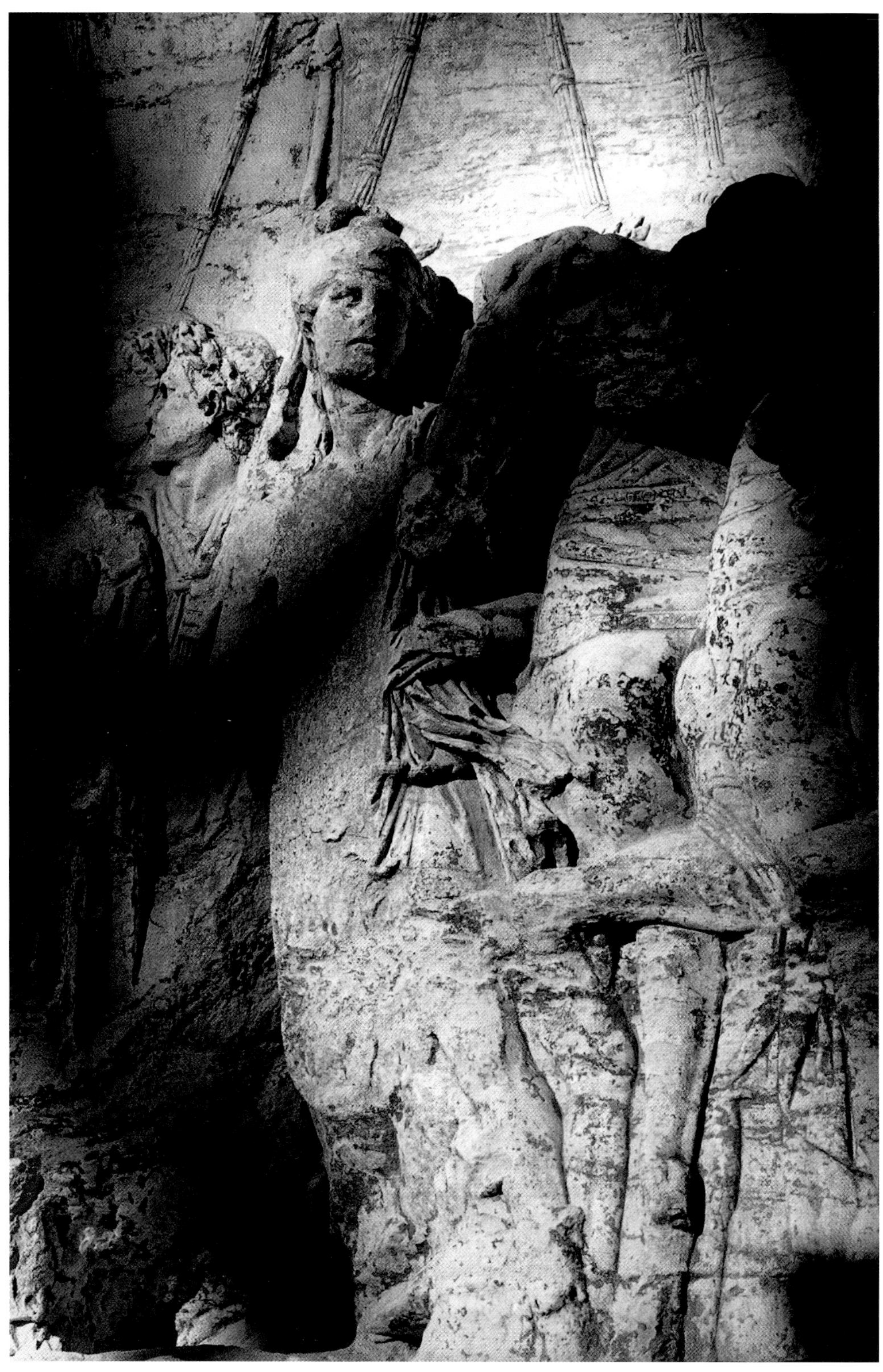

Foro Romano

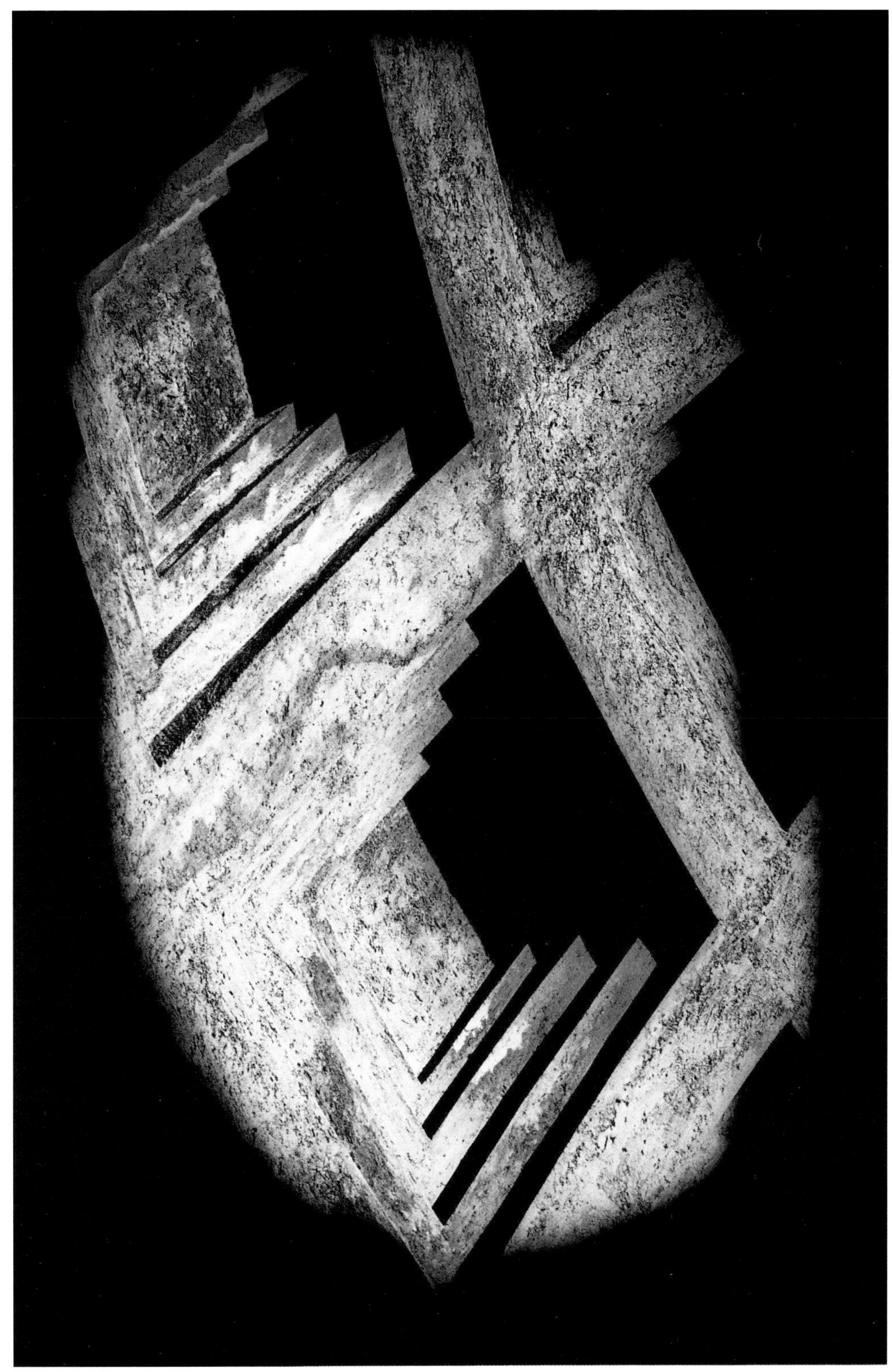

Pantheon

Alain Bergala

Il ciclico e l'effimero
Le cyclique et l'éphémère
The cyclical and the ephemeral

Il fotografo che per la prima volta si addestra nella «cattura» di un'immagine con una fotocamera digitale fa un'esperienza inquietante, insieme nuova e familiare, del rapporto tra l'atto fotografico e il tempo. All'inizio, niente di diverso dal solito: egli guarda nel mirino (o su un piccolo schermo) la fetta di mondo da inquadrare. In qualsiasi momento può premere (come con la sua solita macchina fotografica) lo scatto. Ma è proprio nel momento in cui preme quel pulsante che l'esperienza diventa nuova, affascinante, e crea quasi uno stato di disagio: laddove il tempo e il flusso mutevole del mondo continuavano a scorrere nel mirino della sua Leica, ora s'arrestano d'improvviso in un'immagine «catturata» sul piccolo schermo della macchina digitale. Ed egli può, nello stesso momento, vedere il mondo così com'è stato congelato nell'immagine catturata, sottratto allo scorrere del tempo, e il mondo così come continua ad esistere e a trasformarsi nella realtà fugace. Fino ad ora, persino con una Polaroid, era per lui impossibile assistere «in diretta», se così posso dire, alla dissociazione del mondo congelato nella foto e del mondo in cui il tempo seguita a scorrere. Per la prima volta gli è concesso di fare, in un istante, l'esperienza del divenire-bizzarro del mondo, grazie a quest'atto contro-natura, che consiste nel sezionare arbitrariamente un sessantesimo di secondo nel flusso continuo degli esseri e delle cose.

Le photographe qui s'exerce pour la première fois à la « capture » d'images avec un appareil digital fait une expérience troublante, à la fois nouvelle et familière, du rapport au temps dans l'acte photographique. Cela commence pour lui comme d'habitude : il regarde dans son viseur (ou sur un petit écran) le morceau du monde qu'il est en train de cadrer. À chaque instant, il peut appuyer (comme avec son appareil habituel) sur le déclencheur. Mais c'est précisément au moment où il appuie sur le bouton que l'expérience devient neuve, fascinante et malaisante : alors que le temps et le flux changeant du monde continuaient de s'écouler dans le viseur de son Leica, ils se figent soudain en image « capturée » sur le petit écran de l'appareil digital. Et il peut voir simultanément le monde tel qu'il s'est gelé dans l'image capturée, soustrait à l'écoulement du temps, et le monde tel qu'il continue d'exister et de se transformer dans la réalité fugitive. Jusqu'alors, même avec un Polaroïd, il lui était impossible d'assister « en direct », si j'ose dire, à la dissociation du monde gelé par la photo et du monde où le temps continue de s'écouler. Pour la première fois, il lui est donné de faire instantanément l'expérience du devenir-étrange du monde dans cet acte contre nature qui consiste à sectionner arbitrairement un soixantième de seconde dans le flux continu des êtres et des choses.

A photographer who "captures" his first image using a digital camera has an experience that is troubling, simultaneously combining the novel with the familiar, in terms of the relationship with time inherent in the act of taking a photograph. Everything begins as usual: the photographer looks into the viewfinder (or at a small screen) at the bit of the world held in the frame. He or she can press the button at any moment (as with a conventional camera). However, it is precisely at the moment when the button is pressed that the experience becomes novel, fascinating and troubling: in the viewfinder of the photographer's Leica, the world's time and flux would have continued to flow unabated, but here it freezes, having been "captured" on the tiny screen of the digital camera. The photographer can see simultaneously the world as frozen in the captured image, extracted from the stream of time, and the world as it continues to exist and evolve in ephemeral reality. Until now, even with a Polaroid, it has been impossible to see "live", we might say, this dissociation of the world frozen by photography and the world in which time continues to flow normally. For the first time, the photographer is able to experience instantaneously the sudden estrangement of the world caused by the unnatural act of

■ Seconda esperienza nuova: quel momento catturato, immediatamente visibile, egli ha lo strano potere di lasciarlo scorrere facendolo ricadere come una goccia d'acqua nell'oceano del tempo, o di registrarlo. I fotografi, abituati all'irrimediabile impressione dell'immagine sulla pellicola chimica, vi hanno scoperto un nuovo piacere, che è il contrario delizioso del piacere della ripresa, e che consiste nel rinunciare alla loro cattura per lasciar ritornare quella goccia del tempo, momentaneamente congelata, all'ordine naturale delle cose che è il movimento, il lavoro della memoria, il recupero, l'oblio. Un piacere, questo, che abbiamo avuto l'occasione di conoscere da bambini, quando si acchiappava un pesciolino, lo si teneva immobilizzato in mano, mentre il cuore batteva forte nel sentire quella piccola vita stretta nel palmo, per poi decidersi a ributtarlo in acqua, dove, in una frazione di secondo, ritrovava la vivacità dei movimenti, e s'affrettava a fuggire vivo come un baleno di luce argentata. ■ Il fascino del gesto della cattura, quale è stato reso possibile dall'immagine digitale, deriva essenzialmente dal fatto che ci permette di verificare, senza scarto alcuno di tempo, ciò che fino ad allora avevamo conosciuto solo attraverso un'esperienza differita, dunque intellettuale: come se la fotografia ci servisse a vedere quello che senza di essa non avremmo letteralmente veduto, distinguendo gli esseri e le cose fotografate dalle

▲ Deuxième expérience neuve : ce moment capturé, immédiatement visible, il a l'étrange pouvoir de le laisser filer, retomber comme une goutte d'eau dans l'océan du temps, ou de l'enregistrer. Les photographes, habitués à l'irrémédiable inscription de l'image sur pellicule chimique, y ont découvert un nouveau plaisir, qui est l'envers délicieux du plaisir de la prise, celui de renoncer à leur capture et de laisser cette goutte de temps momentanément gelée retourner à l'ordre naturel des choses qui est le mouvement, le travail de la mémoire, le recouvrement, l'oubli. Ce plaisir on a pu le connaître, enfant, lorsque l'on avait attrapé un petit poisson, qu'on le tenait immobilisé dans sa main, le cœur battant de sentir cette petite vie dans sa paume, et que l'on se décidait à le rejeter à l'eau où il retrouvait en une fraction de seconde la vivacité de ses mouvements et se dépêchait de s'enfuir, vif comme un éclair de lumière argentée. ▲ La fascination de ce geste de la capture tel qu'il a été rendu possible par l'image digitale tient pour l'essentiel à ce qu'il nous permet de vérifier sans délai ce dont nous n'avions eu jusqu'alors qu'une expérience différée, donc intellectuelle, à savoir que la photographie nous sert à voir ce que sans elle nous n'aurions littéralement pas vu, en déprenant les êtres et les choses photographiés des lois qui régissent notre régime

slicing a sixtieth of a second arbitrarily out of life and time's continuous stream. ● There is a second novel experience: the photographer has the strange power to choose either to allow the captured instant, now immediately visible, to disappear, to fall back like a drop of water into the ocean of time, or to save it. Photographers, used as they are to the irreversible writing of the image on chemical film, have discovered here a new pleasure, the converse of the enjoyment in taking the image: that of abandoning it, allowing this momentarily frozen drop of time to return to the natural order of things: unceasing movement, the building of memory, erasure and oblivion. This is a pleasure we may have experienced as children when we caught a small fish, held it prisoner in our hands, our hearts beating at the sensation of holding this tiny life in our palms, and then deciding to throw it back into the water, where its vivacity of movement was restored in an instant as it hastened to escape, a flash of silver light. ● The fascination of the capture made possible by digital technology is mainly due to the fact that it lets us verify immediately what before we could only experience in a deferred, and therefore intellectualised, manner, by which I mean that photography lets us see things that without it are literally unseen, and it

leggi che reggono il nostro naturale regime percettivo. Mettendo istantaneamente a confronto, sotto i nostri occhi, il mondo colto nello scorrere del tempo e l'immagine che di esso si registra attraverso la fotografia, la macchina digitale ci permette di misurare fino a che punto il mondo familiare, così come sempre lo percepiamo, colto nello scorrere del tempo, nasconda forme insospettabili, realtà enigmatiche, immagini letteralmente non viste, poiché la nostra percezione non risente della continuità del movimento. La fotografia scompone le nostre sensazioni, le quali sono sempre costruite in un rapporto d'insieme. Nel suo *Trattato sulla pittura*, Leonardo da Vinci osservava: «È impossibile che una memoria possa ricordare tutti gli aspetti d'un arto di un qualunque animale». Tale constatazione di Leonardo potrebbe essere trasposta nel tempo, per cui si potrebbe affermare: «È impossibile che una memoria possa ricordare tutti gli istanti d'un movimento di un qualunque momento». L'avvento della fotografia ce ne ha fornito la prova evidente. ■ Come può la fotografia riuscire a fissare un tempo esatto mentre si distingue dal tempo in cui è stata registrata? Ricordo una foto di Bruce Davidson, indimenticabile, che evocherò per parlare di questo libro, nel quale essa non figura. Ma è proprio per la sua assenza che essa può divenire un equivalente generale del centinaio di immagini che precedono queste pagine. Si tratta di una foto scattata

perceptif naturel. En mettant instantanément en parallèle, sous notre regard, le monde pris dans le temps et l'image qui en est prélevée par la photographie, l'appareil digital nous permet de mesurer à quel point le monde familier, tel que nous le percevons toujours pris dans l'écoulement du temps, cache des formes insoupçonnables, des mondes énigmatiques, des images littéralement non vues, dès lors que notre perception est exemptée de la continuité du mouvement. La photographie défait nos sensations en tant qu'elles sont toujours construites sur une globalité. Dans son *Traité de la peinture*, Léonard de Vinci notait : « Il est impossible qu'une mémoire puisse retenir tous les aspects d'aucun membre de n'importe quel animal. » On pourrait transposer au temps ce constat de Léonard et affirmer : « Il est impossible qu'une mémoire puisse retenir tous les instants d'aucun mouvement de n'importe quel moment. » L'avènement de la photographie nous en a fourni la preuve visible. ▲ Comment la photo inscrit-elle du temps tout en se déprenant du temps dans lequel elle a été prélevée ? Je me souviens d'une photo de Bruce Davidson, inoubliable, que j'évoquerai ici pour parler de ce livre dont elle ne fait pas partie. Mais c'est précisément par cette absence qu'elle peut devenir un équivalent général de la centaine d'images visibles dans les pages qui précèdent.

does so by extracting the living and the inanimate objects we photograph from the grasp of the laws governing our natural perception. By instantly juxtaposing before our eyes the world borne on the flow of time and a fragment of it captured by the photograph, the digital camera lets us see how the familiar world as we perceive it, invariably imprisoned in the stream of time, conceals normally unsuspected shapes, enigmatic realities, things we never see, once our perception is freed of reality's incessant movement. The photograph unravels our perceptual sensations because they are invariably founded on synthesis. In his *Treatise on Painting*, Leonardo da Vinci observes that "It is impossible for the memory to retain every aspect of a limb of any animal". We could transfer Leonardo's observation to time, and assert that: "It is impossible for the memory to retain every instant in any movement at any time". Since photography has been on the scene, we have visible proof of just that. ● How does the photograph create time while nevertheless freeing itself of the temporal stream from which it has been extracted? I well remember an unforgettable photograph taken by Bruce Davidson, and I describe it here in discussing the present volume, in which it is not included. It is precisely, however, because it is absent that it can stand for the hundred or so images to be seen in the preceding pages. The

in Sicilia nel 1961, sul tardo pomeriggo, in un momento in cui il sole, di fronte all'obiettivo, era bassissimo sulla linea dell'orizzonte. Vi si osserva un piccolo tempio greco che si profila su uno sfondo di cielo, in cima ad un prato in discesa che costituisce lo scenario dell'immagine; a metà della discesa, un albero (indubbiamente un ulivo), la cui immagine è trafitta dalla macchia bianca del sole. L'ombra del suo tronco si stende a dismisura sull'erba. In basso, una bambina corre sul bordo inferiore della foto, perpendicolare allo spigolo destro del piccolo tempio. È colta in pieno movimento, di profilo, con la gamba destra in aria e il vestito fissato dall'istantanea, in un movimento di drappeggio pittorico. Se, un po' di tempo dopo, si osserva più minuziosamente l'immagine, si può distinguere nella profondità di campo, dietro l'albero, un'automobile che la prospettiva ha reso minuscola. L'immagine complessiva è leggermente sfocata, ma d'uno sfocato tendente al mosso, che intacca anche tutti gli altri elementi fotografati. Tale sfocatura rivela senza dubbio la fretta del fotografo nel cogliere al volo la corsa della bambina in quest'immagine in cui null'altro poteva suscitare una qualsiasi accelerazione. Il tempio, l'albero, il prato, il sole, l'automobile, la bambina. Tanti i tempi che convivono in quest'immagine, ma si tratta di tempi differenziali, le cui scale e i cui cicli sono letteralmente incommensurabili. Il tempio s'inserisce in un procedere del

C'est une photo prise en Sicile, en 1961, en fin de journée, à un moment où le soleil, face à l'objectif, était très bas sur l'horizon. On y voit un petit temple grec se profilant sur fond de ciel, au sommet d'un pré en pente qui constitue le fond de l'image, avec à mi-pente un arbre (sans doute un olivier) dont l'image est trouée par la tache blanche du soleil. L'ombre de son tronc s'allonge démesurément sur l'herbe. Tout en bas de l'image une petite fille court sur le bord inférieur du cadre, à l'aplomb de l'arête droite du petit temple. Elle est saisie en plein mouvement, de profil, la jambe droite en l'air, sa robe figée par l'instantané dans un mouvement de drapé pictural. Au bout d'un moment, si l'on observe plus en détail l'image, on peut distinguer dans la profondeur de champ, derrière l'arbre, une voiture rendue minuscule par la perspective. L'image entière est légèrement floue, mais d'un flou de bougé de caméra, qui affecte également tous les éléments photographiés. Ce flou témoigne sans doute de la hâte du photographe à saisir au vol la course de la petite fille dans cette image où rien d'autre ne motivait une quelconque précipitation. ▲ Le temple, l'arbre, le pré, le soleil, la voiture, l'enfant. Autant de marqueurs de temps qui cohabitent dans cette image, mais des temps différentiels, aux échelles et aux cycles littéralement incommensurables. Le temple participe d'un travail

photograph in question was taken in Sicily in 1961, late in the day, at a moment when the sun, toward which the lens was pointing, was very low on the horizon. We can see a small Greek temple silhouetted against the sky at the top of a sloping meadow forming the background of the picture. Half-way up the slope there is a tree (an olive tree no doubt), whose image has been perforated by the white splash of the sun. The shadow of its trunk stretches disproportionately across the grass. At the very bottom of the picture a little girl is running along the lower edge of the frame exactly below the right-hand edge of the small temple. She has been photographed in rapid movement, in profile, her right leg in the air, her dress frozen by the shutter in painterly folds of cloth. After a moment, if you look more closely, you can see, deeper in the image, behind the tree, a car rendered tiny by perspective. The entire picture is slightly blurred due to movement of the camera, the kind of blurring that affects all the elements of the picture equally. This lack of sharpness doubtless reflects the haste of the photographer as he sought to record the little girl running at full tilt in a picture in which there is no other conceivable reason for such haste. ● Temple, tree, meadow, car, child: all are temporal markers coexisting within the same image but in different

tempo che agisce su scala di millenni: queste pietre angolari smussate, ci sono voluti secoli perché il tempo conferisse loro tale molle caratteristica, tale leggera sfocatura di contorni, così lontane da quel loro taglio originario che doveva essere perfettamente rettilineo, con gli spigoli acuminati. L'albero s'inserisce in un procedere del tempo su scala d'una vita umana. Tutto lascia pensare che quest'albero, i cui rami gracili sono nettamente sproporzionati rispetto alla solidità massiccia del tronco, sia stato tagliato da braccia umane dopo il gelo causato da un inverno particolarmente rigido, e che qualche scarno ramo gli sia ricresciuto dopo quest'evento meteorologico straordinario, rimasto certamente impresso nella memoria della gente del luogo. L'erba selvaggia, sempre fresca, rinasce ogni primavera, dimentica di quelle che l'hanno preceduta, finanche nelle rovine dei Campi di concentramento, come già commentava Jean Cayrol nel film *Nuit et Brouillard* d'Alain Resnais. Essa, l'erba, s'inserisce nel ciclo annuale immutevole delle stagioni. Permette di individuare quel quarto d'anno in cui la foto è stata scattata ma non potrebbe essere d'aiuto per determinarne l'anno esatto. In natura, tutte le primavere si ripetono. Dal canto suo, il sole, s'inserisce in un ciclo ancora più corto, quotidiano: questa foto, scattata appena prima del tramonto, trasforma il prato in una meridiana e il tronco dell'albero in uno stilo.

du temps qui agit à l'échelle des millénaires : ces pierres d'angle émoussées, il aura fallu des siècles au temps pour leur donner cette mollesse, ce léger flou des contours, depuis leur taille d'origine que l'on imagine parfaitement rectiligne, aux arêtes acérées. L'arbre participe d'un travail du temps à l'échelle d'une vie humaine. Tout laisse à penser que cet arbre, dont les branches grêles sont nettement disproportionnées par rapport à la solidité massive du tronc, a été coupé par les hommes après un gel causé par un hiver particulièrement rigoureux, et que quelques pauvres branches lui ont repoussé depuis cet événement météorologique exceptionnel, sans doute mémorable pour les gens du coin. L'herbe sauvage, toujours jeune, renaît à chaque printemps, oublieuse de celles qui l'ont précédée, même dans les ruines des camps de concentration, comme le disait déjà le commentaire de Jean Cayrol dans le film *Nuit et Brouillard* d'Alain Resnais. Elle participe du cycle annuel immuable des saisons. Elle permet de situer le quartier de l'année où la photo a été prise mais ne saurait être d'aucune aide pour repérer précisément en quelle année. Dans la nature, tous les printemps se répètent. Le soleil, quant à lui, participe d'un cycle encore plus court, quotidien : cette photo, prise juste avant le coucher du soleil, transforme le pré en cadran solaire et le tronc de l'arbre en aiguille. La voiture,

time streams defined by scales and governed by cycles that are literally incommensurable. The temple belongs to a time unfolding over millennia: centuries were needed to wear down those corner stones to just that degree of softness, a slight blurring of contour, from an original shape we imagine was perfectly rectilinear and sharp-edged. The tree is part of a time whose scale is that of human existence. Everything seems to indicate that this tree, whose fragile branches are very much out of proportion to the massive solidity of its trunk, has been pollarded by human beings after the frosts of a particularly severe winter and that a few pathetic branches have grown back since this exceptional meteorological event, no doubt etched into the memories of the locals. Wild grass, always young, is born again each spring, unmindful of its predecessors, even in the ruins of concentration camps, as the commentary of Jean Cayrol points out in Alain Resnais' film *Nuit et Brouillard*. Grass belongs to the immutable annual cycle of the seasons. It lets us identify in which quarter of the year the photo was taken, but is no help in determining the exact year. In nature, every spring is a repetition. As for the sun, it is part of an even shorter, a daily cycle: the picture, taken just before the setting of the sun, transforms the meadow into a sundial, the tree its

L'automobile, in quanto oggetto solido, manufatto, che è possibile datare entro una storia delle forme dei veicoli, attesta una temporalità che è da circoscriversi in uno o due decenni. ■ La fotografia come pura tecnica è innanzitutto l'elemento che opera una spaccatura netta all'interno di tutti questi tempi ciclici, tranciando con un sol colpo di ghigliottina il corso delle diverse temporalità. L'otturatore della fotocamera agisce come la sega che seziona il tronco d'un vecchio albero, riportando alla luce, nel taglio, sotto forma di diagramma, ciò che era destinato a rimanere invisibile, e riservato alla sola ricostruzione immaginaria. Senza questo taglio artificiale, reso possibile da un intervento meccanico sul reale, il passante si troverebbe a dover immaginare, partendo dal solo aspetto esterno, dalle cicatrici che l'albero porta in superficie, dalla sua corteccia, il tempo e le vicende attraversate da quest'essere plurisecolare. ■ Baudelaire, che si atteneva a questa visione della fotografia in quanto tecnica della spaccatura netta del tempo, reputava che essa fosse condannata a registrare delle cesure nel mondo reale, e che, contrariamente alla pittura, essa non fosse ontologicamente adatta a produrre un immaginario. Il suo era un non vedere quella che è forse una particolarità altissima della fotografia: la sua capacità di inscrivere all'interno della stessa immagine ciò che rientra in quei cicli di tempo che ho appena descritto, e ciò che

comme objet solide, manufacturé, datable dans une histoire des formes de l'automobile, témoigne d'une temporalité qui est celle d'une ou deux décennies. ▲ La photo comme pure technique est d'abord ce qui opère une section sèche dans tous ces temps cycliques, tranchant d'un seul geste de guillotine le cours de ces différentes temporalités. L'obturateur de l'appareil photographique agit comme la scie qui sectionne le tronc d'un vieil arbre, mettant au jour dans la coupe, sous forme de diagramme, ce qui était destiné à rester invisible et voué à la seule reconstruction imaginaire. Sans cette coupe artificielle, rendue possible par une intervention machinique sur le réel, le passant serait en posture d'imaginer à partir du seul aspect extérieur de cet arbre, de ses cicatrices de surface, de son écorce, le temps et les accidents traversés par ce multicentenaire. ▲ Baudelaire, s'en tenant à cette vision de la photographie comme technique de la section sèche du temps, la pensait condamnée à enregistrer des coupes dans le monde, et ontologiquement inapte, contrairement à la peinture, à produire de l'imaginaire. C'était ne pas voir ce qui est peut-être une spécificité majeure de la photographie : sa capacité d'inscrire dans la même image ce qui relève des cycles de temps dont je viens de parler et ce qui n'a lieu qu'une fois. Le cyclique et l'éphémère. C'est la rencontre

gnomon. The car, as a solid, manufactured object datable in the historical flow of automotive design, testifies to a temporality measured over a decade or two. ● The photograph, purely as a technical procedure, starts by slicing through all these temporal cycles, guillotining with one sharp blow the flow of all these streams of time. The camera's shutter is like a saw cutting through the trunk of an old tree, making visible, like a diagram, what was intended to remain invisible, open only to reconstruction in the imagination. Without this artificial slash, made possible by a mechanical intervention in reality, the passing spectator would have to imagine, using only the outer aspect of this tree, the scars on its surface, its bark, the time and accidents that this multi-centenarian has lived through. ● Baudelaire, going no further than this vision of photography as a temporal guillotine, thought that it was condemned to do no more than record cross-sections of the world and as such was ontologically incapable, unlike painting, of stimulating the imagination. He failed to see what is perhaps one of the most important features of photography: its ability to inscribe within the same image elements belonging to the temporal cycles I have described, and events which occur only once. The cyclical and the ephemeral. We have here a unique, literally

accade una e una volta sola. Il ciclico e l'effimero. È l'incontro unico, letteralmente irripetibile, d'un tempio greco, d'un albero secolare, d'un'erba fresca di primavera, d'una automobile degli anni '50, del sole al tramonto, e d'una bambina che, quel giorno, si è trovata a correre in quel paesaggio. In un'inquadratura fissa cinematografica, filmata su cavalletto, in cui uno spazio temporale non si discosta dalla sua effettiva durata reale, lo spettatore distingue immediatamente ciò che è immobile (le case, i tronchi d'albero), ciò che si muove pur rimanendo al proprio posto (le foglie, ad esempio), ciò che è solo di passaggio e cambia a vista d'occhio, ed è suscettibile di uscire fuori campo senza lasciare nell'immagine alcuna traccia del suo passaggio. In una foto, tutti gli elementi, dai più stabili (quelli generalmente costituiti da materia dura, resistente) ai più effimeri (quelli generalmente costituiti da materia più molle, più malleabile, più fragile, addirittura impalpabile), si inscrivono entro l'immagine con la medesima stabilità formale: la gamba in movimento della bambina ha la stessa intensità, è fatta della stessa materia (fotograficamente parlando) del tempio greco o d'una eventuale nuvola. Quella sera, dinanzi a quel paesaggio siciliano, il fotografo avrebbe potuto scegliere di inquadrare la perennità delle pietre del tempio, o la sola natura (l'albero e il prato). La stessa immagine, senza la bambina, e perfettamente

unique, littéralement irrépétable, d'un temple grec, d'un arbre centenaire, d'une jeune herbe de printemps, d'une voiture des années cinquante, du soleil couchant et d'une petite fille qui a couru ce jour-là dans ce paysage. Dans un plan fixe de cinéma, filmé sur pied, où un morceau de temps s'inscrit dans sa durée réelle, le spectateur distingue immédiatement ce qui est immobile (les maisons, le tronc d'arbre), ce qui bouge sur place (les feuillages par exemple), ce qui n'est que de passage et change à vue d'œil, susceptible de sortir du champ en ne laissant à l'image aucune trace de son passage. Sur une photo, tous ces éléments, des plus stables (généralement constitués de matière dure, résistante) aux plus éphémères (généralement constitués de matière plus molle, plus malléable, plus fragile, voire impalpable), sont inscrits dans l'image avec la même stabilité de forme : la jambe en mouvement de l'enfant a la même présence, elle est faite de la même matière (photographiquement parlant) que le temple grec ou qu'un éventuel nuage. Devant ce paysage sicilien le photographe aurait pu choisir, ce soir-là, de cadrer la pérennité des pierres du temple, ou la seule nature (l'arbre et le pré). La même image, sans l'enfant et parfaitement nette (l'appareil posé sur un trépied, par exemple), ne nous dirait du temps que sa circularité cyclique. Il y manquerait

unrepeatable, encounter between a Greek temple, a centenarian tree, young springtime grass, a 1950s car, the setting sun and a little girl who ran through that landscape on that day. When a static scene is filmed by a camera placed on a fixed support, recording a fragment of time in real time, the spectator can immediately distinguish things that are immobile (houses, tree trunks) from things that move while staying in one place (foliage, for instance), and things that are transient and subject to visible change, likely to go out of the frame, leaving no trace of their temporary presence. In a photograph, all objects, from the most stable (usually in hard, durable materials) to the most ephemeral (usually in softer, more malleable, more fragile, even intangible materials) are recorded in the image with an identical stability of form: the leg of the child in movement has the same degree of presence, is made of the same material (photographically speaking) as the Greek temple or, if one were present, a cloud. Standing that evening before this Sicilian landscape, the photographer could have chosen to centre his image on the centuries-old stones of the temple, or on nature alone (the tree and the meadow). The same picture, without the child and totally sharp (if he had put the camera on a tripod for example) would only tell us

nitida (scattata con la macchina fotografica poggiata su un treppiede, per esempio), in quanto al tempo, sarebbe solo riuscita a trasmettere la sua circolarità ciclica. Sarebbe dunque venuto a mancare ciò che in realtà costituisce tutta la qualità emozionale di quella foto: la traccia dell'effimero, di ciò che non si riprodurrà mai più sotto la stessa forma. ■ L'emozione connessa a quest'effimero, in cui può addentrarsi l'immaginario, è quella di un incontro. Un punto all'intersezione di due linee. Un uomo si è trovato lì, in quel tardo pomeriggio, schiacciato da quella configurazione di tempi incastrati, ed è riuscito a salvarsi in quanto «soggetto guardante» che intercetta nel mirino della sua macchina fotografica la traccia di quella bambina in corsa, fissandola in una forma che nessuno mai avrebbe potuto vedere senza l'otturatore fotografico, e di cui lui stesso ha, certamente, scoperto il particolare (il piede in aria, il drappeggio del vestito) solo dopo lo sviluppo e la stampa della foto. Ad un tratto, la foto smette di essere solo una sezione nell'usura delle pietre tagliate dai greci, nei germogli delle erbe selvagge, nel percorso dell'ombra in quel tardo pomeriggio, e diviene anche una minuscola tacca fatta da quell'uomo minuto, che si trovava lì di passaggio, per attestare la sua co-presenza contingente, quel giorno, con una bambina passatagli davanti correndo, indizio che un tempo e un movimento vivente e aleatorio, quello del fotografo, ha incontrato

ce qui fait toute la qualité émotionnelle de cette photo : la trace de l'éphémère, de ce qui ne se reproduira jamais plus sous la même forme. ▲ L'émotion liée à cet éphémère, où peut s'engouffrer l'imaginaire, est celle d'une rencontre. Un point à l'intersection de deux lignes. Un homme a été là, en cette fin de journée précise, un peu écrasé par cette configuration de temps emboîtés, et s'est sauvé comme « sujet regardant » en interceptant dans son viseur la trajectoire de cette enfant en train de courir, la fixant dans une forme que nul n'aurait jamais pu voir sans l'obturateur photographique et dont lui-même, sans doute, n'a découvert le détail (le pied en l'air, le drapé de la robe) qu'une fois la photo développée et tirée. La photo, du coup, n'est plus seulement une section dans l'usure des pierres taillées par les Grecs, la pousse des herbes sauvages, le parcours de l'ombre en cette fin de journée, elle est aussi une minuscule entaille faite par un petit homme, de passage, pour attester sa co-présence contingente, ce jour-là, avec une petite fille qui est passée devant lui en courant, indice qu'un temps et un mouvement vivants et aléatoires, ceux du photographe, ont rencontré un autre temps vivant et aléatoire, celui de la petite fille. C'est cette rencontre éphémère, qui aurait pu aussi bien ne pas avoir lieu, ce croisement hasardeux de deux trajectoires imprévisibles qui ouvre la

about the cyclical circularity of time. What would be lacking is the emotive quality of this photograph: the recorded image of the ephemeral, of something that will never be repeated in precisely the same form. ● The emotion associated with this ephemeral reality, into which the imagination can plunge, is an emotion born of an encounter. A point where two lines intersect. A man was there, at the dying of that precise day, a little overwhelmed by this configuration of interlocking time flows, and extracted himself from it by constituting himself as a "seeing I", intercepting in his viewfinder the trajectory of the child running, immobilising her in a form that no person would ever have seen without the existence of the camera shutter and of which even he, no doubt, saw the full detail (the foot in the air, the folds of the dress) only when he had developed the negative and printed it. The result is that this photograph is no longer just a temporal slice in the wearing down of stones shaped by ancient Greeks, in the growth of wild grass, the movement of shadows at the end of this particular day, it is also a tiny notch in time made by one small human being on his way somewhere else, testifying to his contingent co-existence on that day with a small girl who ran in front of him, the sign that a living, unpredictable timeline, the

un altro tempo vivente e aleatorio, quello della bambina. È tale incontro effimero, che avrebbe anche potuto non verificarsi, tale incrocio casuale di due traiettorie imprevedibili, che apre la fotografia ad un immaginario del tempo in cui, da spettatore dell'immagine, posso anch'io trovare posto come soggetto. Riconoscermi nella fragilità di tale intersezione sullo sfondo di altre temporalità che mi servono da ascisse e da ordinate nell'individuazione di un istante unico, vissuto da uno dei miei simili secondo un modo che mi è familiare. ■ La piramide, la rovina, che dipendono da una lentissima e imponente temporalità, non attestano altro se non la loro stessa perennità. Pietre inalterabili, esse ci danno la misura della fugacità del nostro passaggio su una scala di tempo troppo ampia per il nostro immaginario, e che sfugge alla nostra esperienza umana. Solo le tracce dell'effimero e del contingente rivelano l'istante vivente, unico, in cui, fotografo di professione o fotografo occasionale, mi son trovato lì, dinanzi a quei segni d'una temporalità monumentale, ma a condividere all'improvviso la stessa piega minuscola di tempo di quella borsa di plastica che volava, di quel cane che errava e si voltò per guardarmi giusto nel momento in cui pigiavo lo scatto, di quella nuvola che non è esistita se non quel giorno con quella forma singolare, di quel passante sconosciuto che si è trovato in quella strada, vecchia di parecchi secoli, nel sessantesimo di secondo preciso in cui, per un caso, mi

photographie à un imaginaire du temps où, spectateur de l'image, je peux aussi trouver ma place en tant que sujet. Me reconnaître dans la fragilité de cette intersection sur fond de section des autres temporalités qui me servent d'abscisses et d'ordonnées dans le repérage d'un instant unique, vécu par un de mes semblables sur un mode qui m'est proche. ▲ La pyramide, la ruine, inscrites dans une très lente et imposante temporalité, attestent seulement leur pérennité. Ces pierres immuables nous font mesurer la fugacité de notre passage dans une échelle du temps trop grande pour notre imaginaire, et qui échappe à notre expérience humaine. Seules les traces de l'éphémère et du contingent témoignent de l'instant vivant, unique, où, photographe de métier ou occasionnel, j'ai été là, face à ces signes d'une temporalité monumentale, mais partageant à l'improviste le même pli minuscule du temps que ce sac en plastique qui volait, ce chien qui rôdait et s'est retourné pour me regarder au moment où j'appuyais sur le déclencheur, ce nuage qui a existé ce jour-là avec cette forme singulière, ce passant inconnu qui s'est trouvé dans cette rue, vieille de plusieurs siècles, au soixantième de seconde précis où j'y étais exceptionnellement de passage. ▲ Les photographes qui se

photographer's, once crossed the path of another living, unpredictable timeline, that of a little girl. It is this ephemeral encounter, which was equally as likely never to happen, this random intersection of two unforeseeable trajectories, which opens the photograph up to an imaginary temporality in which I, as observer of the image, can also find a role for myself as a conscious subject. In which I can recognise myself in the vulnerability of this crossing of paths highlighted against a cross-section of other timelines offering me X and Y co-ordinates for a single instant experienced by a fellow human being in a manner with which I personally am familiar. ● Pyramids, ruins, whose temporality is glacially slow and impressive, testify to their survival alone. These unchanging stones provide a yardstick for the transience of our brief span on a temporal scale too vast for our imaginations, a scale beyond human experience. Only the recorded traces of the ephemeral and the contingent can testify to the living, unique moment when I, a professional or an amateur photographer, was there, standing before the signs of a monumental temporality, sharing unpredictably the same tiny fold in the timeline as the plastic bag floating in the wind, the prowling dog who turned to look at me at the precise instant at which I triggered the shutter, the cloud whose odd form existed that day, the passing stranger who

trovavo lì di passaggio. ■ I fotografi che si sono prestati a quest'esperienza romana sono stati lealmente al gioco: hanno mostrato nelle loro immagini la ricchezza e la complessità dei tempi incastrati in questa città palinsesto. Eppure, manifestamente, hanno tutti provato, prima o poi, il bisogno di inscrivere all'interno delle loro immagini una qualche traccia precaria, derisoria, della presenza indiretta, minuscola, di uomini la cui traiettoria avrebbe potuto incrociarsi con la loro, durante quel lungo lavoro da formiche. Una sedia collocata in riva al fiume; detriti sparsi in un parcheggio; la precarietà d'un telone di cantiere; la veglia derisoria dei parchimetri su una strada deserta; un foglio di plastica arrotolato con cura attorno a una statua di marmo. Confrontati alla monumentalità schiacciante di questa città, gli uomini sembrano acquisire una maggiore presenza nel nostro immaginario, e trasmettono, attraverso quelle piccole tracce effimere del loro passaggio, un sentimento di fraternità della specie che si rivela di gran lunga più intenso rispetto all'impressione che potrebbe suscitare la semplice loro comparsa nell'immagine. Dando la preferenza a qualche segno furtivo e fantomatico piuttosto che agli occupanti stessi della città, questi dieci filosofi dello sguardo sembrano così condividere intuitivamente l'idea che persino coloro che vivono a Roma vi si trovano in realtà giusto di passaggio. Come se il peso del tempo fosse più forte ancora della vita, dell'istante presente.

sont prêtés à cette expérience romaine ont loyalement joué le jeu : ils ont donné à voir dans leurs images la richesse et la complexité des temps emboîtés dans cette ville palimpseste. Mais tous ont visiblement éprouvé, à un moment ou à un autre, le besoin d'inscrire dans leurs images quelques traces précaires, dérisoires, de la présence indirecte, minuscule, d'hommes dont la trajectoire, au cours de leur travail de fourmi, aurait pu croiser la leur. Une chaise installée au bord du fleuve, des détritus sur un parking, la précarité d'une bâche de chantier, la veille dérisoire des parcmètres dans une rue déserte, une feuille de plastique soigneusement enroulée autour d'une statue de marbre. Confrontés à la monumentalité écrasante de cette ville, les hommes y paraissent ainsi plus présents à notre imaginaire et plus émouvants de fraternité d'espèce par ces petites traces de leur passage que par leur apparition dans l'image. En donnant la préférence dans ces photos à quelques signes furtifs et fantomatiques plutôt qu'aux occupants mêmes de la ville, ces dix philosophes du regard semblent ainsi partager intuitivement le sentiment que même ceux qui habitent Rome n'y sont que de passage. Comme si le poids du temps y était plus fort que la vie, que l'instant présent.

happened to be in the same centuries-old street, at the exact second when I, unusually, also happened to be there. ● The photographers who have participated in the present Roman experiment have played by the rules: in their pictures they serve up the rich complexity of the interlocking timelines of an urban palimpsest. However, all visibly felt at one time or another the need to include in their images a few precarious, derisory signs of the indirect, vanishingly small presence of human beings whose trajectory, during their ant-like existences, might have crossed their own path. A chair placed on the riverbank, rubbish lying in a car park, a precariously positioned construction-site tarpaulin, parking meters standing futile sentry duty in a deserted street, a plastic sheet carefully wrapped around a marble statue. Faced with the crushing monumentality of this city, human beings appear to have greater presence for our imagination, are more moving in their fraternal reality when seen in these small traces of their transience than by their actually appearing in the picture. By giving priority in these photographs to a few furtive, ghostly clues rather than to the actual inhabitants of the city, these ten visual philosophers seem to be intuitively sharing with us the feeling that even those who live in Rome are just passing through. As if the burden of time was heavier than life, than the present moment.

Finito di stampare nel mese di maggio 2000 presso la Poligrafiche Bolis S.p.a., Bergamo.

Achevé d'imprimer en mai 2000 sur les presses de l'imprimerie Poligrafiche Bolis S.p.a. à Bergame.

Printed in May 2000 by Poligrafiche Bolis S.p.a., Bergamo.